한국행정연구원
협력 갈등관리 연구총서 1

한국의 협력적 거버넌스

은재호 · 오수길 편저

도서출판 대영문화사

추천사

지난 20여년 동안 진행된 한국에서의 민주화와 다원화는 행정 현장에 새로운 현상을 야기하고 있습니다. 국가정책과정에 투입되는 다양한 사회적 욕구로 인해 정책결정 비용이 크게 증대되고 정책집행 순응에 잦은 차질이 발생하고 있는 것입니다. 이와 같은 현상은 과거 개발 연대와 같이 하향적인 정책결정 및 정책집행 방식이 더 이상 바람직하지도 않거니와 효과적으로 작동되지도 않음을 입증하는 것입니다. 따라서 국정운영이 민주적이면서도 효율적이고 공정하면서도 효과적일 수 있도록 하기 위한 새로운 방식을 제도화할 필요성이 있습니다.

이와 같은 문제의식에 입각하여 이 책은 '협력적 거버넌스(collabcrative governance)'를 하나의 대안으로 제시하고 있습니다. 이론적 배경을 검토하고 정책현장에서 관찰한 거버넌스 사례들을 발굴하여 그 함의를 추적하는 연구 결과입니다. OECD 회원국들이 새로운 국정운영 패러다임으로 제시하고 적용해 온 거버넌스가 한국의 정책현장에서도 적실성을 가지는지, 적실성을 가진다면 어떤 점에서 그러한지를 경험적으로 살펴보기 위함입니다.

이를 위하여 한국행정연구원과 민관협력포럼은 공동으로 일련의 공동 세미나를 주관하여 협력적 거버넌스 사례 발표회를 개최하였으며, 그 결과물이 이 책에 담겨있습니다. 이 연구 결과가 협력적 거버넌스에 대한 이해를 도모하고, 민관협력의 문화를 함양하는 데 유용한 자료로 활용되기를 기대합니다.

이 연구를 수행하신 한국행정연구원 협력·갈등관리연구단의 은재호 단장과 서성아 전문연구원, 민관협력포럼의 오수길 박사, 세미나에 참여해주신 전문가 여러분, 그리고 대영문화사 임춘환 사장님께 감사드립니다.

2009년 7월

한국행정연구원 원장 정용덕

차 례

제 2 부 대안적 공공서비스의 생산과 제공

제 4 부 민관협력과 기업의 사회적 책임

제 7 부 결 론

제 1 부
서 론

제 1 장 해제: 거버넌스의 이해

은재호

제1절 머리말

한국의 권위주의적 행정 행태는 지난 20여년 동안의 발전과정을 거치며 점차 탈권위적으로 변해가고 있다(Lim & Tang, 2002: 561). 권위주의 정부하에서 담당 부서와 소수 정책공동체가 중심이 되었던 의사결정 방식이 특정 이슈를 중심으로 한 이슈네트워크 중심의 의사결정 방식으로 이동하며 이해당사자의 참여를 보장함으로써 행정의 수용성(효율성과 효과성)을 확장하는 한편 민주성 역시 담보하고 있다. 이 같은 경향은 최근에 새롭게 조명되는 거버넌스(governance)의 관점에서 볼 때 무척 고무적인 것으로 평가된다. 새롭게 논의되는 거버넌스는 기본적으로 참여와 협력이라는 가치를 지향하며(Rhodes, 1997; Pierre & Peters, 2000; Jessop, 2001) 그에 상응하는 다양한 관리기술을 제안함으로써 행정의 효율성과 효과성, 민주성을 동시에 충족시키는 20세기 말의 국정관리 패러다임으로 부상했다.

그러나 이와 함께 정책결정 단위가 확대되며 예기치 못했던 혼란을 일으키고 갈등을 격화시키기도 했다. 부안 방폐장 입지, 천성산 터널 건설, 새만금 개발, 평택 미군기지 이전 등의 사례가 웅변하듯 다양한 행위자의 참여로 정책현장은 수많은 이견과 갈등, 반목과 대립의 장(場)으로 전환되어 천문학적인 비용을 치러야 했다. 이 같은 현상은 비단 21세기 한국에서 뿐 아니라 민주화가 진행된 모든 나라에서 공통적으로 발견되는 현상인 것으로 보인다.

그래서 국내외 여러 연구는 다양한 행위자의 참여 그 자체가 협력을 보장하는 것은 아님을 보여줌으로써 거버넌스 패러다임이 안정된 국정운영방식으로 기능하기엔 아직도 보완해야 할 점이 많음을 시사한다. 예를 들어 서순탁 · 민보경(2005: 27)은 거버넌스의 개념에 협력의 개념이 내포되고 이를 전제로 하지만 그 자체로 협력을 담보하는 것은 아니라고 지적한다. 배응환 (2004) 역시 정책유형에 따라 이해당사자들이 달라질 뿐 아니라 이들의 관계 양상 또한 다양하기 때문에 행위자들의 상호작용에 따라 협력적 결과를 낳을 수도 그렇지 않을 수도 있다고 지적한다. 한걸음 더 나아가 Pierre & Peters(2000)는 거버넌스가 적대적인 경향을 띨 수 있음을 예시한다.

이처럼 참여와 협력을 지향하는 '가치로서의 거버넌스'와 참여가 반드시 협력을 동반하지는 않는다는 '현실로서의 거버넌스'는 동일한 패러다임 안에서 경우에 따라 상호 모순된 관계를 노정함으로써 거버넌스 패러다임의 해석과 적용을 더욱 어렵게 한다. 그리고 바로 이 지점에서 거버넌스의 효과성을 달성하기 위해 필요한 협력(collaboration)이 어떤 방식으로 확보될 수 있을 것인가에 대한 연구가 첨예한 연구과제로 떠오른다. 곧 참여를 바탕으로 구축된 거버넌스 체계 안에서 협력적 관계의 형성을 촉진하는 요소가 무엇이며, 저해하는 요소가 무엇인지를 살펴보는 것이 향후 연구과제로서 불가피하다는 것이다. 참여와 협력이 다양한 이해당사자들로 구성된 사회에서 특정한 공공서비스를 생산하거나 전달하는 유용한 기제로 작동될 수 있다면, 이 과정에서 나타나는 일회적인 참여와 협력을 안정화시키고 제도화 시킬 경우 이후의 정책집행이 보다 성공적일 것으로 기대할 수 있을 것이기 때문이다.

이 책은 이 같은 문제의식을 거버넌스에 대한 기존 논의와 구별하여 협력적 거버넌스(collaborative governance)로 이름 하고자 한다. 거버넌스는 논자에 따라 사회적 사이버네틱 체계(Rhodes, 1997), 자기조직적 네트워크(Rhodes, 1997; Stoker, 1999), 민·관 파트너십(Stoker, 1999; Pierre, 2001) 등 다양한 명칭을 가지지만, 거버넌스 체제 안의 협력 기제에 분석의 단위를 설정한다는 점에서 기존의 연구와 차별화될 수 있다는 것이 이러한 문제의식의 기본가정이다.

다만, 주 독자층으로 현장에서 활동하는 활동가들과 공무원들을 상정하는 이 책은 협력적 거버넌스에 대한 본격적인 논의에 앞서 협력적 거버넌스에 대한 총론적 이해를 도모할 수 있는 간략한 해제(解題)에 이어 한국 정책현장에서 관찰된 10개 사례를 살펴보기로 한다. 이는 한국 정책현장에서 과연 협력적 거버넌스라고 이름할 수 있는 정책형성과 집행이 가능한지, 가능하다면 어떤 형식과 절차에 따라 구축되었는지를 살펴보기 위한 사례 발굴의 성격을 갖는다고 하겠다. 이 같은 민·관 협력 사례 발굴은 일견 단순해 보이기도 하지만 거버넌스가 기본적으로 민·관협력을 전제로 한다면, 공무원들 뿐 아니라 현장 민간활동가들의 이해와 협력이 거버넌스의 성공에 필수적이라는 점에서 양자의 이해와 공유를 가능케 할 것이라는 기대에서, 그리고 향후 본격적인 이론 연구를 위한 초석을 놓는다는 점에서 그 중요성을 결코 간과해서는 안 될 것이다. 이하는 독자의 이해를 돕기 위해 거버넌스의 개념과 협력적 거버넌스의 특징을 주요 참고문헌에 의지해 요약·정리한 것이다.

제 2 절 시대별 거버넌스의 전개 및 등장 배경

거버넌스 개념이 현대 국정운영의 패러다임으로 정립되기까지는 다음과 같은 세 시기로 구별해 볼 수 있다(김석준 외, 2000).

첫 번째는 1970년대에 정부실패(government failure)[1] 현상, 구체적으로

1) '정부실패'는 '시장실패'에 대한 대구적(對句的) 표현이다. 1930년대의 세계대공황과 함

는 두 차례의 오일 쇼크와 스태그플레이션으로 인해 기존의 Keynes주의 거시정책이 무력해지고, 복지정책 등으로 인해 누적된 재정적자 때문에 미국 및 서유럽 국가들의 재정위기가 심화됨에 따라 정부의 국정관리 능력에 대한 의문이 증가하던 시기에 대두한 거버넌스 개념이다. 이 때 등장한 개념이 거버넌스인데, 거버넌스는 기존의 관료제적 통치구조를 기업과 시민사회의 활발한 참여를 보장하는 협치(協治)구조로 전환함으로써 경제적·사회적 발전의 동력이 되는 새로운 공공서비스 공급체계로 기능할 것으로 기대되었다. 이때까지만 해도 거버넌스는 정부 내부 또는 국가중심적인 이론이었다.

두 번째는 1980년대에 들어서서 제3세계 국가들의 발전에 필요한 사회통합체계 구축과 이를 위한 국가의 관리능력 강화 방안으로 초국가적 국제기구들이 '좋은 거버넌스'(good governance) 모형과 그 내용이 무엇인가에 대한 논의를 발전시키던 시기에 나타난 거버넌스 개념이다. '나쁜 거버넌스'를 지양하고자 한다는 점에서 다분히 가치함축적인 '좋은' 거버넌스 논의는 세계화에 따른 전 지구적 경쟁이 가속화됨에 따라 미국, 영국 등과 OECD 회원국을 중심으로 새로운 의미의 거버넌스 개념을 정립해 나갔다. 그러다가 1990년대 들어와 거버넌스 개념은 시민사회 영역으로 그 적용범위를 확장시킴으로써 전 세계적으로 거버넌스 패러다임이 부상하기 시작한 것으로 보인다. 의사결정 과정에 대한 시민사회의 참여와 합의형성을 포함하는 거버넌스의 민주주의적 특성이 강조된 것은 이때부터이며 정부주도와 시장주도의 틀을 뛰어넘는 대안적인 통치 및 관리체계로서 주목받기 시작한 것이다.

세 번째는 세계화와 정보화가 급속하게 전개되는 21세기 들어와 국가 운영의 틀을 전면적으로 재구축하기 위한 작업에 중요한 이론적 자원으로 거

께 경제성장과 번영이 관리 혹은 통제된 자본주의 체제를 통해 유지될 수 있다는 Keynes의 견해는 고전적인 자유주의의 실패가 시장에 대한 맹목적인 믿음에 근거함을 지적하며 이를 시장실패(market failure)로 규정하였다. 1970년대 후반에 형태를 갖춘 신자유주의는 이에 빗대어 시장에 대한 적극적인 정부개입을 주장하는 Keynes주의가 '정부실패'(government failure)라는 부작용을 낳았다고 지적하였다.

〈표 1-1〉 시대별 거버넌스의 전개

1970년대	1980년대	1990년대
-정부와 같은 의미 -국가적 수준에서 관리능력에 대한 관심 -경제·사회발전의 동력으로서 공공서비스 공급체계에 대한 관심: 국가중심 이론	-거버넌스에 대한 국제사회의 관심 증대 -국가차원의 사회통합과 발전을 관리하는 능력에 초점 -지역경제 활성화를 위한 민관파트너십 강조: 국가중심 이론	-시민사회를 포함한 참여, 합의형성 등 거버넌스와 민주주의적 특성 강조 -NGO의 역할에 대한 인식 -새로운 제도와 기능 및 과정의 개발 필요성 인식: 시민사회중심 및 시장중심이론 대두

자료: 김석준 외(2000).

버넌스가 활용되는 시기이다. 그 구체적인 내용을 살펴보면 우선 세계화와 신자유주의의 확산으로 국민국가의 역할이 축소되고, 정부를 비롯한 공공부문을 감축시켜 국가, 시장, 시민사회 및 세계체제와의 관계를 재구축하는 이론적 기반으로 기능한다(김석준 외, 2000). 또한 급속한 정보화로 말미암아 사회관계의 속도성, 복잡성, 다양성, 역동성이 유발되면서 산업사회적 생산양식에 기초한 대의민주주의가 그 본래 기능인 조정과 통합기능을 제대로 수행할 수 없게 되거나 최소한 그 기능이 약화 또는 왜곡되게 되었고, 정부 역시 사회공동체 문제의 해결자 내지는 공공재의 생산자 또는 제공자로서의 기능을 수행할 수 없게 됨에 따라 그 역할과 기능의 변화가 불가피했다(박재창, 2007).

거버넌스가 새로운 국정운영 패러다임으로 부상하고 정착되기까지는 다양한 이유가 있다. 학자에 따라 다른 표현으로 정리되고 있지만 대략 다음과 같은 몇 가지 공통된 이유를 짚어볼 수 있다.

- 김정렬(2001: 507-512)은 거버넌스의 대두 원인으로 다음 여덟 가지를 들고 있다. 첫째, 국가의 재정위기이다. 각국 정부가 1970년대의 오일 쇼크와 경기침체를 지나며 심화된 재정위기에 직면하게 되자 정부운영의 효율성을 제고하며 정부 혼자 문제를 해결하려는 방식보다 네트워크나 개인·공공간의 연계 강화를 통한 문제해결을 추구하게 되었다. 둘째, 시장으로의 이념적 수렴이다. 1980년대에 대처와 레이건이 집권하며 시장

제일주의가 확산됨에 따라, 정부가 사회문제의 해결주체라는 전통적인 사고 대신 사회문제 자체라는 시각이 대두되었다. 그렇기 때문에 사회 내에서 정치적 영역을 축소하려는 노력이 필요하다는 인식이 확산되고 이것이 거버넌스에 대한 논의를 활성화시키는 계기가 되었다. 셋째, 세계화의 진전이 국가의 통제력과 주권이 더 이상 문제해결의 유효한 수단이 될 수 없음을 자각하는 계기가 되었으며 넷째, 지방화와 함께 정치권력이 분권화되고 사회조직의 자율화가 높아지며 지방문화의 창달이 촉진됐다. 이는 그 자체로 중앙정부로 대표되는 국가독점적인 문제해결이 더 이상 유효하지 않음을 의미하며 그 자체로 거버넌스의 필요성을 더욱 부각시켰다. 다섯째, 거듭된 국가의 정책실패는 과거에 시장이 자율조정에 실패하여 극빈자 양산 등 사회적 문제들을 야기했듯이 정부 또한 사회적 문제들을 야기할 수 있음을 보여준다. 곧 20세기 초의 시장실패(market failure)와 마찬가지로 정부실패(government failure) 역시 가능하기 때문에 사회적 문제의 양산을 방지할 필요성이 제기되거니와 거버넌스가 그 해답이 될 수 있다는 것이다. 여섯째, 정책결정의 부분화와 전문화, 곧 정책과정에 조직화된 행위자의 수가 증가하고 이들 간의 상호의존관계가 비약적으로 증대됨에 따라 이들 사이의 협력이 불가결하다. 일곱째, 사회적 변화와 복잡성의 증가와 여덟째, 전통적 책임성의 변질이 거버넌스의 필요성을 더욱 부각시킨다.

- 정용덕(2003: 78-101) 역시 이전에 비해 거버넌스에 대한 관심이 급증한 이유로 국가의 재정적 위기, 시장을 지향하는 이데올로기의 이동, 전지구화, 국가의 실패, 신공공관리의 출현, 사회적 변화와 복잡성의 증가, 광역적·국제적 조직들의 증가로 인한 거버넌스의 새로운 원천 증가 등을 들고 있다.
- 최성욱(2004: 241-242)도 이와 유사하게 거버넌스가 서방 선진국에서의 심각한 재정위기에 대응한 새로운 공공서비스 생산과 전달 전략의 필요성, 세계화와 정보화 및 신자유주의 확산과 행정 환경변화에 직면한 전통적 행정 패러다임의 한계와 그 대안 모색 노력으로부터 출현하게 된 것이라고 보았다.

• 한편, 오수길(2006: 63-64)은 최근 들어 거버넌스의 용법과 중요성이 새롭게 조명되는 배경을 다음 세 가지로 정리하고 있다. 첫째, 복지국가의 비효율성으로 인한 정부 재정적자의 증가와 이에 따른 경제 분야에서의 심각한 변동에 대한 각국 정부의 대응이라는 것이다. 이에 따라 조세감면, 규제완화, 공공부문의 비효율성 줄이기 등의 공공관리 개혁이 환영받게 되었고, 작은 정부를 주장하는 정치적 우파에 의해 적극적으로 추진되었다. 둘째, 개발도상국을 지원해온 국제기구들의 운영지침에 따른 것으로 개발원조기구들이 '좋은 거버넌스'라 하여 지원의 대가로 해당 국가의 정부개혁을 유도한 것이다. 이는 '좋은' 내용을 누가 결정하는 것인가 하는 문제를 야기한다. 셋째, 현대 사회문제를 해결하는 데 한계를 보인다는 통치불능(ungovernability) 문제를 극복하기 위해 문제와 관련된 행위자들의 상호작용에 주목하여 의사소통, 파트너십, 네트워크 등이 강조되었다는 것이다. 이는 국가-사회 관계의 재정립이라는 더욱 포괄적인 논의로 이어질 수 있다.

이처럼 시대의 변화에 따라 정부의 역할과 국정운영 방식에 대한 기대 역시 변함에 따라, 그에 대한 대응의 한 형태로 나타난 것이 거버넌스이다. 21세기에 들어 진행되는 정보화, 세계화라는 환경변화는 이제 1970년대의 국가중심, 1980년대의 시장중심 거버넌스에 변화를 요구하는데, 이제는 어느 한 주체에 집중된 거버넌스가 아니라 국가, 시장, 시민사회가 협력하는 거버넌스를 요청한다고 할 수 있다.

제 3 절 거버넌스의 개념 및 유형

1 거버넌스의 개념

앞서 살펴보았듯이 거버넌스는 시점에 따라 그 강조점과 범위가 다르게 나타난다. 이 때문에 그 개념에 대한 정의도 다양하게 나타나 한 가지의 확정된 개념으로 서술하기는 어렵다. 구체적으로 학자에 따라 다르게 규정되는 거버넌스의 개념(의미)과 정의(definition)를 살펴보면 다음과 같다.

- 세계은행(1992)에 의하면 거버넌스란 국가 발전을 위해 경제적 · 사회적 자원들을 관리하는, 국정운영을 위한 정치적 권력행사를 의미한다.
- Rhodes(1997)는 거버넌스를 일컬어 정부가 변화하고 있음을 암시하는 새로운 통치과정(process of governing)이라는 우회적 표현을 썼다.
- 김정렬(2000)은 기존 정의들에서 핵심적으로 나타나는 단어들인 미시적 수준의 관리(감축, 이윤, 신공공관리), 중위수준의 정책(참여적 발전, 상호협력, 정책네트워크), 거시수준의 체계(좋은 정부)를 종합하여 광의적 의미와 협의적 의미의 거버넌스로 개념화했다. 광의적 의미의 거버넌스는 관리, 정책, 체계의 차원을 포괄하는 대안적 국정관리패턴을 의미하고, 협의적 의미의 거버넌스는 기존에 정부가 독점했던 권력의 행사를 대치하는 정책행위자간 상호작용의 네트워크를 의미한다고 보았다.
- 이명석(2002)은 거버넌스를 최광의, 광의, 협의의 정의로 나누고, 최광의의 거버넌스는 주어진 영역 내에서 구성원들이 직면하는 공통의 문제를 해결하기 위하여 구성원들의 권한과 의무를 제한하는 방법이라 정의하고, 광의의 거버넌스는 정부 관련 공통문제 해결기제로서의 거버넌스라 정의했다. 마지막으로 협의의 거버넌스는 신거버넌스(New Governance)로서의 거버넌스를 의미한다고 보았다. 신거버넌스란 시장을 통해서 자유롭게 도출되는 결정이나 대표민주주의를 통해 선호를 결집하고, 전문

가들로 구성된 계층제를 통해 내려진 결정보다 많은 사람들의 숙고와 토론을 통해 내려진 결론이 훨씬 우월하다는 가정하에 개인・조직 간 자발적인 협동에 의한 사회적 조정을 강조하는 특정한 형태의 거버넌스를 말한다.

- 김석준 외(2002)에서는 거버넌스의 개념을 정의 수준에 따라 협의의 개념과 광의의 개념으로 구분해서 협의의 거버넌스 개념은 오래 전부터 국가나 시장 메커니즘과는 별도로 존재해 왔던 조정 양식의 원형으로 파악하여, 시민사회 중심적인 접근을 하고 있다. 이러한 협의의 정의에서는 거버넌스를 복합조직 또는 네트워크로 부르면서 "공식적 권위없이도 다양한 행위자들이 자율적으로 호혜적인 상호 의존성에 기반하여 협력하도록 하는 제도 및 조정 형태"로 정의한다. 광의의 거버넌스 개념은 정부중심의 공공조직과 민간조직의 경계가 무너지면서 나타난 새로운 상호협력적인 조정 양식을 의미하는 것으로 본다. 이는 협의에서는 포함하지 않는 국가와 시장도 포함하는 국가, 시민사회 및 시장 간의 파트너십을 통한 새로운 협력형태를 의미한다고 본다.
- Kooiman(2003)은 '사회정치적 거버넌스'라 하여 상호작용적 거버넌스라는 관점으로 국가-시장-시민사회가 일련의 책임을 공유하는 것을 말한다. 다양하고 역동적이고 복잡한 사회활동의 영역에서 어떤 단일한 행위자도 혼자서는 정당하고 효과적인 통치를 할 수 없다는 것인데, 통치능력(governability)은 관련된 상호작용의 질에 의해 결정된다고 했다.
- Pierre and Peters(2003: 29)는 국가 중심적 접근방법하에서 거버넌스를 주로 국가가 목표를 규정하고 주요 사항에 대해 우선순위를 정하는 선도자의 역할을 수행하는 과정으로 본다.
- 김판석(2008: 9)은 거버넌스를 정부-시장-시민사회의 관계로 한정하는 것은 축소오류를 범하는 것이라 하면서 거버넌스를 넓은 차원의 다양한 이해당사자 간 관계 속의 권위배분으로 본다. 전통적인 정부를 두발 자전거(two wheel bike)에 거버넌스를 문어발 자전거(octopus bike)로 비유했다.
- Kjaer(2007: 76-77)는 행정학과 정책학의 관점에서 거버넌스를 일컬어

〈표 1-2〉 거버넌스의 개념

<table>
<tr><th>학 자</th><th colspan="2">개념정의</th></tr>
<tr><td>세계은행(1992)</td><td colspan="2">국가발전을 위해 경제적 · 사회적 자원들을 관리하는 국정운영을 위한 정치적 권력행사</td></tr>
<tr><td>Rhodes(1997)</td><td colspan="2">거버넌스란 정부가 변화하고 있음을 암시하는 새로운 통치과정(process of governing)</td></tr>
<tr><td rowspan="2">김정렬(2000)</td><td>광의</td><td>관리, 정책, 체계의 차원을 포괄하는 대안적 국정관리패턴</td></tr>
<tr><td>협의</td><td>기존에 정부가 독점했던 권력의 행사를 대치하는 정책행위자 간 상호작용의 네트워크</td></tr>
<tr><td rowspan="3">이명석(2002)</td><td>최광의</td><td>주어진 영역 내에서 구성원들이 직면하는 공통의 문제를 해결하기 위하여 구성원들의 권한과 의무를 제한하는 방법</td></tr>
<tr><td>광의</td><td>정부 관련 공통문제 해결기제로서의 거버넌스</td></tr>
<tr><td>협의</td><td>개인 · 조직간 자발적인 협동에 의한 사회적 조정을 강조하는 특정한 형태의 거버넌스</td></tr>
<tr><td rowspan="2">김석준 외(2002)</td><td>광의</td><td>정부 중심의 공공조직과 민간조직의 경계가 무너지면서 나타난 새로운 상호 협력적인 조정 양식</td></tr>
<tr><td>협의</td><td>공식적 권위없이도 다양한 행위자들이 자율적으로 호혜적인 상호 의존성에 기반하여 협력하도록 하는 제도 및 조정형태</td></tr>
<tr><td>Kooiman(2003)</td><td colspan="2">국가-시장-시민사회가 일련의 책임을 공유하는 것</td></tr>
<tr><td>김판석(2008)</td><td colspan="2">넓은 차원의 다양한 이해관계자간 관계 속의 권위 배분</td></tr>
<tr><td>Pierre & Peters (2003)</td><td colspan="2">주로 국가가 목표를 규정하고 주요 사항에 대해 우선순위를 정하는 선도자의 역할을 수행하는 과정</td></tr>
<tr><td rowspan="2">Kjaer(2007)</td><td>광의</td><td>공공 정책결정과 집행의 규칙이 설정, 적용, 집행되는 과정</td></tr>
<tr><td>협의</td><td>네트워크 관리</td></tr>
</table>

협의로는 네트워크 관리를, 광의로는 공공정책결정과 집행의 규칙이 설정, 적용, 집행되는 과정을 지칭한다고 본다.

2 거버넌스의 유형

학자들에 따라 거버넌스에 대한 개념 정의가 다양하게 제기되는 만큼 그

〈표 1-3〉 거버넌스의 유형

<table>
<tr><th>학자</th><th>분류기준</th><th colspan="2">거버넌스 유형</th></tr>
<tr><td>Osborne
& Gaebler
(1992)</td><td>정부개혁의 대안</td><td colspan="2">기업가적 정부의 거버넌스</td></tr>
<tr><td>Rhodes
(1997)</td><td>거버넌스 용법</td><td colspan="2">최소국가론(minimal state)
기업 거버넌스(corporate governance)
신공공관리론(new public management)
좋은 거버넌스(good governance)
사회적 사이버네틱 체제(socoi-cybernetic systems)
자기 조직화 네트워크(self-organizing networks)</td></tr>
<tr><td>Peters
(1998)</td><td>정부개혁의 접근방법</td><td colspan="2">시장모형
참여모형
신축모형
탈규제모형</td></tr>
<tr><td>Hewitt
(1998)</td><td>분석의 수준과 차원</td><td colspan="2">글로벌 거버넌스(global governance)
리저널 거버넌스(regional governance)
내셔널 거버넌스(national governance)
로컬 거버넌스(local governance)</td></tr>
<tr><td>김석준 외
(2000)</td><td>분석의 초점</td><td colspan="2">국가중심적 거버넌스
시장중심적 거버넌스
시민사회중심적 거버넌스</td></tr>
<tr><td rowspan="6">정용덕 외
(2003)</td><td rowspan="6">거버넌스에 대한 이해</td><td rowspan="4">제도 기구 중심: 구조로서의 거버넌스</td><td>계층제로서의 거버넌스</td></tr>
<tr><td>시장으로서의 거버넌스</td></tr>
<tr><td>연결망으로서의 거버넌스</td></tr>
<tr><td>공동체로서의 거버넌스</td></tr>
<tr><td colspan="2">과정·성과 중심: 방향잡기 및 조정과정으로서의 거버넌스</td></tr>
<tr><td colspan="2">지식 중심: 분석 틀로서의 거버넌스</td></tr>
<tr><td>오수길
(2007)</td><td>접근방법과 핵심 운영원리</td><td colspan="2">내용으로서의 거버넌스
형식으로서의 거버넌스</td></tr>
</table>

유형 분류도 다양하게 나타난다.

- Osborne & Gaebler(1992)는 '정부 재창조 (Reinventing Government)' 라는 이름으로 정부의 능률성과 효과성을 증진하기 위한 한 방안으로 기

업가적 정부의 거버넌스를 제시했다.

- Rhodes(1997)는 거버넌스를 최소국가론(minimal state), 기업 거버넌스(corporate governance), 신공공관리론(new public management), 좋은 거버넌스(good governance), 사회적 사이버네틱 체제(socoi-cybernetic systems), 자기 조직화 네트워크(self-organizing networks) 등으로 구분하고 있다.
- Peters(1998)는 전 세계적인 정부개혁을 분석하여 네 가지 정부모형으로 시장모형, 참여모형, 신축모형, 탈규제모형을 도출하였다.
- Hewitt(1998)은 분석의 수준과 차원에 따라 국가간 협력·문제해결과 관련된 글로벌 거버넌스(global governance), 인접 국가간 지역공동체를 중심으로 한 리저널 거버넌스(regional governance), 개별국가 내부의 국정 운영과 관련된 내셔널 거버넌스(national governance), 지역공동체의 시민참여·지역발전과 관련된 로컬 거버넌스(local governance)로 나누었다.
- 김석준 외(2000)에서는 Rhodes, Osborne & Gaebler, Peters의 거버넌스 모형을 분석의 초점에 따라 국가중심적 거버넌스, 시장중심적 거버넌스, 시민사회 중심적 거버넌스로 나누었다. 구체적으로 신공공관리론(new public management), 기업가적 정부 거버넌스, 좋은 거버넌스(good governance), 신축적 정부모형의 거버넌스, 탈규제적 정부모형의 거버넌스를 국가중심적 거버넌스라고 보았다. 또한 시장적 정부모형, 최소국가론(minimal state)은 시장중심적 거버넌스로 구분하고, 사회-사이버네틱(인공지능) 체제이론 또는 사회-정치 거버넌스 이론, 자기 조직적 네트워크 이론, 기업 거버넌스, 참여적 정부모형의 거버넌스는 시민사회 중심적 거버넌스로 구분했다.
- 정용덕 외(2003: 31-46)는 거버넌스에 대한 이해를 구조로서의 거버넌스, 방향잡기 및 조정과정으로서의 거버넌스, 분석 틀로서의 거버넌스로 나누고, 특히 구조로서의 거버넌스를 계층제로서의 거버넌스, 시장으로서의 거버넌스, 연결망으로서의 거버넌스, 공동체로서의 거버넌스로 나누었다.

• 오수길(2007)은 거버넌스의 어원을 바탕으로 다스리는 행동이나 방식, 다스리는 임무나 기능, 다스린다는 것 등으로 의미를 구분하여 분석적 접근방법과 규범적 접근방법을 제시하고, 핵심적 운영원리에 따라 내용으로서의 거버넌스와 형식으로서의 거버넌스를 구분할 수 있다고 브았다.

제 4 절 새로운 거버넌스의 효과

논자에 따라 거버넌스에 대한 다양한 정의와 유형분류가 있으나 거버넌스가 기본적으로 새로운 국정운영 방식 논의의 중심이 될 것이라는 점에서는 일치하며, 최근의 행정환경에 맞는 새로운 형태의 거버넌스는 참여적 거버넌스라는 것이 일반적인 관측인 것으로 보인다. 이하에서는 새로운 국정운영방식으로서 참여적 거버넌스의 기대효과가 무엇인지 살펴보도록 하겠다.

먼저 김석준(2000)은 국가재창조 개념을 이용하여 정부의 틀을 새로이 설정하고, 새로운 거버넌스를 이용해 이를 관리함으로써 대내외적 무한경쟁시대에 대응할 수 있는 효율적이고 민주적이며 국제화 지향적인 정부를 만들어야 한다고 주장했다. 즉 새로운 거버넌스를 통해 정부 경쟁력을 강화할 수 있다고 본 것이다.

김정렬 · 김시윤(2003)은 거버넌스의 촉진요인으로 국가의 재정위기, 시장을 향한 이념적 수렴, 세계화와 지방화의 심화, 국가의 정책실패, 정책결정의 부분화와 전문화, 사회적 변화와 복잡성의 증가, 전통적 책임성의 변질 등을 제시했다. 이는 바꾸어 말하면 거버넌스에 주목해서 이러한 당면문제들을 해결할 수 있음을 의미한다고 할 수 있다. 따라서 참여적 거버넌스의 목표이자 가장 큰 기대효과를 한마디로 정리하면 정부의 역량과 정당성 강화이다. 이를 구체적으로 살펴보면 다음과 같다. 첫째, 새로운 거버넌스 체제 구축을 통해 정부의 문제해결력을 높일 수 있다는 것이다. 그동안 해오던 국가 독자적인 문제해결방식이 아닌 민간 또는 네트워크 협력을 통한 문제해결에 나설 수 있고, 시장 또는 비영리부문의 자원을 활용함으로써 정부 재원 부족문제까지도 해결하며, 더욱 효율적인 공공 서비스 생산과 전달이 가능해진다는 것이다. 두 번째로는 중앙정부와 지방정부 간 권력이동이나 정부 내부와 외부 간 권력이동을 촉진할 수 있다는 것이다. 권력이동으로 정책결정이나 집행에 분업화, 전문화를 이끌어낼 수 있다. 세 번째로는 서로 다른 이데올로기적 관점이나 정당의 이해를 초월한 공공 서비스 공급을 유도할 수 있으며, 행정의 합리성을 높일 수 있다는 것이다. 또한 이렇게 되면 국가 정책수행능력에 대한 적절하고 합리적인 평가도 가능해질 수 있다. 네 번째로는 공공 서비스 수요자 스스로 의사결정에 참여하게 함으로써 사회적 변화와 행정수요 변화에 대한 대응성을 높일 수 있다는 것이다.

이렇듯 새로운 거버넌스 체제 구축으로 행정의 효율성, 전문성, 합리성, 대응성 등을 확보할 수 있고, 결국 정부의 경쟁력 강화를 기대할 수 있다. 그러나 문제는 국가중심 거버넌스 체계하에서 책임 주체가 분명하던 것에 비해 새로운 참여 거버넌스 체제하에서는 참여 주체가 증가함에 따라 책임 주체가 불분명해진다는 점이다. 이 때문에 개념상으로는 협의적 의미의 거버넌스 체제, 형태상으로는 참여적 거버넌스 체제 구축을 추구하면서도 그보다 더 진일보한 거버넌스 체제에 대한 논의가 필요하다고 할 수 있다. 여기에서는 책임성의 문제를 해소시켜 줄 진전된 형태의 거버넌스 체제가 협력적 거버넌스 체제라고 제안한다.

제 5 절 참여적 거버넌스와 협력적 거버넌스

1 참여적 거버넌스와 협력적 거버넌스의 개념

참여적 거버넌스(participative governance)는 정책 수립 및 실행에 있어 정부기관, 이해 당사자, 그리고 (이상적인 경우) 시민사회 모두의 참여에 기반 한, 경계를 넘어선 타협의 형태를 의미한다(김문현 외, 2005). 앞서 논의한 거버넌스 개념은 대부분 참여를 강조한다는 점에서 기본적으로 참여적 거버넌스의 형태를 띤다고 하겠다. 반면 협력적 거버넌스는 참여로 유발된 다양한 행위자들의 관계가 협력으로 이어져야 함을 강조하다는 점에서 참여적 거버넌스와 논점을 달리한다.

• Huxham(2000)은 다른 조직들에 소속되어 있는 사람들과 함께 공동으로 작업해야 하는 사람들이 행위자로 포함되어 있는 거버넌스를 협력적 거버넌스라 규정했다.
• 서순탁 · 민보경(2005)은 지역발전을 위한 협력적 거버넌스란 '지역의 발전을 위해 지역수준에서 중앙정부, 지방정부(광역, 기초), 지역주민을 포함하는 각 행위주체들의 참여와 파트너십을 강조하여, 그들 간의 자발적이며 수평적으로 형성되는 상호협력에 바탕을 둔 문제해결방식'이라고 정의했다.
• 홍성만(2004)은 Streeck & Schmitter의 사회질서형성 원리 관점인 공동체(community), 시장(market), 조합(association) 관점을 응용하여 협력적 거버넌스, 위계적 거버넌스(hierarchical governance), 경쟁적 거버넌스(competitive governance) 세 형태의 거버넌스를 구분했다. 이 때 협력적 거버넌스란 중앙정부, 지방정부, 시민사회단체(NGO), 지역주민을 포함하는 각 행위주체들의 자발적 상호협력에 바탕을 둔 문제해결방식을 의미하는 것으로 정책영역에서 관련 주체들 간 상호의존적 정책협조가능성이 높음을 지적했다.
• Tang and Mazmanian(2008)에 따를 때 협력적 거버넌스(collaborative governance)란 한 조직이나 공공부문만으로는 쉽게 다뤄질 수 없는 공공정책 문제에 대해 여러 부문의 조직들이 협의하여 방향을 세우고, 계획하고, 실행하고, 평가하는 과정을 말한다. 이는 정부의 독자적인 결정방식이나 경제적 교환이나 경쟁적 힘에 의해 결정과 행동이 이루어지는 순수한 시장교환 방식과는 차이가 있으며, 정부가 제공하는 공공 서비스에 대한 권한을 나누어 갖는 것을 말한다.

- 김홍회(2008: 51)는 Gray와 Wondolleck & Yaffe의 협동에 대한 개념을 원용하여 협동 거버넌스라는 명칭을 쓰며, 협동 거버넌스 구조를 공유된 문제영역을 논의하고 해결하기 위하여 관련 이해당사자가 가시적(자금, 노동), 비가시적(이해, 정보, 권위) 자원을 동원하고 분배하며 공동의 비전을 개발해가는 공동의사결정 과정으로 정의하였다.
- 박재창(2008: 123)은 정보사회 도래로 사회의 속도성, 복잡성, 다양성, 역동성이 커진 데 반해 단일중심적 행정관료 의사결정의 속도는 더뎌 문제해결에 적시성이 떨어진다고 본다. 따라서 문제해결에 즉각적으로 조응할 수 있도록 하기 위해 의사결정의 중추를 보다 현장에 접근시켜 전환비용을 줄이도록 고안된 것이 협력적 거버넌스라 하였다.
- Henton et al.(2008: 3-4)은 협력적 거버넌스(collaborative governance)를 collaboration과 governance의 합성으로 본다. 협력(collaboration)은 다양한 분야에 걸쳐 공동의 목적을 달성하기 위한 협력을 의미하는 것으로, 상호성에 근거한다. 거버넌스(Governance)는 시장, 정부, 시민사회의 결정과 행동에 영향을 미치는 과정의 조정을 의미한다고 본다.

기존 연구들의 참여적 거버넌스와 협력적 거버넌스에 대한 정의들을 살펴본 바에 의하면, 참여적 거버넌스는 공공문제 해결을 위한 정책수립시 관련 당사자들이 참여하여 그 문제에 대한 인식과 정책에 대한 타협을 이끌어 내는 것이라 할 수 있다. 반면 협력적 거버넌스는 공공문제 해결의 전 과정에 관련 당사자들이 참여할 뿐만 아니라, 서로 협력하여 문제를 해결해 나가는 것을 말하며 이때 서로 의존성이 높은 특징을 갖는다는 것을 알 수 있다. 즉 협력적 거버넌스는 단순한 참여와 타협의 단계를 넘어 서로 간의 협력과 의존성을 높이는 과정이라 할 수 있겠다. 참여적 거버넌스와 협력적 거버넌스의 차이를 구체적으로 살펴보면 다음과 같다.

2 참여적 거버넌스와 협력적 거버넌스의 비교

협력적 거버넌스는 이슈나 문제를 둘러싼 현상 또는 상황의 인식, 결과 파악에만 한정되는 참여적 거버넌스와 달리 변화의 과정, 동기의 과정적 차원을 더욱 중시한다(조영석: 2003). 정책의제설정, 정책결정, 정책집행, 정책평가로 이루어지는 정책과정에 비추어 참여적 거버넌스와 협력적 거버넌스의 차이점을 다음과 같이 도출해 낼 수 있을 것이다.

정책결정 단계에서 참여적 거버넌스는 중앙·지방정부, 이해당사자(주로 지역주민)가 참여하여 주체로 행동하게 될 것이다. 협력적 거버넌스는 중앙·지방정부, 이해당사자(주로 지역주민) 뿐만 아니라 관련 이슈에 관심을 갖는 모든 사람들이 참여할 수 있다.

정책집행단계에서는 참여적 거버넌스하에서는 정부에 의한 집행이 주를 이루고, 정부가 민간부문에 맡길 경우 민간에 의한 집행이 이루어질 수 있다. 협력적 거버넌스하에서는 정부와 민간부문 뿐만 아니라 지역주민도 스스로 정책 집행을 할 수 있다.

참여적 거버넌스에 비해 협력적 거버넌스하에서는 과정적 측면을 중시하기 때문에 사전적으로 정책의 필요성을 인식하고 타협을 이끌어내는 데 그치지 않고, 정책과정 안에서 지속적인 의견교환과 협력을 통해 정책평가를 해 나갈 수 있다.

또한 참여적 거버넌스하에서는 정책결정자와 정책집행자 간에 괴리가 발생하여 정책책임을 정책결정자에게 지울 것인지 집행자에게 지울 것인지 불분명해지고 정부의 떠넘기기가 발생할 우려가 있는 데 반해 협력적 거버넌스하에서는 이러한 약점이 보완될 수 있다.

협력적 거버넌스하에서는 정책의 전 과정이 공개되고 지역주민의 참여가 이루어지기 때문에 행정의 투명성을 더욱 높일 수 있다.

그동안 거버넌스에 대한 논의가 활발히 진행되면서 우리 사회에 참여적 거버넌스를 구축하기 위한 노력이 많았다. 그러나 실제로 제도의 불비, 행

〈표 1-4〉 참여적 거버넌스와 협력적 거버넌스

	참여적 거버넌스	협력적 거버넌스
정책결정	중앙·지방정부, 이해당사자(지역주민), (시민단체)	중앙·지방정부, 이해당사자(지역주민), 시민단체
정책집행	중앙·지방정부, 시장, 시민단체	중앙·지방정부, 이해당사자(지역주민), 시장, 시민단체
정책평가	사전적	과정적
정책책임	불분명	분명
행정 투명성	중간 수준	높은 수준

정의 경로의존성 때문에 주민과 시민단체의 실질적 참여가 아닌 명목적 참여만이 이루어진 경우가 많았고, 결국에는 정부 주도의 거버넌스에 그치는 경우가 많았다. 또한 참여적 거버넌스를 행정의 책임회피수단으로 악용하는 경우도 있었다. 따라서 이제는 참여적 거버넌스에서 한걸음 더 나아간 협력적 거버넌스 구축을 통해 더욱 투명하고, 실효성 있는 국정관리 시스템을 구축해야 할 것이다.

더욱이 21세기 진입 후 세계화, 정보화로 인해 국가 중심의 거버넌스만으로는 새로운 환경변화에 적응하여 다양하고 복잡한 행정수요를 충족시키기 어려워졌다. 따라서 새로운 국정운영 기제로서 정부, 시장, 비영리기구(시민단체)가 자율적으로 협력하여 공공의 문제를 해결하는 네트워크 형태의 국정운영방식을 추구해야 할 것으로 보인다. 이 책은 이같은 관점에서 지난 시기 한국의 정책현장에서 경험적으로 관찰되는 여러 가지 사례들을 다음 장에서부터 일별함으로써 향후 연구의 구체적 자료로 활용할 수 있는 기반을 제공하고자 한다.

참고 문헌

김문현 외.(2005). 「국내외 갈등관련 제도 및 정책」. 경제·인문사회연구회.
김석준 외.(2000). 「뉴거버넌스 연구」. 서울: 대영문화사.
김석준 외.(2002). 「거버넌스의 이해」. 서울: 대영문화사.

김석준.(2000). 한국 국가재창조와 뉴 거버넌스: 새로운 패러다임의 모색. 「한국행정학보」, 34(2): 1-21.

김정렬.(2000). 정부의 미래와 거버넌스: 신공공관리와 정책네트워크. 「한국행정학보」, 34(1): 21-39.

김정렬 · 김시윤.(2003). 거버넌스와 행정국가. 「대한정치학회보」, 10(3): 23-44.

김태수.(2007). 주민참여예산제를 통한 참여 거버넌스의 모색: 라이트의 EPG를 중심으로. 「한국지방자치연구」, 8(3): 161-180.

김판석.(2008). 거버넌스와 굿 거버넌스 그리고 발전. *Korea Association of Governmental Studies*(KAGOS), 20(2): 8-11

김홍회.(2008). 협동 거버넌스 모형의 적용-부안 방폐장 선정 과정 사례 분석. 「한국행정논집」, 20(1): 47-76.

박재창.(2007). 협력적 거버넌스의 구축과 NGO의 정책과정 참여: 참여정부를 중심으로. 「한국정책과학학회보」, 11(2): 221-250.

박재창.(2008). 행정학에서의 정치와 행정: 과거, 현재, 미래. 한국정책학회 하계학술대회 발표논문집: 111-133.

서순탁 · 민보경.(2005). 지역발전을 위한 협력적 거버넌스에 관한 연구: 분당-죽전 도로 연결을 중심으로. 「지역사회발전학회논문집」, 30(2): 25-44.

오수길.(2006). 「민관 협력의 거버넌스」. 파주: 한국학술정보.

오수길.(2007). 협력적 거버넌스의 이론과 실천적 과제. 「행정포커스」, 70(4): 29-35.

이명석.(2002). 거버넌스의 개념화: '사회적 조정'으로서의 거버넌스. 「한국행정학보」, 36(4): 321-338.

조영석.(2003). 갈등조정기제로서의 협력적 지역거버넌스에 관한 연구: 주민기피시설의 갈등사례를 중심으로. 서울행정학회 춘계학술대회발표논문집: 355-381.

최성욱.(2004). 거버넌스 개념에 대한 비판적 고찰: 한국행정학계의 거버넌스 연구경향분석. 「정부학연구」. 10(1): 239-261.

홍성만.(2004). 대포천 수질개선을 둘러싼 정부-주민간 협력적 로컬거버넌스 분석. 한국행정학회 하계학술대회 발표논문집: 1-19.

Henton, D., J. Melville, T. Amsler, and M. Kopell.(2008). *Collaborative Governance; A Guide for Grantmakers*. The William and Flora Hewlett Foundation.

Hewitt de Alcantara, Cynthia.(1998). Uses and abuses of the Concept of Governance. *International Social Science Journal*, 155. UNESCO.

Huxham, C.(2000). The Challenge of Collaborative Governance. *Public Management*. 2(3): 337-357.

Kjaer, Anne Mette.(2007). 이유진 역. 「거버넌스」. 서울: 도서출판 오름; *Governance*. Cambridge: Polity Press, 2004.

Kooiman, Jan.(2003). *Governing as Governance*. London: Sage Publications.

Lim, Joon-Hyoung, and Shui-Yan Tang.(2002). Democratization and Environmental Policy-Making in Korea. *Governance: An International Journal of Policy. Administration and Institution*, 15(4): 561-582.

Osborne, David and Ted Gaebler.(1992). *Reinventing Government: How the Entrepreneurial Spirit in Transforming the Public Sector*. New York: Addison-Wesley.

Peters, B. Guy.(1998). 「미래의 국정관리」. 고숙희 외 역. 서울: 법문사; *The Future of Governing: Four Emerging Models. Lawrence*, Kansas: University Press of Kansas, 1996.

Pierre, Jon and B. Guy Peters.(2003). 정용덕 외 역, 「거버넌스, 정치 그리고 국가」. 서울: 법문사; *Governance, Politics and the State*. NY: Palgrave Macmillan Ltd., 2000.

Rhodes. R. A. W.(1997). *Understanding Governance: Policy Networks, Governance, Reflexivity and Accountability*. Buckingham: Open University Press.

Tang, Shui-Yan and Mazmanian, Danial A.(2008). *An Agenda for the Study of Collaborative Governance*.(unpublished)

World Bank.(1992). *Governance and Development*. Washington D.C.: World Bank.

제 2 부
대안적 공공서비스의 생산과 제공

제 2 장 민-학-관 협력을 통한 도시대학의 성과와 의미: 푸른경기21[1] 도시대학 운영 사례

신윤관

제 1 절 머리말

2004년 처음 도시대학을 준비할 때 문제의식은 지방의제21 추진기구인 푸른경기21이나 시민운동 차원에서 다뤄지고 있는 환경, 복지, 주민자치 등의 주된 이슈들이 시공간적으로는 모두 도시에서 일어나고 있는 데도 우리는 도시의 생성이나 변화에 대해 잘 모르고 있어 이것을 어떻게 극복할 것인가에서 시작되었다.

도시대학의 시작은 단순히 도시는 물리적 환경을 넘어 어떻게 설계하고 어떻게 가꾸어 나가느냐에 따라서 환경적·사회적 문제해결에 대해 직접적인 영향을 미치는 데 반해 정작 도시의 주인들인 주민들이 도시 자체를 새롭게 만들거나 혹은 도시를 다시 바꾸는 과정에 참여를 가능하게 해주는 지역 운동역량의 구축이나 도시에 대한 시민의식을 키우는 시도는 정부 차원은 물론이고 민간 차원에서도 없다는 판단에서 비롯되었다. 민관협력기

1) 푸른경기21: 푸른경기21실천협의회의 약칭. 1992년 UN의 지속가능발전 선언과 함께 이를 실천하기 위한 민관협력기구로서 경기도의 경우 1998년 창립되었다(자세한 내용은 www.ggag21.or.kr 참조).

구인 푸른경기21을 통하여 경기도내 지역과 NGO의 도시만들기에 대한 운동역량을 향상하고 도시개혁 네트워크를 구축하기 위한 교육프로그램으로 '시민의 힘으로 도시를 바꾸자'는 슬로건과 함께 출범하게 되었다.

2004년은 도시에 대한 법과 제도 및 이론을 이해하기 위한 이론강의 교육으로 진행되었고, 2005년부터는 지역대학의 도시 전공 학생들의 실제적인 도시설계실습과정이 접목되어 이론강의와 직접적인 장소 디자인 실습을 통해 팀별 대상지에 최종적인 마스터플랜을 완성하는 프로젝트 학습과정으로 진화하여 새로운 민(民)-학(學) 협력을 통한 도시(마을)만들기 교육과정으로 발전하였다.

> '도시계획의 방관자에서 주도자가 되었습니다.'
>
> '서로 적극 참여하여 한 가지 목적을 위해 고민하는 모습을 볼 수 있어 즐거웠습니다.'
>
> (2008년 도시대학 참가자 평가설문 답변내용 중)

2008년까지 5회째 진행된 푸른경기21 도시대학은 위의 참가자 평가소감을 통해 알 수 있듯이 도시(마을)만들기 교육프로그램 자체로서도 이론과 실습이 접목된 성공적인 시민교육프로그램으로 인정할 수 있을 것이다.

이 글에서는 도시대학이 민(民)-학(學)-관(官) 협력사례로서도 충분히 성공적인가? 라는 물음에 도시대학의 추진과정과 성과를 살펴보면서 성공적인 민관협력을 위한 요건을 유추하고자 한다. 먼저 밝혀둘 것은 도시대학을 주최한 푸른경기21을 통하여 사업예산이 경기도로부터 지원되어 민-학-관 사례로 볼 수 있으나 도시대학의 실질적 역할을 중심으로 보면 민(民)-학(學)의 성공적인 협력사례로 보는 것이 더욱 적절할 것이다.

물론 사업예산의 안정적인 확보측면에서 관의 역할을 과소평가할 수는 없다. 하지만 도시대학의 특징은 민(民)-학(學) 협력의 도시대학을 통해 지역적인 민관협력을 촉진한다는 것이다. 지역별 대상지에 대한 도시대학 실습과정을 통해 지역주민의 구상이 구체적인 프로젝트로 수립되어 관(官)에 제안되고, 새로운 민관협력을 통해 지역의 실질적인 공간조성으로 연결되는 사례가 만들어지고 있기 때문이다.

이런 측면에서 도시대학이 계속 진화하고 있는 민(民)-학(學), 민(民)-관(官) 협력의 구체적인 현장으로서 앞으로 또 다른 성공적인 협력적 거버넌스를 기획하거나 연구하는 당사자들에게 좋은 사례임은 분명할 것이다. 따라서 이 글은 협력 현장에서 민(民)-학(學) 협력을 통한 도시대학 진행주체로서 경험적 성과를 분석하고 이를 통해 협력적 거버넌스의 성공요인과 원칙을 고찰하고자 한다.

제 2 절 푸른경기21 도시대학 추진과정

1 도시대학 추진배경

도시대학 추진의 직접적인 배경은 푸른경기21에서 다루는 분야별 의제 가운데 도시 분야에서 '도시계획에서 시민참여의 확대'라는 의제를 실천하기 위한 고민에서 출발되었다. 당시 도시대학 추진의 배경을 좀더 살펴보면 첫째, 마을만들기 운동과 함께 도시계획에서 시민참여의 요구가 증대되었다. 1995년 지방자치 실시와 더불어 지방분권이 확대되면서 도시계획 및 도시개발 과정에 시민참여가 강조되었고, 전통적인 환경이슈인 수질과 대기 개선뿐만이 아니라 무분별한 난개발에 따른 환경파괴와 미세먼지와 같은 도시환경과 밀접한 이슈들이 중요하게 제기되면서 친환경 도시 또는 친환경 마을만들기 운동의 시민참여가 과제로 떠오르기 시작했다. 둘째, 친환경 마을만들기를 위한 체계적인 교육 프로그램이 필요하였다. 친환경적 도시 및 마을만들기 운동의 요구는 높아지는 가운데 운동을 풀어갈 인적 자원들의 전문성과 경험이 부족하여 이러한 마을만들기 운동의 지원시스템으로서 도시대학이 모색된 것이다.

2 도시대학 추진특성

도시대학의 교육방식 측면에서 특성은 스튜디오 작업[2]을 통한 대상지역에 대한 디자인을 직접 실행함으로써 실천 가능한 사업성과물을 만든다는 데 있다. 그동안 진행되었던 교육방식은 이론교육이나 사례교육에 치우쳐 있어 교육 후 실천사업으로 연계하기 위해서는 또 한번의 과정을 통해 사업을 계획하고 실행해야 하지만 도시대학은 참가자들의 학습욕구와 실천계획 수립욕구를 동시에 만족시켜준다.

특히 대학의 도시계획이나 건축설계 교육과정에서 지역조사와 설계를 위한 실습과정으로 진행되는 스튜디오 작업을 도시대학 교육과정에 도입[3]하여 지도교수와 조교, 지역별 참가자가 한 팀으로 구성되어 참가들이 수강신청 때에 제출한 대상지역에 대한 구상안이 도시대학의 5주간 스튜디오 작업을 통해 조사하고, 디자인하고, 토론·합의하는 과정을 거치면 최종적인 대상지역 마스터플랜으로 완성되어 이것은 바로 실행단계에 진입할 수 있는 계획을 마련한다는 데 특성이 있다.

또한 도시대학의 운영방식 측면에서 특성은 파트너십을 강조한다. 도시대학 추진 자체가 민(民)-학(學) 협력을 통해 대학의 시설과 인적 자원을 활용하여 진행하고 있지만, 참가자 구성도 지역주민, 지방의제21 또는 시민단체 활동가, 지역예술가, 행정공무원 등이 함께 참여하도록 권고하고 있으며 실증적으로도 교육과정 중에 직접적인 대상지역의 이해당사자인 주민들이 참여하는 사례와 행정 공무원이 처음부터 함께 참여한 지역은 계획 실행을 위한 후속적인 민관협력을 촉진하는 계기로 작용하기도 한다.

---

2) 스튜디오 작업: 주로 대학의 건축디자인 또는 도시설계 전공과정의 일환으로 도시대학에서는 대상지역에 대한 팀별 현장조사와 계획 수립된 내용을 컴퓨터 그래픽화 하는 과정을 말한다.

3) 도시대학에서 스튜디오 작업을 도입하고 실행하는 데는 2, 3, 4회 도시대학의 협력주체였던 협성대학교 도시건축공학부 이재준 교수 및 동 대학 대학원생들의 헌신적인 노력이 있어 가능했다.

[그림 2-1] 도시대학 운영체계

- 팀 단위로 대상지역 구상안과 함께 수강신청
- 팀 단위로 현장조사/토의과정을 거쳐 작성된 1차 수정계획안 발표
- 발표 과제는 지도교수의 자문과 평가를 통해 피드백과정을 거침
- 총 5주간의 교육 및 지도교수의 자문을 거쳐 팀별 최종 결과물 도출 및 발표
- 과제 진행시 도시대학 조교의 지원

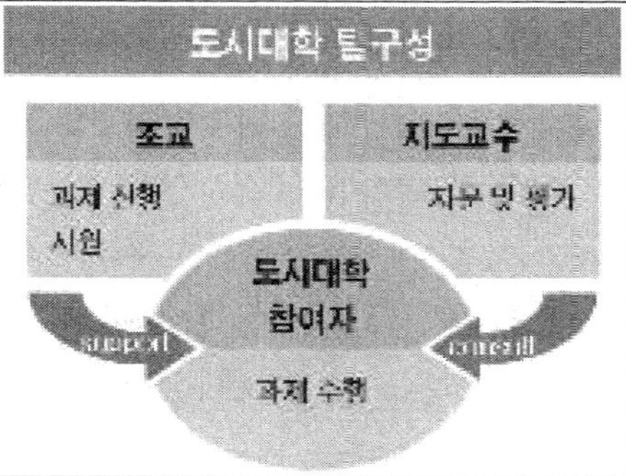

[그림 2-2] 도시대학 진행일정표 예시

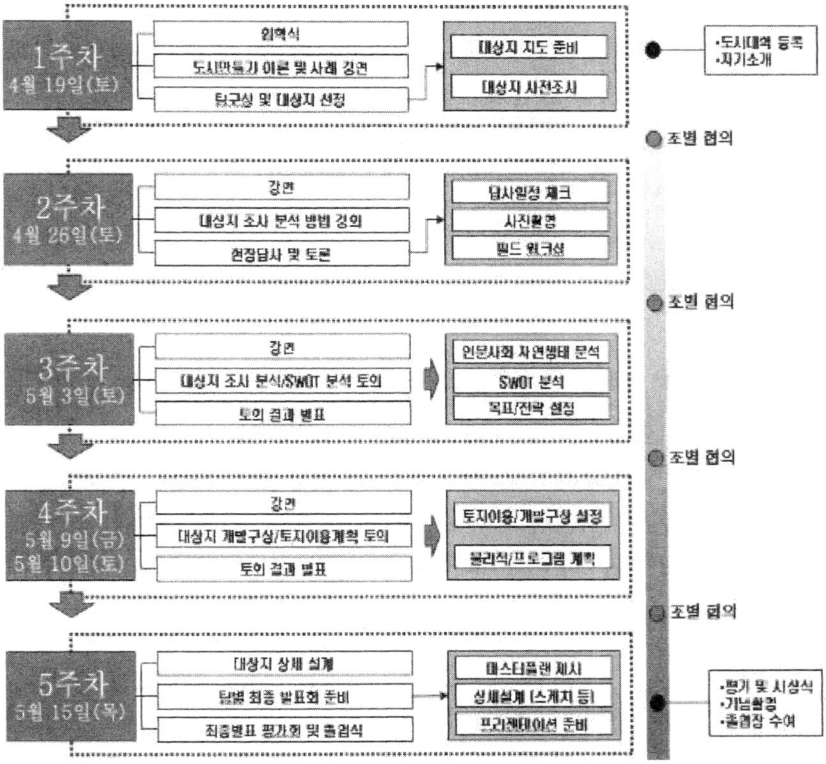

마지막으로 도시대학의 실천성 측면에서의 특성은 교육성과물인 최종적인 대상지역 마스터플랜을 푸른경기21의 친환경마을만들기 공모사업과 연계하여 실현성을 높여주고 있다. 도시대학을 통해 수립된 대상지역 계획들에 대하여 친환경마을만들기 공모사업 지원신청자격을 주어 단순한 도시대학 실습용 계획수립이 아니라 지역사회의 실질적인 공간조성사업으로 추진될 수 있도록 지원체계를 마련했다는 데 의의가 있다. 아울러 공모사업 방식 측면에서도 일회적인 사업지원보다도 주민들의 직접적인 참여를 통해 수립된 사업계획을 지원함으로써 마을만들기 공모사업의 의의를 더욱 살리는 효과를 가져왔다.

3 연도별 추진현황

2004년 제1회 도시대학이 시작되어 2008년 제5회 도시대학으로 진행되어 왔다. 도시대학 도입기였던 2004년도는 이론강의 중심의 교육으로 도시계획 및 개발이론과 법과 제도에 대한 내용을 다루었고, 도시대학 정착기였던 2005년, 2006년, 2007년도는 본격적인 민(民)-학(學) 협력을 통한 도시디자인 스튜디오 작업을 도입하여 이론강의와 대상지역 팀별 현장 실습이 결합된 푸른경기21 도시대학 고유의 도시 및 마을만들기 교육프로그램이 정착되었다.

도시대학 확산기로 진입하는 2008년도는 크게 한강을 중심으로 남쪽인 남부권과 북쪽인 북부권[4]을 권역별로 나누어 각각 권역에 소재한 대학과의 민(民)-학(學) 협력을 통해 좀더 지역특성을 반영한 교육과 이후 지역사회와 지역대학간의 협력체계 구축과 지역별 민(民)-학(學)-관(官) 협력의 계기를 제공하는 의도로 추진되어 대상지역 및 참여자의 양적 확대를 도모하였다.

4) 경기 북부권은 연천, 포천, 가평, 구리, 남양주, 파주, 고양, 의정부, 동두천, 양주를 말함 (경기도 제2청 관할 행정구역). 경기 남부권은 경기 북부권 10개 시군을 제외한 지역임.

〈표 2-1〉 푸른경기21 도시대학 연도별 추진현황

회차	개최장소	운영방식	참가자	대상지역
제1회 (2004년)	안양 블루몬트 리조트	-이론 강의(2박3일)	개인참가 35명	-
제2회 (2005년)	수원 리젠시 호텔	-이론 강의 및 스튜디오 작업(2박3일) -3개 대상지역 선정 -3개 학습그룹 편성 -학습그룹별 구성 지도교수 1인 지도조교 3인 교육 참가자	지도교수 3명 대학원생 10명 교육생 22명	■수원 KT&G 이전지 조성 ■화성 고정리 농촌특성화사업 ■안산 중앙동 상가거리 개선사업
제3회 (2006년)	협성대	-이론 강의 및 스튜디오 작업(주1회 5주간) -4개 대상지역 선정 -4개 학습그룹 편성 -학습그룹별 구성 지도교수 1인 지도조교 2-3인 교육 참가자	지도교수 5명 대학원생 11명 교육생 29명	■부천시 고강동 마을단들기 ■안산 광덕로 개선사업 ■안성시 금석천 꿈의 다리 조성 ■화성시 수화동 물꽃예술마을만들기
제4회 (2007년)	협성대	-이론강의 및 스튜디오 작업(주1회 5주간) -5개 대상지역 선정 -5개 학습그룹 편성 -학습그룹별 구성 지도교수 1인 지도조교 2-3인 교육 참가자	지도교수 6명 대학원생 14명 교육생 30명	■남양주 폐철도부지 활용 '해질모루 십리길 조성사업' ■부천시 기러기 생태학교 만들기 ■용인시 상현동 안전한 통학로 조성사업 ■화성시염전 활성화 방안 '소금꽃 피는 마을' ■이천시 중리천 복원을 통한 구도심 활성화 방안
제5회 (2008년)	남부권: 평택대 북부권: 대진대	-이론강의 및 스튜오 작업(주1회 5주간) -8개 대상지역 선정(남부권 5곳, 북부권 3곳) -8개 학습그룹 편성 -학습그룹별 구성		■안성시 '걸어가는 영동' ■평택시 '소통하는 농촌복지공동체 만들기' ■수원시 '불꺼져가는 행궁 새로운 100년을 디자인한다' ■이천시 공설운동장과 인접지역

		지도교수 1인 지도조교 2~3인 교육참가자		공공디자인 ■오산시 '시민과 함께 이웃이 있는 오산천 만들기' ■가평군 산장관광지 생태학습공간 조성계획 ■구리시 '한다리 액게 문화마을 조성' ■남양주시 북한강 문화예술공원 조성

제 3 절 푸른경기21 도시대학 추진성과

1 도시대학의 추진성과

'도시대학은 지난 4회에 걸쳐 진행되면서 도시대학에 참가한 시민단체들에게 도시 및 지역을 설계하는 경험의 제공과 더불어 도시계획 및 도시디자인에 대한 실무자들의 자신감과 전문능력을 키우고, 도시개혁운동에 대한 지역 실무자들 간의 네트워크를 구축하는 등 다양한 성과를 낳았습니다. 특히 참여지역 중 일부는 도시대학에서 제시된 공간 디자인(설계)이 지역사회 공간조성 실천사업으로 발전하기도 하였습니다'(이재준,[5] 2007 도시대학 지속가능발전사례 대통령상 수상기념 자료모음집 발간 축사 중).

'도시대학의 가장 큰 의미는 단순한 아카데미나 이론공부가 아니라 지역사회 실질현안을 대상으로 주민, 전문가, 시민단체 활동가 등이 모여 공동 스튜디오 작업을 통해 실제적으로 공간을 계획하고 디자인함으로써 지역운동의 실천적 무기가 되도록 하였다는 데 있습니다. 이를 통해 활동가들에게는 할 수 있다는 자신감과 능력을, 지역사회에서는 공간적 비전을 제시할 수 있는 토대와 기회가

5) 이재준: 협성대학교 도시건축공학부 교수. 도시대학의 최초 기획자의 한 명이고 실제 교육프로그램의 기획과 지도교수와 지도조교 등 인적 자원을 공급하며 푸른경기21 도시대학의 산파역할을 하였다.

만들어졌습니다. 지역의제21이나 시민단체의 사회적/정책적 위상이 강화된 것도 성과 중의 하나입니다'(류홍번,[6] 2007 도시대학 지속가능발전사례 대통령상 수상기념 자료모음집 발간 축사 중).

▪ 도시대학은 참가주체들에게 내가 살고 있는 도시(마을)를 직접 디자인함으로써 도시공간 조성에 대한 주도자로 자신감을 강화시켜 주었다.

도시대학 과정을 통해 도시계획과 도시개발에 대한 이론적 인식 제고와 함께 직접 내가 살고 있는 지역에서 대상지를 선택하고 초기 지역주민의 눈높이에서 출발한 대상지에 대한 구상안이 전문가의 토론과 스튜디오 협동 작업을 통해 구체적인 공간디자인 계획안으로 완성하며 최종 발표데 이르는 도시대학 과정에서 참가주체들은 지금까지 지역공간에 대한 문제 대응에서 제기했던 일방적인 이해관철을 위한 민원성 요구 수준을 넘어 나름대로의 체계성과 타당성을 갖는 도시(마을)에 대한 대안제시의 근거를 확보함으로써 민관협력과 마을 디자인에 대한 자신감을 강화시켜주었다.

▪ 도시대학은 민관협력의 주체인 민간역량인 지방의제21추진기구 또는 지역 NGO에 대한 지방정부의 신뢰감을 강화시켜 주었다.

일반적으로 지역의 특정한 공간이나 대상지에 행정을 통해 계획을 수립하고 실행단계에 옮기려면 상당한 지방정부의 예산이 투입되어 전문용역기관에 의해 계획이 수립되는 것이 일반적인 관례인 데, 도시대학 과정을 통한 대상지에 대한 디자인은 주민들이 주도적으로 참여한 계획이라는 측면과 전문가들의 적절한 조언과 지도가 반영된 합리적인 계획이라는 측면에서 지방정부 입장에서는 지방의제21 추진기구나 시민단체에 대한 협력 파트너로서 정책능력에 대한 신뢰감을 향상시키는 계기가 되었다.

---

6) 류홍번: 푸른경기21도시계획의제실천위원회 위원장, 안산 YMCA사무총장. 도시대학의 최초 기획자의 한명이고 제1회 도시대학부터 현재까지 도시대학의 운영과 실제진행을 맡았다,

■ 도시대학은 민(民)-학(學)-관(官)의 협력과 전문가와 주민의 바람직한 협력관계를 창출하였다.

2005년 제2회 도시대학부터 도입된 도시설계 스튜디오 실습과정이 성공적으로 진행될 수 있었던 요인은 민(民)-학(學) 협력을 통한 협력체계 구축으로 지역대학의 인력과 공간 그리고 지도교수의 참여가 원활히 이루어져서 가능한 것이었다. 이 과정에서 지역사회 구성원으로서 지역대학이 지역사회 공헌의 일환으로 전문적인 인적 자원과 교육공간을 활용한 협력사례로서도 도시대학은 좋은 사례가 될 수 있다. 또한 도시대학은 기관 대 기관의 협력사례 뿐만이 아니라 교육생으로서 주민과 교수로서 전문가가 서로간의 상호보완적인 협력관계를 제시하고 있다.

학술적이고 기능적인 전문지식을 갖추고 있는 지도교수인 전문가와 대상지역에 대한 역사문화와 삶터로서 가치를 실제 경험으로 체득하고 있는 주민들과의 결합은 전문가에게는 현장성을 주민들에게는 전문적 식견을 제공함으로써 도시대학이라는 교육과정 참여를 통해 단순한 학생과 교수의 관계를 넘어서는 참여주체 서로 간 자기발전의 계기를 제공한다는 측면과 도시대학 수료 후에도 대상지역의 주민들과 전문가 사이의 협력관계가 형성되어 해당지역에서 대상지역 계획을 실행하기 위한 민관협력을 구축하는데도 전문가와 주민과의 협력관계는 지역주민 제안의 신뢰성을 높이는 긍정적인 요소로 작용되기도 한다.

■ 도시대학은 살고 싶은 도시(마을) 만들기의 민(民)-학(學)-관(官) 협력을 통한 시민참여형 실천전략으로서의 가능성을 증명하였다.

최근 들어 시민운동차원에서 마을만들기 운동이 널리 확산되고 있으며 도시정책 차원에서도 서울과 경기의 뉴타운 정책과 같이 도시의 재개발, 재건축이 붐을 이루고 있다. 하지만 도시 혹은 마을에서 현재 살고 있는 아니면 앞으로 살아갈 주민들이 도시만들기 과정에 주도적으로 참여할 수 있는 제도와 프로그램이 얼마나 실천되고 있는가라는 측면에서는 긍정적인 판단을 내리기 어렵다.

〈표 2-2〉 역대 도시대학 대상지 중 민관협력 후속사업 사례

연도	지역(사업명)	후속사업 내용
2005년	• 안산시 중앙동 상가거리 개선사업	-2007년 안산시 보행기본계획 시범지역으로 선정 -2008년 건교부 살고 싶은 시범마을 선정
2006년	• 안산 광덕로 개선사업	-2007년 건교부 살고 싶은 시범도시 선정 (30억 국비 확보)
	• 안성시 금석천 꿈의 다리 조성	-안성시로부터 사업비 지원
	• 화성시 수화동 물꽃예술마을만들기	-2007년 건교부 살고 싶은 시범마을로 확정
2007년	• 남양주 폐철도 부지 활용 '해질모루 십리길 조성사업'	-남양주시 적극적인 의지 보임 -폐철도부지 활용 국제심포지움 개최
	• 화성시 염전 활성화 방안 '소금꽃 피는 마을'	-화성시 도시계획상 보전지구 지정
	• 용인시 상현동 안전한 통학로 조성사업	-시행자인 경기지방공사 조성완료
2008년	• 평택시 '소통하는 농촌 복지공동체 만들기'	-도시대학 결과물 시장 보고회 개최

이런 맥락에서 도시대학은 우리 사회에서 계속 증대되고 있는 도시(마을)만들기에 있어 시민운동 차원이나 정책적인 추진이든 간에 민(民)-학(學)-관(官) 협력을 통한 시민참여형 도시(마을)만들기 실천전략으로써 유용한 수단이라는 것은 푸른경기21 도시대학이 시사하는 바가 크다고 생각한다. 도시대학을 통한 대상지역 조성계획이 후속적인 연계사업으로 지속되어 추진되는 사례를 보면 <표 2-2>와 같다.

2 도시대학의 발전과제

도시대학은 민(民)-학(學) 협력을 기반으로 도시(마을)만들기에 대한 시민교육의 장이며, 시민참여를 통한 마을만들기 실천계획 수립과정이다. 지금까지 도시대학의 성과와 경험을 바탕으로 기본적인 도시(마을)만들기의

실천전략으로 지속적인 도시대학의 확산과 운영을 위해서는 주민참여의 확대, 협력체계의 안정성, 지속적인 후속사업 사례 관리, 확산을 위한 인적 자원 양성을 위한 노력이 진행되어야 한다.

■ 주민참여의 확대를 통한 주민중심 도시대학으로

2008년 도시대학에서는 권역별 개최를 통해 지역주민의 참여가 증가하였지만 아직까지는 직접적인 대상지역의 주민보다는 의도적인 공간조성을 기획하는 지방의제21 추진기구나 시민단체의 활동가 참여가 주요 구성을 이루고 있다. 물론 2008년도 수원행궁 가로 조성사업과 평택 신대리 복지농촌 공동체마을만들기 사업과 같이 직접적인 교육생으로 참여는 아니지만 대상지역의 현장조사와 디자인 작업에 주민들의 참여가 활발하게 촉진되는 경우처럼 지역대학을 통한 민(民)-학(學) 협력 공동작업이 주민과의 소통과 참여를 수월하게 만드는 장점을 살려 앞으로 도시대학 교육과정에 주민참여를 통한 대상지역 공간디자인을 강화할 필요가 있다.

■ 민(民)-학(學) 협력을 기반으로 민(民)-학(學)-관(官)-기업(企業) 협력체계 구축을 통한 지속가능한 도시대학으로!

푸른경기21 도시대학이 조금씩 진화되고 있지만 마을만들기 교육프로그램의 수준을 넘어 지역별 도시(마을)만들기의 기본적인 과정으로 정착되려면 관(官)의 적극적인 협력이 필요하다. 관(官)이 기본적으로 도시대학의 효과와 의미에 대한 이해와 더불어 정책적인 도입의지를 갖고 지역대학에 대한 사회공헌차원에서 역할을 견인하고, 나아가 최근 지자체별로 확산되는 도시공사 등 도시건설 관련 기업들의 사회책임을 유도하여 지역별 조건과 특성에 맞는 민(民)-학(學), 민(民)-학(學)-관(官), 민(民)-학(學)-관(官)-기업(企業) 등의 협력체계를 구축하여 도시대학의 안정적인 운영기반을 조성할 필요가 있다.

■ 도시대학 후속사업에 대한 사례관리를 통한 교육에서 실천으로!

도시대학은 이제 5년 연속사업으로 추진되는 동안 여러 대상지역에 대한

계획과 괄목할 만한 후속성과를 가져왔다. 하지만 도시대학 운영인력과 체계의 부족으로 후속 실천사업에 대한 체계적인 사례관리와 모니터링이 부족하여 도시대학을 통한 계획수립과 실행 이후 정책적 평가와 환류가 이루어지지 못하고 있다. 앞으로는 체계적인 사례관리를 통해 도시대학 자체가 보다 효과적이고 보다 주민친화적인 과정으로 창조적인 진화를 이루어야한다.

■ **지역적 확산을 위한 인적 자원 양성**

지역에서 현재 푸른경기21 도시대학 모델을 수용하고 실행하기 위해서는 지역에 도시 관련 전공학과가 있는 대학이 있어야만 용이한 구조이다. 이는 대학을 통해 지도교수인 전문가와 지도조교 역할을 하는 대학원생 또는 학부생의 수급이 가장 원활하기 때문이다. 하지만 몇몇 지역을 제외하고 이러한 조건을 갖추기란 쉽지 않다. 장기적으로는 경기도와 혹은 중앙정부차원에서 도시대학 운영을 위한 코디네이터 양성과 운영 매뉴얼 등을 마련하고 지역별로 전문가(건축사 등)를 포함한 도시대학 운영 인적 자원을 양성하고 인적 네트워크를 구축해야 한다.

제 4 절 도시대학으로 본 협력적 거버넌스

1 도시대학으로 본 협력적 거버넌스의 성공요인

협력적 거버넌스 사례로서 도시대학을 고찰하면 다음과 같은 성공요인을 분석할 수 있고 이것은 또 다른 협력적 거버넌스 사례를 만드는 데 충분한 참고가 될 것이다.

■ **협력적 거버넌스의 목적을 명확히 해야 한다.**

도시대학을 위한 민(民)-학(學) 협력체계의 구축에서 기획자인 푸른경기

21은 도시대학을 통해 이론적 학습과 직접적인 삶터공간의 디자인을 통해 최종적인 마스터플랜을 확정하고 이를 실행하고자 하는 분명한 목적을 제시하고 여기에 자발적으로 함께 하고자 하는 지역별 교육참여자와 도시대학의 목적에 동의하는 지역대학(전문가)을 협력자로 견인한 것이 가장 기본적인 성공요인이다. 즉 도시대학은 목적을 명확히 하고 목적에 대한 참여주체들의 공감을 이끌어냄으로써 성공적인 협력적 거버넌스 체계를 갖출 수 있었다.

■ 참여주체들의 역할이 명확하면 자발성이 확대된다.

참여주체들이 무엇을 할 것인지 명확해지면 전체가 유기적으로 작동되어 자발성이 확대되는데, 이런 측면에서 도시대학은 도시대학 운영을 위한 협력체계로서 대학과 푸른경기21 각 협력주체의 장점을 살린 역할분담과 참여주체로서 교수와 주민들 간의 역할분담이 명확하여 도시대학 자체의 유기적인 자발성을 높이는 측면으로 진행되었다.

■ 협력의 성과를 가시적으로 공유할 수 있어야 한다.

도시대학에서 참여주체들은 처음 대상지역에 대한 주민들만의 힘으로 작성한 구상안과 5주 교육수료 후 최종 발표 때 나온 최종 계획안에 대해 불과 5주만에 전문가들의 영역으로 생각되었던 공간디자인 계획을 자신들의 생각이 반영된 가시적인 최종결과물로 만들어낸 협력의 성과를 확인하며 참여적 협동작업을 통한 성과물에 대해 참여주체 모두가 주인의식을 갖게 된다. 이것은 이후 계획실행 과정에서 참여주체들이 지속적으로 참여하는 토대를 형성하였다.

■ 참여과정을 통해 참여주체들이 스스로 학습되고 변화한다.

매년 도시대학을 진행하며 참여했던 주민과 지도교수, 지도조교 모두가 대상지역에 대한 공간 디자인 계획과 함께 참여주체들에 대한 서로간의 이해와 대상지역에 대한 다양한 측면에서 접근을 통해 오히려 스스로 학습과 변화의 과정을 겪었다고 한다. 도시대학의 일차적 목적인 대상지역에 대한 시민참여형 공간디자인 계획 수립과 더불어 협력기관이 대학과 푸른경기21 그리고 참여주체인 지역주민과 전문가 모두 공통적으로 협력을 통한 성과 창출과정의 성공적인 경험을 공유함으로써 협력적 방식의 과제해결에 대한 새로운 인식을 갖게 되었다.

■ 협력적 거버넌스를 통한 지향가치가 공익적일 때 더욱 힘을 발휘한다.

도시대학은 대상지역에 대한 주민들의 이해와 요구만을 반영한 디자인 설계가 아니라 친환경적이고 공동체적인 가치를 지향하는 가운데 공간디자인 작업을 하는 도시대학의 원칙에 동의하면서 참여주체들은 의미있는 일에 함께 하고 있다는 참여가치와 자긍심이 확대되어 협력적 거버넌스의 힘을 배가하였다.

2 도시대학으로 본 협력적 거버넌스의 원칙

■ 결정권한을 협력적 거버넌스 체계에 맡겨라.

도시대학에서 대상지역에 대한 계획입안 권한과 어느 사안을 계획의 범주에 넣을 것인가에 대한 우선순위 결정권한은 참여주체들의 토론과 합의를 통해 결정하고 발표한다. 이 과정에서 권한을 갖고 결정한 내용에 대하여 훨씬 강화된 책임의식을 동반하게 되고, 도시대학의 후속적인 실천사업에 참여주체들이 지속적인 관심을 갖게 만든다. 따라서 협력적 거버넌스 경우에도 특히 관(官)주도의 거버넌스 체계를 구축할 때 형식지향의 협조적 거버넌스가 아니라 권한과 책임이 주어진 협력적 거버넌스 구축이 가능할 때 거버넌스의 효과를 발휘할 수 있다.

■ 참여주체들의 대등한 관계형성에 주목하라.

일반적으로 전문가들의 강의중심 교육과정에서는 지도와 피지도의 관계가 형성되어 강사가 일방적으로 지식을 전달하는 수준으로 진행되지만 도시대학은 대상지역에 대해 오랜 기간 살아오며 체득된 실질적인 정보를 갖고 있는 지역주민들이 참여하여 공간디자인 협력작업에서 지도교수와 대등한 관계로 상호 보완적인 의사소통이 가능하게 되어 대등한 관계 속에서 협력적인 결과물을 만들어낸다. 이런 맥락에서 성공적인 협력적 거버넌스는 사전준비단계에 참여주체들의 대등한 관계형성이 가능하도록 준비되어야 성공적인 협력적 거버넌스를 형성할 수 있을 것이다.

■ 협력적 거버넌스는 거버넌스 설계와 운영 자체를 협력적으로 하라.

도시대학의 민(民)-학(學) 협력체계를 기획하고 진행하였던 푸른경기21이 도시대학을 운영할 수 있는 관계망 형성까지의 역할을 하고 이후 운영에서는 참여자와 대학에 위임하는 형태로 진행되었다. 기획자로서 적당한 거리두기를 통하여 참여기관과 참여자들이 각자의 역할에 충실할 수 있도록 지원하는 위치에서 협력체계 내부에서의 민주적이고 합리적인 의사결정체계를 위한 도시대학 준비와 운영을 위한 공동기획단을 구성하여 운영하였다.

다양한 영역에서 협력적 거버넌스를 시도하는 거버넌스의 제안과 기획주체가 과도하게 협력체계의 구성과 운영에 개입하여 거버넌스 체계의 역동성을 감소하며 단순한 협조 테이블 수준으로 저하시키는 것을 이처럼 거버넌스 기획자의 협력적 태도와 적당한 거리두기를 통하여 거버넌스 체계 자체가 협력적인 유기체로 작동하도록 해야 할 것이다.

■ 협력적 거버넌스를 통해 참여주체의 창의성이 춤추게 하라.

앞의 거버넌스 성공요인에서 거버넌스 구축의 목적과 참여주체의 역할이 명확하면 자발성이 확대되는 것과 동시에 참여주체들의 의사소통을 활발하게 하여 의도된 목적에 형식요건으로서 협력적 거버넌스가 아니라 참여와 협력을 통한 창조적 결과를 만들어내기 위해 참여주체들의 창의성이 자유롭게 발휘될 수 있는 조건과 분위기를 형성하는 것이 성공적인 협력적 거버넌스의 원칙이어야 할 것이다.

제 5 절 맺음말

협력적 거버넌스의 사례로서 도시대학의 추진과정과 거버넌스로의 정책적 시사점을 정리해 보았다. 도시대학은 완결된 구조로의 협력적 거버넌스가 아니라 계속 진화하고 계속 실험되는 오히려 참여주체들이 협력적 거버넌스에 대한 학습과 경험을 축적하고 있는 단계로 보는 것이 타당할 것이다. 최근에 확산되는 지속가능발전의 정책적 흐름과 경제, 사회, 환경의 다양한 이슈들이 협력적 거버넌스 체계를 요구하고 있다. 푸른경기21의 도시대학 사례가 도시(마을)만들기 분야의 운영원리로 지역마다 창조적으로 수용되기를 바라고 있지만 아직은 도시대학 참여주체들의 열광만큼 현실적 조건과 흐름은 형성되지 못하고 있는 것이 사실이다.

하지만 도시대학을 경험을 통해 건교부가 수도권에서 시범적으로 진행하였던 2008년 수도권 도시대학이나 경기도의 기후보호 대응과 관련하여 경기도, 푸른경기21, 아주대 기후에너지연구소가 도시대학보다 사전단계부터 좀더 진전된 민(民)-학(學)-관(官) 협력을 통해 2008년 기후학교를 진행했던 사례는 협력적 거버넌스로서 도시대학의 유의미성을 확인하는 것이라고 본다.

마지막으로 협력적 거버넌스로 도시대학의 최대장점은 교육분야의 협력체계라는 특성도 있지만 협력을 통해 또 다른 협력을 끊임없어 만들어간다는 것이다. 민(民)-학(學) 협력으로 도시대학을 진행하고, 도시대학의 대상지역 공간디자인 계획을 실행하기 위해 지역별 민(民)-관(官) 협력을 견인하고, 과정에 주민과 전문가 사이의 지속적인 협력적 네트워크가 형성되는 협력의 연결고리가 만들어진다. 이처럼 도시대학과 같은 작은 시도와 사례가 널리 확산되고 지역별로 분야별로 창조적 적용을 통해 협력적 거버넌스의 초석이 되기를 기대한다.

참고 문헌

류홍번.(2008).「푸른경기21 도시대학과 마을만들기」. 제5회 도시대학 강의자료.

푸른경기21실천협의회.(2007).「시민의 힘으로 도시를 바꾸자」. 2007 지역지속가능 발전 우수사례 대통령상 수상기념 푸른경기21 도시대학 작품 모음집.

제 3 장 사회적 기업의 지역발전 설계와 적용

임경수

제 1 절 들어가기

우리나라 농촌마을이 생태마을이 되었으면 좋겠다는 생각으로 2001년 (주) 이장을 창업하여 중앙정부에서 추진하는 마을진흥사업과 지역개발사업에 참여해 왔다. 그동안 우여곡절을 겪었지만 지금은 전국 5개 지역에 7개 사무실을 두고 50여명이 일하는 회사로 성장하였고 마을과 지역컨설팅 이외에도 생태마을조성사업, 지역사회관광사업, 생태농장사업, 교육사업을 하고 있고 디자인과 관련된 자회사인 소박한 풍경, 생태건축설계를 하는 자인과 함께 일하고 있다.

회사를 설립할 때부터 환경, 생태, 공동체에 관심있는 젊은 친구들이 평생 일할 수 있는 직장을 만드는 것이 목표였기 때문에 공공성이 강한 일을 하지만 주식회사를 선택하였고 일할 수 있는 문화의 조성, 일에 대한 책임감, 빠른 의사결정구조 등에 있어서 장점이 많다고 생각하고 있다. 물론 주식회사의 모양새를 갖추고 있지만 종업원 주주제, 팀별 자율경영, 다양한 자기개발 교육과 프로그램의 장려, 안식년 및 상해보험 가입 등 다양한 직원복지의 실현, 회사 자체를 하나의 공동체로 보는 다양한 자발적 활동(신협, 소모임 등)으로 기존의 주식회사와 다른 모양을 만들어가고 있다.

이러한 우리 회사의 특이한 점 때문에 올해 초 사회적 기업으로 인증을 받았고 2007년 사회적 기업 시상에서 가치혁신상을 받기도 하였다. 그러나 무엇보다도 우리 회사를 사회적 기업으로 인정해 준 것은 아마도 우리 회사가 지역의 가치를 높이려 하고 있고 바람직한 지역사회의 모습을 공동체적 지역화라고 생각하기 때문일 것이다. 마을사업을 하게 되면서 마을만들기 운동을 접하게 되었고 마을만들기 활동가들과 교류하면서 바람직한 지역사회의 모습을 상상할 수 있게 되었다. 그리고 그 상상이 현실이 되어야 우리 농촌을 살리고 농촌과 도시가 건강한 관계를 만들어 건강한 도시도 만들 수 있다고 생각하고 있다.

그리고 우리나라의 많은 사회적 기업들이 지역사회에서 지역에 뿌리박고 일하기 바란다. 성장, 효율, 경쟁, 약육방식의 시장에서 생존하는 사회적 기업이 아니라 지역에서 다른 기업, 단체, 지역주민과 공생하는 사회적 기업이 되어야 사회적 기업이 추구하는 경제적 목적과 사회적 목적을 동시에 달성할 수 있기 때문이다. 지역에서 일하고자 하는 사회적 기업과 사회적 기업을 꿈꾸는 사람들에게 지역의 가치를 발견하는 데 도움이 되었으면 하는 바람으로 이 글을 쓴다.

제 2 절 생태마을의 개념과 사례

우리 회사가 지향하는 지역사회의 모습을 생태마을이라는 개념에서 많은 부분 차용하고 있다. 생태마을(Eco-village)은 지구생태마을네트워크(Global Ecovillage Network)에서 "농촌이나 도시의 마을에 사는 구성원들이 지구환경으로 돌려준 것보다 더 많은 것들은 착취하지 않으면서 높은 질의 생활을 유지하려고 노력하는 마을"로 정의하고 있다. 생태마을 개념을 조금 더 분석해보면 한 축에 생태적인 주거단지의 개념과 한 축에 공동체의 개념을 담고 있다.

생태주거단지라고 하는 것은 마을의 물리적인 주거환경을 다루는 하드웨어적인 측면을 이야기하는 것이고 공동체라고 하는 것은 마을의 삶을 다루는 소프트웨어적인 측면을 이야기하는 것인데, 생태마을이라면 양면을 다 가지고 있다. 즉 하드웨어가 강조되는 생태마을이 있는 반면, 소프트웨어를 중요시 하는 생태마을이 있을 수 있지만 거의 모든 생태마을은 생태주거단지와 공동체의 스펙트럼 속에 위치한다고 할 수 있다. 세계적으로도 유명한 생태마을로 영국의 핀드혼 마을과 호주의 크리스탈워터즈 마을을 들 수 있다.

1 영국 핀드혼 마을

영국 북쪽 끝 모레이만에 있는 생태마을로 1962년 피터 캐디와 에일린 캐디 부부를 비롯한 6명이 삭막한 모래밭에서 시작한 공동체로 지금은 200여명이 중심적인 공동체에서 생활하고 있으며 인근 지역에 중심적인 공동체와 연관하여 많은 사람들이 함께 살고 있다. 정착당시 모래밭이었던 불모지는 4만㎡의 대규모 농장으로 변모하였고 이 농장에서는 유기농업으로 농산물을 생산하여 공동체 구성원에게 공급하거나 CSA(Community Supported Agriculture) 방식으로 소비자와 직거래를 하고 있다.

1980년대부터 자연과의 공생을 생활 속에서 직접 실천하자는 생태마을 프로젝트를 추진하여 주거공간부터 먹을거리, 에너지원 등을 모두 자연친화적인 것으로 바꾸고 있다. 생태마을 프로젝트는 첫째, 환경 친화적인 주거건물을 세울 것. 둘째, 재사용 가능한 에너지 공급체계를 갖출 것. 셋째, 지역단위에서 유기농산물을 생산할 수 있는 여건을 조성할 것. 넷째, 문화적 다양성과 구성원들의 총체적 건강을 지향하는 사회적 가족공동체를 실현할 것의 원칙을 지향한다.

이 프로젝트에 따라 공동체 내에 에코 단지를 지정하고 이곳에 27채의 에코 하우스(환경친화적 건물)를 지었다. 에코 하우스 건립에 외부 사람들의 입주와 투자를 유도하고 있다. 에코 단지는 수생식물과 수생동물을 활

〈사진 3-1〉 핀드혼의 마을센터

〈사진 3-2〉 핀드혼 마을 내의 생태건축

용하는 '리빙 머신'을 통해 오폐수를 처리하고 있고 풍력발전기를 세워 환경친화적인 에너지를 사용하고 있다. 이러한 생태마을 프로젝트와 병행하여 유기농업, 생태건축, 생태마을, 영성과 관련한 다양한 교육프로그램이 운영되고 있으며 매년 70여개 국에서 1만여명이 핀드혼을 찾아온다.

영국의 북쪽 농촌에 200여명이 넘는 공동체 구성원이 함께 살아갈 수 있는 것은 첫째, 영성에 기초한 자율적이고 창의적인 공동체 운영방식, 둘째, 유기농장과 교육 프로그램에서 제공하는 다양한 일자리, 셋째, 생태마을 프로젝트로 만들어진 자연에 가까운 생활환경, 넷째, 핀드혼을 중심으로 지역사회 내에 다양한 사람들의 추가적인 이주 등을 들 수 있다.

2 호주의 크리스탈워터즈

크리스탈 워터즈는 1965년 일단의 전문가들이 259ha(약 80만평)에 조성한 생태마을이다. 이 지역은 목축을 위해 삼림을 베고 초지를 조성했다가 생태계가 파괴된 광활한 구릉지였다. 땅을 구입한 후 적절한 토지이용계획을 구상하였는데, 0.5ha(약 1500평, 전체 면적의 14%) 규모의 83개로 나누어진 대지와 회합, 교육, 생태관광사업, 방문자 숙소, 가내수공업 등에 이용하는 공동체 공간 15ha(4만5천평)을 제외하고는 대부분 토지를 농경지, 삼림, 소하천으로 보전하였다. 이러한 전체 토지이용계획 과정에 깊게 참여한 사람은 세계적으로 유명한 생태설계자인 맥스(Max O Lindegger)인데, 현재 이 마을에 거주하고 있다.

이곳에는 호주뿐만이 아니라 전 세계에서 이주한 다양한 사람들이 살고 있다. 이곳을 설계한 맥스, 생태전문교육기관인 SEED(Sustainability education and ecological Design)에서 일하는 모랙과 이반(Morag Gamble, Evan Raymond)를 비롯하여 전업농, 재택근무자, 농자재 판매업자, 예술가 등이 각자 자신의 직업을 가지고 살아가고 있다.

이 마을에 살기 위해서는 몇 가지 원칙을 지켜야 하는데, 자신의 주거환경을 퍼머컬쳐에 의거하여 조성해야 하고 마을내의 야생동물과 생태계를 보호해야 한다. 이러한 새로운 형태의 주거형태와 공동체적 생활양식이 전 지구적인 생태환경위기를 헤쳐 나갈 수 있는 대안으로서 자리잡게 했다는 선구자적 업적으로 인해 1995년 UN에서 세계주거단지상(World Habitat Award)을 받기도 했다.

크리스탈 워터즈에 다양한 사람들이 모여살고 있는 이유는 첫째, 느슨하지만 자발적인 마을운영방식, 둘째, 퍼머컬처 원리에 의한 쾌적하고 자연에 가까운 생활환경, 셋째, 크리스탈 워터즈가 위치한 멀레니(Meleny)라는 지역사회의 다양한 지역공동체 사업 등을 들 수 있다. 멀레니에는 지역주민이 신뢰를 가지고 이용할 수 있는 신용협동조합이 있으며 다양한 품목을 화폐없이 거래할 수 있는 지역화폐(LETS: Local Exchange & Trade System)가 운영되고 있다.

〈사진 3-3〉 크리스탈 워터즈의 마을센터

〈사진 3-4〉 마을 내의 생태건축

제 3 절 마을만들기 운동과 공동체적 지역화

1 마을만들기 운동의 개념과 의의

마을만들기 운동에 대해 정확한 정의를 내리기 어렵지만 일본의 마을만들기 운동을 국내에 소개하여 마을만들기 운동을 촉발한 김찬호는 일본의 마을만들기(마찌쯔구리)에 대해 "지역공간을 주민들이 스스로 디자인해 나가는 과정"이라 정의하고 있다(김찬호, 2000). 현재 우리나라에 있어 마을만들기 운동은 정치, 문화, 예술, 건축, 농업, 관광 등 다양한 분야에서 많은 실험들이 이루어지고 있으며 그 목적, 내용, 방법 또한 다양하게 나타나고 있다. 그에 따라 우리나라의 마을만들기 운동은 마을디자인, 마을가꾸기, 마을만들기, 마을진흥사업, 생태마을운동, 공동체운동, 주민자치운동, 마을의제운동 등으로 다양하게 부르고 있기도 하다.

따라서 우리나라의 마을만들기 운동은 일본의 마을만들기 운동과 비교할 때 보다 폭 넓게 정의할 필요가 있는데, 아직 마을만들기 운동의 정의에 대한 논의가 성숙되어 있지 않으므로 우선 "지역공간을 중심으로 지역에 사는 주민들이 공동체성을 바탕으로 스스로 지역의 문제를 해결하고자 하는 다양한 활동"으로 정의하고 논의를 진행하고자 한다.

많은 사람들이 마을만들기 운동에 주목하고 있고 마을만들기 운동에 참여하고 있는 이유는 마을이라는 공간이 여러 가지 측면에서 유익하기 때문이다. 우선 마을이라는 공간은 물리적으로 한정된 작은 공간이고 계획가의 입장에서 보면 읽어내기 좋은, 다시 말하면 계획이나 설계하기 용이한 공간이다. 비교적 동질적인 공간요소가 집합되어 있으며 주요한 동선을 중심으로 이러한 동질적인 요소들이 약간의 다양성을 주면서 배치되어 있는 것이 일반적이다. 환경이나 생태적인 측면에서 본다면 작고 동일한 수계로 한 마을이 이루어지게 되므로 계획과정에서의 환경영향이나 생태계에 미치는 영향을 비교적 쉽게 예측할 수 있는 공간이기도 하다.

두 번째는 심리적으로 본다면 주민참여를 이끌어내기 좋은 공간이다. 마을은 길든 짧든 같은 역사적 경험을 주민들이 공유하고 있는 공간이며 친밀하게 서로 간의 관계를 맺게 된다. 또한 마을주민 한 사람의 활동이 빠르게 다른 사람에게 전파되고 영향을 미치며 파급되는 공간이고 이를 예측하거나 파악하기 좋기 때문에 주민들이 의사결정을 하기 용이한 측면을 가진다.

세 번째로 전략적인 측면을 본다면 우리나라의 정서상 "마을"에 대한 특별한 애착, 향수 등을 가지고 있다는 점이다. 간혹 식당이름이 "OO 마을"인 간판을 자주 보게 되는 데 그 만큼 우리나라 사람들이 마을에 대한 특별한 감정을 가지고 있다는 것을 반증한다. 실제로 "마을을 위해서라면", "마을이 잘 된다면" 하는 말은 개인적이고 사사로운 이익을 배제해도 좋은 면죄부를 만들어주기도 한다. 또한 이러한 우리나라 사람들의 마을에 대한 특별한 감정은 마을만들기 운동을 외부로 홍보하는 좋은 방편이 되기도 한다.

다양한 실험과 시도를 거듭한 우리나라의 마을만들기 운동은 이제 새로운 도약을 준비해야 하는 시점으로 보인다. 특히 참여정부 시절 주민참여형 지역개발 전략의 필요성이 제기되고 정치적으로 지방분권과 균형발전의 과제가 설정되면서 민간차원의 마을만들기 운동을 정부의 정책적 수단으로 활용하려는 움직임이 있었기 때문이다. 마을만들기 운동에 있어 정부의 참여는 마을만들기 운동을 확대, 보급하는 긍정적인 측면이 있기는 하지만 마을만들기의 본질을 외면한 채, 무늬만 마을만들기 운동을 만들 우려가 있어 보인다. 지금 마을만들기 운동은 그동안 다양한 분야에서의 다양한 활동내용을 바탕으로 우리 사회를 정치·경제·사회적으로 변화시킬 수 있는 새로운 운동으로서 자리매김해야 하는 시점이다.

2 우리나라의 마을만들기 운동

오래 전부터 마을을 중심으로 한 다양한 활동이 있어 왔고 특별히 유사한 가치관이나 종교를 가진 사람들이 한 마을에 들어가서 살거나 새로운 마을을 만들려는 노력도 있어 왔다. 그러나 마을만들기 운동으로 불릴 만한 활동은 김찬호가 일본의 마을만들기 운동을 「이런 마을에서 살고 싶다」라는 책으로 소개한 1997년 무렵부터 활발하게 이루어진 것으로 보인다(야스히로 엔도, 1997). 일본의 마을만들기 운동은 우리나라에 있어 지방자치의 시작과 맞물리고 공간을 새로운 문화 창조의 대상으로 바라보려는 시도와 맞물리면서 다양한 창발성들이 나타나기 시작하였다.

도시에서의 마을만들기 운동은 서울 인사동에서 지역의 정체성과 장소성을 찾기 위한 다양한 활동을 벌이면서 북촌 한옥마을로 이어졌으며 여러 도시에서 차 없는 골목만들기, 쌈지공원만들기, 어린이 통학로 확보 운동 등으로 번져나갔다. 도시에 있어서 마을만들기 사례 중에 대구의 삼덕동의 사례를 주목할 만한데, 삼덕동에 살고 있던 한 시민활동가가 자신이 살고 있던 담장을 헐면서 시작한 골목가꾸기 사업은 주민들의 자발적인 참여를 이끌어내면서 담장을 허물거나 담장을 예쁘게 꾸미는 다양한 활동을 전개하였고 이는 행정기관이 스스로 담장을 허물게 하는 주요한 계기를 마련하였다.

하지만 삼덕동의 마을만들기 운동은 단순히 골목을 꾸미는 일에만 그쳤던 것은 아니고 삼덕동 내에 청소년 쉼터, 마을 미술관, 마을회관 등을 만들어나가고 마을 축제를 운영하는 등 삼덕동의 마을 공동체를 형성하기 위한 활동을 꾸준히 하고 있다는 점에서 더욱 주목할 만하다고 할 수 있겠다. 도시의 마을만들기 운동에 있어 또 하나 눈여겨보아야 할 사례는 서대문구 창천동, 서교동 일대 소위 홍대 앞 클럽을 중심으로 한 거리문화 운동이다. 도시마을만들기 운동에 앞장섰던 최정한에 의해 2001년부터 시작된 홍대앞의 거리문화운동은 홍대앞 거리를 클럽이라는 독특하면서도 젊고 하위적이며 생산적인 문화활동을 통해 지역공간의 정체성을 찾기 위한 노력이었다.

하지만 홍대앞 거리문화운동에 있어 눈여겨보아야 할 점은 홍대앞 거리문화운동이 골목을 정비하거나 아름답게 만드는 디자인 운동이나 단순한 거리문화축제에서 벗어나 한 달에 한번씩 열리는 클럽데이와 일 년에 한번씩 열리는 로드 페스티발을 통해 홍대앞 거리의 클럽들이 경제적인 공동

〈사진 3-5〉 대구 삼덕동의 담장허물기

〈사진 3-6〉 홍대거리의 클럽문화

체를 형성하였고 이를 바탕으로 지역의 문화적 정체성을 찾아가고 있다는 것이다. 한편 성미산의 나무를 지키기 위해 시작된 마포구의 마을만들기 운동은 대안학교, 동네부엌, 생협, 지역방송 등 지역주민의 저력을 바탕으로 다양한 시도를 하고 있다.

농촌의 경우는 오래 전부터 농촌지도자들에 의해 자연마을을 중심으로 다양한 활동들이 있어왔지만 일단의 전문가들과 농촌마을이 결합하여 마을만들기 운동을 시도한 사례는 90년대 후반 녹색연합의 금산 건천리 생태마을 사업이 그 시작인 듯하다. 금산 건천리의 생태마을 사업의 결과는 전문가와 마을주민들간의 간극으로 그다지 성공적이지 않았지만 녹색연합은 강화도 장화리, 무주 진도리, 홍성 문당리 생태마을 사업을 추진하면서 농촌에서의 마을만들기 운동을 주도하였다. 특히 홍성 문당리에 있어 주형로라는 마을지도자와 녹색연합에 참여하고 있는 대학교수 등의 전문가가 결합하여 농촌마을에 있어 마을만들기 운동의 전형을 제시하게 된다. 이를 계기로 농촌살리기, 그린투어리즘의 차원의 농촌 마을가꾸기 사업들이 중앙정부의 지원사업을 바탕으로 활발하게 벌어지게 되었다.

이러한 농촌에 있어서 마을만들기 운동은 정부의 지원으로 도시에서의 마을만들기 운동과 달리 시민운동의 영역에서 사업영역으로 발전하게 되어 농촌마을의 마을만들기와 관련한 비즈니스 그룹들이 나타나게 되었다. 정부의 참여, 사업적 영역으로서 전문가 참여, 마을지도자들의 적극적인 활동으로 인해 일부 농촌마을에서 가시적인 성과가 나타나 화천 토고미 마을,

〈사진 3-7〉 화천군 신대리의 도농교류행사

〈사진 3-8〉 산청군 안솔기 마을

이천 부래미 마을, 남해 다랭이 마을 등 소위 스타 마을을 탄생시키기도 했다. 농촌마을에 있어 이러한 현상은 마을만들기 운동에 있어 일정부분 긍정적이기도 하지만 부정적인 영향도 있어 보인다.

농촌에 있어 마을만들기 운동의 또 다른 흐름으로 농촌지역에 생태적인 삶을 지향하는 일단의 사람들에 의해 새로운 마을을 만들려는 시도가 일어나고 있다. 외국의 의도적 공동체 운동(Intentional Community)처럼 어느 정도 사회적인 문제의식을 바탕으로 하면서 외부와의 적절한 연계성을 가지고 있다는 측면에서 볼 때 폐쇄적인 종교적 공동체를 이 범주에 포함시키기는 어렵고 경남 산청의 안솔기 마을, 무주 진도리의 귀농마을, 경남 함양의 청미래 마을, 최근 장수군청의 지원으로 시작된 전북 장수하늘소 마을 등이 이러한 사례에 속한다고 할 수 있다.

3 마을만들기 운동의 새로운 목표: 공동체적 지역화

농촌마을과 관련한 사업에 참여하면서 "마을만들기"보다는 "마을가꾸기"라는 단어를 선호하였다. 농촌마을의 경우 새로운 마을을 만든다기보다는 기존의 마을을 좀더 마을답게 가꾸는 것이 더 적합하다는 생각에서였다. 그러나 최근 들어 우리나라에 벌어지고 있는 다양한 활동을 "마을만들기"로 규정하는 것이 오히려 맞는 것 같다. 왜냐하면 마을이 점차 없어지고 있기 때문이다. 즉 마을이 해체되고 있다.

우선 마을이라는 지역적이면서도 특이한 공간 개념이 점차 사라지고 있다. 도시에서의 마을이라도 일정 정도의 역사성을 공유하고 계승하는 공간이었고 기본적인 생활편의나 복지, 문화 서비스가 일어나는 생활공간이었다. 하지만 역사성이나 지역성을 찾아보기 어려운 대규모 아파트 단지의 건설과 생활 및 교육 여건, 부동산 가격의 차이에 따라 잦은 이사를 하는 생활패턴의 변화, 대규모 유통센터를 중심으로 하는 소비행태의 변화는 도시에서 마을이라는 공간적 개념을 주민들이 스스로 인지할 수 없도록 만들고 있다.

농촌에서도 양태는 다르지만 유사한 현상이 일어나고 있다. 예전에는 마을이라는 공간은 생산과 함께 생산물의 분배와 소비가 결합된 공간이었지만 이제 생산만 이루어질 뿐 생산의 분배와 소비는 일어나지 않는 공간이 되어 버렸으며 이제 그 생산마저도 경쟁력을 갖추기 위해 마을의 경계를 넘어서 다양한 생산조직을 구성하기에 이르렀다.

또한 예전의 농촌마을은 마을 안에서 오롯이 교육과 문화활동이 함께 벌어지는 공간이었지만 이제 교육은 광역화되었고 문화활동은 거의 피폐한 지경에 이르고 있다. 농촌에서의 소비행태 또한 도시를 닮아가면서 인근 도시의 대형유통매장 중심으로 개편되고 있다. 따라서 도시나 농촌 모두 마을주민들이 공유하고 있던 마을이라는 공간을 구체적으로 인지할 수 있는 상황적 여건들이 엷어지면서 마을공간 개념이 해체되고 있는 것이다.

이러한 공간개념의 해체는 물리적 측면에서 마을에 영향을 미치고 있을 뿐 아니라 마을에서 벌어지던 다양하고 중요한 인간적인 고리들도 해체하고 있다. 예전의 도시마을의 시장골목에서 좌판을 벌이고 잡다한 야채를 파는 할머니는 젊은 새댁에게는 새로운 반찬거리와 요리법을 알려주는 요리선생이었고, 철물점의 주인은 철물과 전기기구를 파는 상인이기도 했지만 집수리와 전기공사의 마을 컨설턴트이기도 했다. 하지만 이제 많은 도시인들은 바코드를 매개로 연결되는 대형유통매장에서 의미없는 인사를 던지는 캐셔를 중심으로 문화가 상실된, 인간미가 상실된 소비생활을 오히려 문명적인 것이고 진보적인 것으로 받아들이고 있다.

농촌에서도 생산의 동반자이며 식량을 함께 나누던 마을주민들은 이제 자신의 농산물을 하나라도 더 팔아야 하는 경쟁자가 되었거나 그런 경쟁도 할 수 없는, 그저 자신의 농업노동으로 자신의 삶을 간신히 연명하는 노인만이 이웃이 되어 인간적인 교류를 기대할 수 없게 되었다. 즉 심리적·정서적 마을의 개념도 함께 해체되고 있다.

그런데 여기에서 주목해야 할 것은 이러한 물리적·정서적 마을 개념의 해체가 경제적인 영향을 지대하게 미치고 있다는 점이다. 도시마을이든 농촌마을이든 그 정도는 달랐지만 마을을 중심으로 내부순환적인 경제가 어느 정도 형성되어 있었다. 즉 마을에서의 한 개인의 소득은 일정부분 마을주민들의 소득으로 돌아갔고 그렇게 얻어진 소득은 다시 마을 주민들의 소득으로 분배되는 재분배효과 내지는 순환효과가 있었지만 지금은 창출된 부가 끊임없이 외부로 유출되는 경제구조로 변하고 있다. 소비경향이 달라졌기 때문에 일정한 마을주민들을 대상으로 하던 소규모 상업은 이제 다른 마을, 더 나아가 다른 지역과 경쟁해야 하고 심지어 거대자본이 경영하는 대형유통매장과 경쟁해야 한다.

실제로 중소도시의 상점들은 끊임없이 업종을 바꾸고 있고 작은 점포로 분화되는 과정을 겪고 있으며 농촌의 소도읍의 소규모 상업은 거의 침체하고 있다. 결국 어느 누구든 거대자본과 경쟁해야 하지만 거대자본이 마련한 소비시장에서 소비할 수밖에 없는 이중적인 착취구조가 만들어지고 있으며 이는 결국 다시 마을을 해체하는 데에 결정적인 기여를 하고 있다. 그리고 거대자본의 커다랗고 두려운 힘은 "세계화"로 미화되고 있다.

여기에서 마을만들기의 대상에 대해서 생각해 볼 여지가 만들어진다. 즉 우리가 마을을 만들려고 하는 대상은 아마도 마을이라는 물리적인 공간은 아닐 것이다. 예전의 마을이라는 물리적인 공간은 마을주민들의 자치, 문화, 경제활동을 규정하는 외연적인 틀이었을 뿐이다. 물질의 자유로운 이동이 어렵고 다른 지역에서 에너지의 유입이 어려운 상황에서 마을은 삶을 꾸려가기 위한 가장 작고 효율적인 공간영역이었을 것이다. 이제 물질과 에너지의 자유로운 유입과 유출이 허락되고 더구나 정보가 손쉽게 전달하는 현대에 들어 그런 외연적 틀은 더 이상 많은 의미를 가지기 어려워 보인다.

결국 우리가 추구하는 마을만들기의 대상은 바로 심리적, 정서적 다을 개념일 것이고 정서적, 심리적 마을만들기의 구체적인 내용은 결국 풀뿌리 자치운동이며 지역문화운동이 될 것이며 지역 경제공동체 운동이 될 것이다. 그 지점은 결국 "세계화"를 막을 수 있는 방법은 공동체적 "지역화"라는 「오래된 미래」의 저자 헬레나 노르베르호지의 주장과 맞닿게 된다.

즉 마을만들기 운동은 물리적 공간디자인 운동에서 벗어나 정치적으로는 자치운동이며 문화적으로는 지역문화의 다양성을 확보하는 운동이며 경제적으로 순환과 나눔의 공생운동이 되어야 한다. 그리고 이러한 마을만들기 운동은 세계화를 방어할 수 있는 공동체적 지역화를 만드는 가장 효율적인 전략이 될 수 있을 것이다.[1)]

제 4 절 공동체적 지역화의 맹아

우리 회사가 농촌지역에서 일을 하고 있기 때문에 농촌지역에서 개별 마을사업이 아니라 지역적 차원에서 공동체 운동을 통해 공동체적 지역화를 모색하고 있는 지역이 있다면 그 지역을 모델로 삼을 필요가 있었다.

다행스럽게도 우리나라의 면단위 두개 지역에서 지역사회의 자발적인 공동체 활동이 인구증가를 불러오고 이 인구증가가 일자리를 늘리고 다시 자발적인 공동체 활동에 활력을 주는 선순환과정에 진입하고 있는 충남 홍성군 홍동면과 전북 남원시 산내면을 발견할 수 있었다.

---

1) 공간문화센터의 최정한은 마을만들기와 관련하여 공동체 문화와 교육의 중요성을 역설하면서 문화적으로는 인디문화, 경제적으로는 인디기업을 통해 커뮤니티 경제를 만들어야 한다고 주장하였다. 여기에서 말하는 커뮤니티 경제란 마을단위의 경제가 아니라 마을 혹은 지역의 네트워킹을 포함하는 의미로 마을경제 네트워크를 의미하고 있다.

1 충남 홍성군 홍동면

홍동면 일대는 1958년 개교한 풀무농업고등기술학교의 설립을 계기로 주민중심의 생협 활동, 문화활동, 교육환경조성 등의 지역공동체 운동을 통해 활발한 농촌을 만들어왔다. 풀무농업고등기술학교는 1970년대 유기농업을 도입하여 농촌에서 일할 수 있는 농촌지도자와 농촌지역 일꾼을 양성하면서 지역사회운동의 확대를 도모하였다. 많은 풀무학교 졸업생들이 지역에 남아 농촌의 축적된 인적 자원, 지역 잠재력이 신협, 생협, 주민주도형 어린이집, 여성농업인 센터 등 다양한 풀뿌리식 농촌 자치조직을 만들었으며, 이러한 지역 역량에 의해 귀농인의 선호 지역이 되어 많은 귀농인이 정착하고 있다.

풀무농업고등기술학교는 진리에 겸손하고 인간을 존중하며 생명을 사랑하는 것을 기본내용으로 하는 전인교육 과정을 배우고 있으며, 전공부는 2년제 전문대학과정으로 바른 가치관, 깊은 교양교육, 현장학습을 통해 실제적 능력을 갖춘 젊은 농부이며 환경농업을 발전시키고 소규모 가족 복합농업을 실현하는 자립적 지역일꾼을 양성하고 있다. 풀무생협은 농약과 화학비료를 거부하고 유기농업을 고수해온 생산 농민들의 생활협동조합으로 1980년 창립하여 초기부터 도농직거래를 통한 우리나라 최고 최대의 친환경농산물 생산지로 자리매김하고 있다. 100여명의 채소류 생산자와 250여명의 쌀농사 생산자로 조직되어 한국생협연대, 수도권사업연합회, 한국여성민우회생협 등을 통해 50여곳의 3만 가정 도시소비자에게 농산물을 공급하여 연매출 50억원에 육박하는 사업성과를 거두고 있다. 1970년 창립된 풀무신용협동조합은 현재 주민 조합원 2,800여명, 자산 180억원으로 늘어나 농촌지역 서민금고 역할을 한다. 이 밖에 주민주도로 건립한 갓골어린이집, 여성 농민의 권익 신장과 지역 활동을 위한 홍성여성 농업인센터, 홍동면 문당리를 중심으로 한 환경농업단지와 부대시설인 홍성환경농업교육관이 있으며 지역신문이나 출판사업도 활발히 이루어진다.

〈사진 3-9〉 풀무농업고등기술학교 전경

〈사진 3-10〉 홍성 풀무학교 전공부 전경

〈사진 3-11〉 풀무생활협동조합 전경

〈사진 3-12〉 홍동면 갓골 어린이집 모습

홍동지역은 풀무학교를 중심으로 지역주민 스스로 다양한 풀뿌리식 농촌 자치조직을 만들었으며, 이러한 지역 역량이 귀농하려는 도시민을 유입하여 많은 귀농인이 정착하였다. 이러한 풀뿌리 조직이 농촌의 생활환경을 개선하고 삶의 질을 높이고 있으며 이러한 풀뿌리 조직을 의존할 수 있기 때문에 도시민이 이주가 일어나는 선순환적 지역공동체를 형성하고 있다.

2 전북 남원 산내면

지리산 실상사가 위치한 전북 남원시 산내면(11개리)과 운봉읍, 인월면, 아영면, 함양군 일부지역이 일종의 지역공동체를 형성하고 있다. 지역공동체의 시작은 실상사가 중심이 되었는데 첫째, 생명살림과 생명평화를 위한 생명운동, 둘째, 자립과 협동, 조화와 공생을 추구하는 소지역 도농 공동체 운동, 셋째, 귀농자 정착지원 및 농업인 생활안정을 위한 사업, 넷째, 유기농산물의 생산, 가공, 판매, 유통을 위한 지원사업 다섯째, 청소년, 부녀자, 노인 등 지역주민의 교육, 문화, 복지향상을 위한 사업, 여섯째, 농촌과 도시의 인적·물적 교류를 위한 협력사업 등을 추진하고 있다.

중심을 차지하고 있는 지리산 실상사는 귀농자를 위한 귀농전문 교육기관인 실상사 귀농학교, 사회생활 은퇴 후 전원과 시골에서 여유롭게 노후를 보내려는 분들을 위한 실버귀농학교, 아이들에게 생태적 삶을 교육하기 위한 프로그램인 지리산 어린이 계절학교를 운영하고 있으며 다양한 주제의 생명살림강좌 등을 운영하는 '인드라망 지리산 교육원', 20여만평에 대단위 유기농업단지인 실상들 친환경 농업지구 조성 계획을 진행하는 '지리산 친환경 영농조합'이 있고 여성농업인의 영농교육과 가사, 건강, 자녀교육을 상담하여 행복한 가정, 정겨운 이웃을 위한 상담프로그램 운영하는 여성농업인 센터 등이 있다. 또한 젊은 귀농인 자녀를 교육하는 대안학교인 '실상사 작은 학교'가 2001년 3월, 3년 과정 비인가 중학교로 개교하였고 장차 5년제 중·고등 통합과정으로 준비 중이고 미취학 아동을 위한 산내들어린이집, 초등학생을 위한 방과후 학교 '산내어린이 스스로 배움터'도 운영되고 있다.

남원시 산내면의 거점 지역을 통한 지역공동체 운동은 지역경제 활성화

〈사진 3-13〉 지리산 생명축제

〈사진 3-14〉 실상사 작은학교 학생들

〈사진 3-15〉 지리산 생명문화교육원 입구

〈사진 3-16〉 생명문화교육원 확장공사 모습

기반을 이루어 관내에 귀농인이 30가구 70~80여명의 이주결과를 가져왔고, 특히 실상사 작은학교의 교육여건 때문에 이주한 가구 수도 4가구나 되었다. 홍성군 홍동지역과 마찬가지로 실상사를 중심으로 귀농인이 이주하였고 귀농인이 중심이 되어 풀뿌리적 지역공동체 사업이 시작되었으며 이에 따라 귀농인들이 선호하는 지역이 되어 인구 증가가 일어나는 선순환적 지역공동체가 형성되었다.

제 5 절 충남 서천군에서의 경험

2000년 초반부터 마을단위 지역진흥사업에 참여해왔으나 마을개별단위로는 농촌지역의 활성화를 위해 할 수 있는 일에 한계가 있었고 참여정부가 들어서면서 국토균형발전, 지방분권이라는 국가발전전략에 따라 내생적 지역개발, 지역혁신, 신활력 사업 등 다양한 지역개발사업을 기획하고 운영하고 있으나 지역에서 이러한 사업들이 제각각 벌어지고 있어 통합적인 효과를 내기 어려워보였다. 그래서 지역단위에서 보다 밀착하여 마을사업을 비롯한 다양한 사업을 추진해봐야겠다는 생각으로 서천에 지역지사를 설립하게 되었다.

1 서천지사 설립

서천군과는 2001년 행자부의 마을진흥사업이었던 아름마을사업과 관련하여 관내의 한 마을의 기본계획을 수립하면서 인연을 맺게 되었다. 당시 이 사업의 담당자였단 주택과의 건축직 공무원이 우리 회사가 하는 일을 자세히 살펴보고 여느 회사와는 다른 자세와 분위기로 일하는 것에 관심을 갖기 시작하였고 아름마을사업은 마무리가 되었지만 계속적으로 우리 회사와 교류하게 되었다.

이 건축직 직원에 의해 2004년 군수실 비서실장을 하던 선배 공무원을 소개받았고 두 공무원은 우리 회사에서 운영하던 지역개발과 관련한 교육에 주말마다 서천과 홍천을 오가며 교육을 받는 열의를 보였으며 2005년에 공무원 역량강화 교육, 충남도 지원 신활력사업을 계획하면서 상호 신뢰를 쌓게 되었다. 그러던 중 두 공무원이 서천군에 이사를 하여 다양한 지역사업을 함께 추진해보자는 제안을 하게 되었고 마을사업의 한계를 극복하는 지역개발사업을 시도하고 실험해보고 싶은 욕심이 생겨 2005년 8월에 서천지사를 만들게 되었고 강원도 춘천에서 서천읍으로 이사하게 되었다.

서천지사는 다음과 같은 다음과 같은 역할이 가능할 것이라 생각하였다.

① 중앙정부와 지방정부의 가교: 중앙정부가 기획하는 지역개발사업의 정확한 의도가 지역에 전달되지 않아 혼란이 많이 생기므로 중앙정부의 정책의도, 방향을 정확하게 파악하여 지방정부를 이해시키는 역할

② 중앙정부 지원으로 지역개발사업의 기획력 제공: 중앙정부의 지역개발사업이 상향식 공모제를 추진하고 있는데, 지방정부에서는 이를 효과적으로 이용할 수 있는 기획력이 부족하기 때문에 전문적인 기획력을 통해 지역에서 원하는 지역개발사업에 중앙정부의 지원사업을 효과적으로 활용할 수 있는 역할

③ 지역개발사업의 통합적이고 체계적인 추진: 중앙정부의 지원사업과 지역사업이 대개 사업부서 간에 분절적으로 이루어지기 때문에 지역 내에

서 전혀 시너지가 창출되지 않고 오히려 난개발을 부추기고 있어 이를 조정하고 통합하는 역할

④ 공무원 및 지역주민의 역량 강화: 지방자치에 맞는 공무원의 역량과 주민 스스로 지역을 발전시키기 위한 주민역량이 필수적이므로 다양한 교육사업을 통해 이러한 역량을 강화시키는 역할

⑤ 주민사업 지원: 풀뿌리적 주민자치활동이나 지역사업을 주민 스스로 해나갈 수 있도록 주민활동을 지원하는 역할

⑥ 전문가 네트워크: 다양한 전문가를 지역에 연결시켜 인적 네트워크를 구축하고 이를 바탕으로 효과적으로 지역사업을 추진할 수 있도록 하는 역할

2008년 2월까지 약 2년 반 동안 서천지사를 운영하면서 농촌마을종합개발사업 2개 지구, 면소재지 활력화 사업, 농업농촌테마공원조성사업, 전원마을조성사업, 문화역사마을만들기, 2기신활력사업 등 중앙정부 지원사업에 기획력을 제공하여 서천군이 공모사업에서 선정되었으며 한산면, 장항읍 등의 다양한 지역개발사업이 이루어지고 있는 지역에 대해서 통합적이고 체계적인 추진이 가능하도록 기본계획을 조정하거나 각 실무부서 간의 토론이 이루어지고 하였다.

또한 공무원에 대한 교육 프로그램을 기획하여 운영하여 공무원 역량 강화와 함께 주민교육, 주민포럼사업을 지원하여 주민역량강화도 도모하였으

〈사진 3-17〉 공동체 카페 청파의 준비

〈사진 3-18〉 공동체 카페 청파 창업

며 주민활동의 지원하여 협동조합형 주민사랑방인 '공동체 카페 청파'를 기획하여 설립하기도 하였다. 신활력사업을 활용하여 5개 분야에 상임자문단 제도를 만들어 지속적이고 체계적이며 책임있는 자문이 이루어질 수 있도록 하기도 했다.

2 서천지사의 철수와 소중한 경험

2008년 2월 개인적으로는 서천에서 경기도 안성으로 이사를 하고 2008년 봄에 서천지사는 홍성으로 이전을 하게 되었다. 초기에 서천지사에서 의도했던 역할을 제대로 해낼 수 없는 많은 한계를 느끼게 되었고 외부에서 회사를 만들어 지역에서 벌어지는 사업에 깊게 간여하게 되면서 일부 색안경을 끼고 보는 지역주민과의 갈등도 경험하게 되었다.

우선 중앙정부의 지원사업이 경쟁력 강화, 성장중심주의에 기반을 두고 있는 만큼 지역 내에서 주민간의 공생과 협력을 이끌어내기보다 상호경쟁을 부추기는 면이 다분하였다. 또한 사업의 성과가 지역의 다부분에서 파급효과를 내는 것이 아니라 오히려 지역경제를 파편화하거나 도시경제로 편입을 촉진하는 경향을 나타내었다. 더욱 우려스러운 것은 중앙정부의 지원사업이 지방정부의 일정비율 자부담으로 진행되기 때문에 중앙정부의 지원사업의 과도한 유치는 오히려 자체 예산을 삭감하게 되고 대개 주민의 삶의 질과 관련된 예산이 영향을 받았다.

중앙정부의 다양한 지원 사업을 통합하여 일종의 모자이크를 구성하듯이 지역을 발전시킬 수 있을 것이라 기대했지만 지방정부 공무원의 인식이 단위사업에만 충실하면 된다는 인식때문에 다른 부서의 일과의 연관성에 대해 큰 고민을 하지 않았고 중앙정부의 지원사업을 유치하는 것에만 큰 관심을 보였다. 또한 공기업 중심의 농촌개발사업으로 인해 사업에 접근하는 데에도 한계가 있었다.

서천에 있는 동안 지방선거가 있었고 장항갯벌을 매립하여 산업단지를 만들고자 하는 큰 지역 이슈가 발생했다. 이 과정에서 일부 지역주민의 오해가 있었고 이와 관련한 갈등을 경험했다. 이 과정에서 지역의 의사결정은 주로 정치적 판단이 우선시되고 소수라 할지라도 다양한 의견이 존중되어 개진되지 않는다는 사실을 실감하게 되었다.

서천에서의 경험을 통해 지역발전이라고 하는 것이 외부자본에 의존하는 놔두고 새로 만드는 방식의 기존의 지역개발사업이 아니라 지역주민이 자발적인 참여에 의해 만들어지는 일종의 공동체적 지역화에 의해 보다 바람직하게 이루어질 수 있다는 사실을 재차 확인하게 되었다. 하지만 이러한 공동체적 지역화는 지역주민의 주체적인 역량, 함께 일할 수 있는 협력과 배려의 문화 등이 그 바탕이 되어야 하는데, 우리나라 지역사회에서 이러한 기본적인 바탕을 기대하기 어렵다는 것 또한 실감하게 되었다. 따라서 향후 농촌지역에서의 지역만들기는 다음과 같은 인식에서 출발해야 하지 않을까 하는 생각을 하게 되었다.

① 지역경제는 지역경제 나름의 독자적인 영역과 메커니즘이 있다.

지역의 경제는 효율, 가격 등의 계량적인 잣대로만 돌아가지 않는 무언가가 있었다. 오히려 이것이 지역의 경쟁력을 약화시킨다고 비판할 수도 있지만 지역경제는 이러한 비시장적인 부문에 의해 유지되는 부분이 많다는 것을 발견하였다.

② 지역의 자치와 자립을 유지하기 위한 사회적 자산이 필요하다.

지역개발, 지역발전보다 우선시 되어야 하는 것은 지역의 자치와 기본적인 지역의 소비를 유지할 수 있는 자립인데, 이미 대부분의 농촌지역은 이러한 자치와 자립을 이끌 사회적 자산이 빈약하였다. 지역개발사업이 소기의 성과를 내기 위해서는 무엇보다도 이러한 지역의 사회적 자산을 확충하는 것이 절실하다.

③ 농어촌사회는 사회적 자산 중에 인적 자원과 자치문화가 빈약하다.

지역에서 가장 빈약한 사회적 자산은 인적 자원과 자치적 문화였다. 기존의 지역리더는 중앙정부사업의 수혜에 길들여져 있고 지역정치문화에 익숙하였으며 지역의 의사결정이 이러한 지역리더에 의해 이루어지고 있었기 때문에 지역주민의 일상적인 참여가 배제되고 있고 이에 따라 주민자치는 이루어지고 있지 않다.

제 6 절 나가며

앞서 마을만들기 운동이 지역공동체를 만들기 위한 전략적 대안이며 우리 사회의 여러 가지 문제를 풀뿌리적으로 해결할 수 있는 방법이 될 수 있다고 언급하였다. 지금 우리나라에 있어 마을만들기 운동은 이제 한 시대를 정리하고 다음 시대로 넘어가는 중요한 시점에 서 있다. 아마도 같은 이유로 사회적 기업의 필요성이 제기되고 활발한 논의가 이루어지고 있는 것이 아닌가 한다.

이러한 마을만들기 운동의 발전방향과 사회적 기업의 활성화와 맞물려 우리 회사도 사업전환을 모색하고 있다. 정부의 농촌 활성화 정책자금을 활용한 주민교육, 기본계획, 컨설팅 등의 용역 위주의 사업에서 지역공동체로 나아갈 수 있는 사업을 발굴하고 이 사업이 스스로 수익을 발생할 수 있는 구조를 만들려고 한다. 기본적으로 정부의 정책사업은 효율과 경쟁을 요구하고 이는 지역사회에서 갈등을 부추기고 있으며 이러한 정책지원을 통해 이른바 성공한 농민은 지역에 다시 자본을 투자하는 것이 아니라 인근도시에 투자함으로써 지역경제는 인근 도시경제로 편입되고 있으며 농촌사회의 양극화를 촉진하고 있는 것을 목격하였다.

그래서 대안을 제시하고 그 대안에 주민들을 동원하는 지역활동가가 아니라 지역주민과 함께 호흡하고 지역주민이 대안을 찾아나갈 수 있게 하는 새로운 지역 활동가와 지역리더를 위한 교육사업, 2010년부터 60세에 진입하는 한국전쟁 이후의 베이비 붐 세대가 농촌지역에 정착하여 노후생활을 하는 동시에 지역사회 활성화에 기여할 수 있는 생태농장 조성이나 전원마을 조성사업, 지역 농산물 판로의 새로운 대안이자 지역경제의 순환구조를 만들어낼 수 있는 로컬푸드 시스템 구축사업 등을 준비하고 있다.

회사를 창업하고 나서 많은 사람들로부터 '그 사업이 돈이 될까 ?'하는 걱정소리를 많이 들었었다. 우리 회사 자체가 실험일 수 있고 우리 회사가 하는 사업도 실험일 수 있다. 어차피 실험이라면 제대로 실험을 해보고 싶다는 것이 나의 바람이다.

참고 문헌

김찬호.(2000). 일본의 도시화 과정에서 마을만들기의 전개와 주민참여. 「도시행정학보」, 13(1): 95-115.

엔도 야스히로 저, 김찬호 역.(1997). 「이런 마을에서 살고 싶다: 주민들이 직접 나서는 마을만들기」. 황금가지.

제 3 부
문화유산, 자원봉사, 그리고 민관협력

제 4 장 문화유산의 가치와 기업의 참여: '1문화재 1지킴이 운동' 기업참여 사례

강임산

제 1 절 '1문화재 1지킴이 운동'의 추진 배경

정부의 각 분야에서 추진하는 모든 정책들이 그렇지만, 특히 문화재 분야의 경우 정부 당국의 의지만으로 그 정책의 실효성을 거두기란 매우 힘들다. 더구나 추진하고자 하는 정책을 국민이 외면하거나 따라주지 않는다면 그 정책은 사실상 실패할 수밖에 없다. 마찬가지로 국민들의 적극적인 관심과 자발적인 참여는 정책의 실효성 제고는 물론, 정책품질의 향상으로 이어지게 마련이다. 문화재, 혹은 문화재 정책의 입장에서 국민은 곧 대상이자 주체가 될 수 있다. 문화재 정책의 소비자이자 생산자라는 속성을 함께 지니고 있기 때문이다.

문화재청이 민관협력을 통해 '1문화재 1지킴이 운동'을 처음 추진하기로 결의한 것은 지난 2004년 11월의 일이다(본격적인 활동시작은 2005년 4월이다). 한국사회 전반에 걸쳐 시민사회의 역량이 성숙되고, "국민들의 자발적인 참여로 문화재를 함께 가꾸고 보호하자"는 의식의 공감대가 폭 넓게 형성되어가고 있다는 상황판단이 이 운동의 외적인 추진배경으로 작용하였다.

또 한편 문화재의 범주와 개념이 확장되고, 이에 따라 관리해야 할 문화재의 수적인 증가에도 불구하고 '당면한 행정의 한계(조직, 인력, 예산의 부족)'로 인해 민관협력이 절실하다는 판단이 이 운동의 내적인 추진배경이었다. 때문에 볼런티어십과 파트너십에 기반한 민간참여를 통해 문화재의 보

〈표 4-1〉 1문화재 1지킴이 운동의 개요와 참여현황

○ **'1문화재 1지킴이 운동' 개요**
- 참여주체: 개인, 가족, 학교, 민간단체, 기업체 등
- 활동대상: 지정·비지정 문화재
- 활동내용: 정화활동, 모니터링, 교육·홍보활동, 전문기술·용역지원 등

○ **'1문화재 1지킴이 운동' 참여현황**(2005. 3~ 2008. 7 현재)

참여주체	개 인	가 족	단 체	기업 및 법인 등 협약 건수
참여건수 (참여인원)	1,640건 (1,271명)	407건 (1,086명)	944건 (49,997명)	26 건

[그림 4-1] 대상의 인식과 접근방법

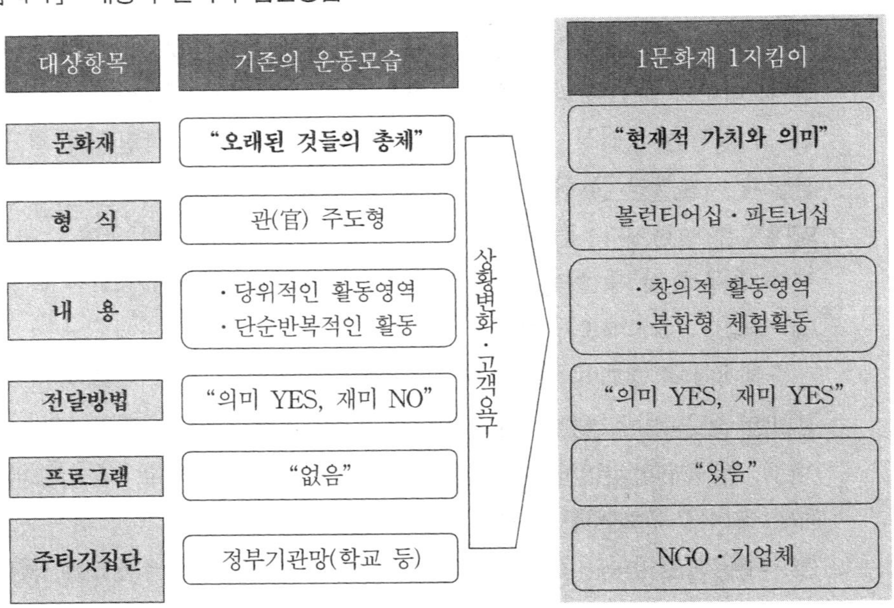

존, 관리, 활용 역량 전반을 함께 강화시켜보자는 취지에서 '1문화재 1지킴이 운동'을 추진하게 되었다.

궁극적으로 '1문화재 1지킴이' 운동을 통해 민간참여 혹은 민관협력을 통해 문화재 보존, 관리, 활용의 역량을 강화하고, 이 분야의 고객만족도는 물론 정책품질도 획기적으로 높여보자는 데 그 목적이 있다. 그 과정 중에 '문화재를 가꾸고 즐기는 문화'도 민관이 함께 만들어 가자는 정책의도가 포함되어 있기도 하다.

제 2 절 기업참여의 의미와 시사점

하지만 '1문화재 1지킴이 운동'을 본격적으로 추진해온 지금의 시점에서 이 운동은 당초 우리의 생각과 기대 이상으로 많은 시사점과 가능성을 던져주고 있다. 무엇보다 운동 초창기 '문화재 행정의 당면 한계를 극복하기 위한 민관파트너십 형성'이란 현실적 필요성 차원을 뛰어 넘어, 이제는 '문화재를 가꾸고 즐기는 문화도 함께 만들고 물려주자'는 가치 창조의 차원으로 운동이 발전했기 때문이다. 이는 운동의 궁극적인 지향점과 핵심가치를 확고히 했던 결과이기도 하다. 한편 운동의 참여 주체로 기업체를 주목하고, 동참시켰다는 것도 큰 의미를 갖는다. 기업의 사회적 책임이 날로 강조되고, 이에 따라 기업의 사회공헌활동도 점차 증대되는 상황에서, 이를 문화재 분야에 창조적으로 접목시켜 특색있는 모델사례를 제시했기 대문이다.

특히 문화재 혹은 문화재청의 입장에서 기업(기업 사회공헌활동)은 생산적 파트너십을 형성할 수 있는 탁월한 장점과 여건을 고루 갖추고 있음을 주목하였다. 첫째, 사회공헌활동에 관한 '인력, 조직, 예산'을 고루 갖추고 있을 뿐 아니라 경우에 따라서는 문화재 보존을 위한 전문기술까지 함께 갖춘 역량있는 파트너라는 점이다.

전국경제인연합회가 2008년 2월에 발표한 「2006 기업・기업재단 사회공헌백서」에 따르면, 한국의 기업이 2006년도 사회공헌 비용으로 총 지출한 액수는 1조 8천억원을 넘어서고 있다. 이 가운데 문화시설, 문화예술 및 체육시설, 체육행사 등을 포함한 '전통문화 계승 연구지원과 유적, 유물의 발굴 보존 지원' 분야 총 지출액의 10% 미만에 머물고 있으며, 이 가운데 실질적으로 차지하는 비율은 훨씬 적을 것으로 추정된다. 그럼에도 불구하고 최근 10년 동안 전반적인 지출추세는 뚜렷한 증가추세에 있으며, 향후에도 지속적으로 증가할 것으로 예상된다.

둘째, 기업 사회공헌활동의 전문화와 조직화가 꾸준히 진행되고 있다. 특히 대기업을 중심으로 사회공헌활동을 전담하는 부서를 설치하는 경향이 늘고 있다. 즉 기업의 사회공헌활동이 기업의 생존과 지속가능한 발전을 위해 필수불가결한 전략적인 경영활동으로 인식되고 있는 것이다.

셋째, 사회적 이슈와 국가적 의제에 동참함으로써 사회발전에 기여한다는 원칙을 견지하며 사회공헌활동을 추진되고 있다. 이는 곧 기업의 사회공헌활동이 선택과 집중을 통한 사회적 파급효과가 큰 공익활동을 중심으로 전개될 것으로 예상된다.

넷째, 기업의 사회공헌활동이 점차 차별화된 분야로 확장되고 있다. 최근

[그림 4-2] 기업의 사회공헌 비용 총지출

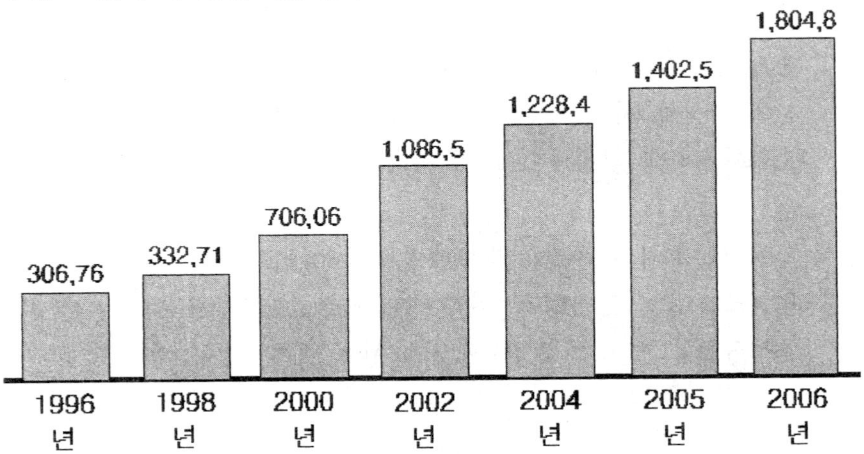

자료: 전경련(2008), 『2006 기업 · 기업재단 사회공헌백서』.

의 사회공헌활동 경향은 기업의 이미지와 부합되며, 보다 특색있고 차별화된 분야로 옮겨가고 있다. 이는 곧 사회공헌활동의 효과와 가치의 차별화를 확보하려는 것으로 보인다.

또한 기업 혹은 기업 사회공헌의 입장에서 문화재는 매우 매력있는 투자 대상이자 사회공헌활동 대상이다. 이는 문화재가 지닌 가치와 속성때문이다. 문화재와 기업 사회공헌활동의 상호 연관성과 시사점을 정리해 보면 다음과 같다.

첫째, 문화재는 가장 대표적인 공익영역에 해당한다. 단순히 민족적・국가적 차원이 아닌 인류적 차원의 분야이기도 하다. 따라서 문화재 분야의 사회공헌활동에 참여하는 기업의 공익적 이미지도 함께 증대되는 것이다.

둘째, 문화재는 미래세대에게 물려주는 것이다. 기업의 입장에서 미래세대는 곧 잠재고객을 의미하는 바, 문화재 분야의 지속적인 사회공헌활동은 지속적인 기업경영에 긍정적인 영향을 끼칠 것이다.

셋째, 문화재는 명소, 명품으로서 장점뿐 아니라 내재되어 있는 콘텐츠도 풍부하다. 기업의 입장에서 이러한 부분을 전략적인 사회공헌활동과 접목시킨다면 기업과 브랜드 이미지가 향상될 것이다. 매력적이고 투자가치가 있는 사회공헌 대상이 바로 문화재라는 것이다.

제 3 절 기업 사회공헌활동 모델 개발과 적용

'1문화재 1지킴이 운동'의 많은 운동주체 가운데 참여기업들의 공통된 특성은 ① 주로 지역사회를 거점으로, ② 정해진 예산을 가지고, ③ 조직화된 활동을 전개한다는 것이다. 이러한 특성 등으로 인해 현재 참여기업들은 전체 '1문화재 1지킴이 운동'의 핵심 운동주체 가운데 하나이며, 견인차 역할을 한다는 평가를 받고 있다.

문화재청에서는 이와 같은 기업의 특성에 착안하여 기업 사회공헌활동 전담 T/F팀(중간관리자급 이상)을 조직하여 문화재 유형별 분석을 통한 기업의 사회공헌 활동 접근전략을 제시하고 있다. 그 과정 속에서 기업참여의 유형별 모델타입을 ① 전문기술 지원형 모델, ② 정체성 연계형 모델, ③ 지역 사회 공헌형 모델 등 크게 3가지로 분류하여, 특성화된 유형별 접근과 체계적 관리가 동시에 가능하도록 하였다.

무엇보다 '조직, 예산, 인력, 전문기술' 등이 자체적으로 뒷받침되는 기업체를 동 운동에 특성화시켜 적극적인 동참을 유도함으로써, 실질적인 참여효과는 물론 사회적 파급력도 크게 제고시킬 수 있으리라 기대했기 때문이다.

이를 통해 참여기업은 기업의 이미지 제고는 물론, 참여 직원들의 만족

〈표 4-2〉 유형별 사회공헌활동 모델

유형별 구분	사회공헌활동 내용
① 전문기술 지원형 모델	기업이 보유한 전문기술·노하우·인력 등을 활용한 문화재 활동 유형
② 정체성 연계형 모델	업종 또는 기업의 출발점과 관련해 '정체성'과 연관된 문화재 활동 유형
③ 지역 사회 공헌형 모델	기업이 소재한 지역사회를 대상으로 전개하는 문화재 봉사활동 유형

〈표 4-3〉 '전문기술 지원형 모델' 주요 적용사례(2005. 5 ~ 2008. 7 현재)

참여 기업체	보유기술 및 장비 등	적용기술(사회공헌 활동내용)
한화리조트	골프장 잔디관리 기술 등	왕릉 잔디관리활동
삼성화재	화재 안전진단 기술 등	경복궁 화재 안전진단 및 자문활동
한국가스공사	가스 안전진단 기술 등	고택 LPG가스시설 안전점검
포스코	금속 보존처리 기술 등	'장단역 증기기관차' 영구보존처리
대한주택공사	구조물 안전진단 기술 등	고택, 옛 다리 등 구조물 안전진단 등
팅크웨어	내비게이션 서비스 등	지정 문화재(5,500점) 위치정보서비스
올림푸스한국(ODNK)	Real Pics 신기술 등	유물 원색 사진촬영 획기적 성과와 자료화
한글과컴퓨터	소프트웨어 제작 기술	문화재 교육용 디지털 프로그램 지원
KT텔레캅	보안 및 방범서비스 등	문화재 도난방지 시스템 지원 및 순찰활동
삼성생명	탐지견센터 운영	목조문화재 흰개미 피해 예방을 위한 탐지활동

〈표 4-5〉 '정체성 연계형 모델' 주요 적용사례(2005. 5 ~ 2008. 7 현재)

참여 기업체	업종 · 정체성	적용사례(사회공헌 활동내용)
아모레퍼시픽	설록차, 화장품 등	차(茶) 문화유적지 보호활동
KT	통신사업 등	덕수궁(최초 전화개통지) 보호활동
조선호텔	숙박업, 요식업 등	벽제관지(조선시대 국영호텔) 보호활동
한글과컴퓨터	흔글워드 등 소프트웨어	세종대왕릉 보호활동 및 문화재교육용 프로그램 지원
KT텔레캅	보안경비회사	문화재 도난방지 및 취약 문화재 순찰활동

도와 브랜드 가치 향상 등의 효과를 얻고 문화재청은 실질적인 문화재 보존, 관리효과를 보고 있는 것이다. 따라서 이는 양자가 모두 만족하는 'Win&Win'방식에 기반하고 있는 것이다. 각각의 유형별 모델타입을 간략하게 살펴보면 다음과 같다.

〈표 4-6〉 '지역 사회 공헌형 모델' 주요 적용사례(2005. 5 ~ 2008. 7 현재)

참여 기업체	소속지역 · 특성	적용사례(사회공헌 활동내용)
한화리조트	전국 사업장(리조트 등) 보유	전국 13개 사업장별 문화재 보호활동
신한은행	전국적인 지점망 보유	전국 1천여 지점별 문화재 보호활동
현대건설	서울 종로구 창덕궁과 인접	창덕궁 보호 및 각종 지원활동
한국가스공사	전국 광역지사 보유	11개 지사별 관할 문화재 보호활동
KT	전국 광역지역본부 보유	11개 지역본부별 관할 문화재 보호활동
하이닉스반도체	서울 · 이천 · 청주 지역	서울 창경궁 보호 및 지원활동(지사 확대예정)
호텔신라	서울시 중구 서울성곽 인접	서울 성곽(남산구간) 보호 · 활용
KTF	서울 송파구 잠실	아차산성 · 고구려유적보호 · 지원활동
경북관광개발공사	경북 경주시	경주지역 및 헌덕왕릉 보호활동
삼성전자	경기도 수원시	수원 화성(華城)보호 · 외국어안내활동
SH공사	서울시	서울 성곽(낙산구간) 정비 · 보호활동

제 4 절 대표적 활동사례 및 시사점

1 한화리조트('05. 5. 3 협약체결)

한화리조트(대표이사 홍원기)는 기업체로서는 처음으로 2005년 5월 3일 문화재청과 '1문화재 1지킴이 운동' 협약식을 체결하고 문화재 분야의 본격적인 기업 사회공헌활동에 동참하게 되었다. 한화리조트는 전국 13개 사업장을 두고 콘도미니엄과 골프장을 운영하는 회사로서 국내 최대규모를 자랑하고 있다.

해당기업은 주 5일제의 본격적인 시행 등에 따른 급변하는 '여가 · 레저문화'의 트렌드를 사회공헌활동과 연계하여 적극 반영하고 있는 것이 특징이다. 즉 리조트업의 대상은 '가족' 단위 여행객이며, 가족단위 여행객의 여가선용 및 레저욕구의 충족을 위한 가족단위 체험프로그램 등의 증대와 이에 대한 필요성을 각 사업장을 통해 발 빠르게 반영한 결과인 것이다.

또한 종전에 콘도미니엄을 단순 '숙박' 개념에서 '체험'의 공간으로 전략을 세우고 활용하는 것이다. 이와 관련해 남사당놀이보존회와 '전통문화 메세나' 차원에서 연간 후원 약정을 맺고('06.4.25) 콘도미니엄 고객대상 전통문화공연 및 체험활동을 전개하여 고객들의 큰 호응을 얻고 있다.

뿐만 아니라 기업이 보유한 인적 · 물적 동원능력과 전문기술을 문화재 분야 공헌활동으로 특화시켜 적용하고 있다. 그 대표적인 특화사업이 '왕릉지킴이' 사업인 것이다. 골프장 관리기술의 핵심기술인 잔디관리 기술을 왕릉 잔디관리 기술의 과학화를 위해, 경기도 화성에 소재한 '융 · 건릉(사적 제206호)'을 활동지역으로 정해 매월 2차례 이상 잔디관리 활동에 나선 것이다. 이는 또한 문화재보호법상 민간영역의 전문성이 '경미한 수리행위' 조항에 근거해 결합된 잔디관리 모델이며, '생육기반 조성'을 통한 과학적 잔디관리 개념이 문화재 분야에 도입된 첫 사례이다. 이러한 '왕릉지킴이'

〈사진 4-1〉 골프장 코스관리 직원의 융·건릉 잔디관리 모습

〈사진 4-2〉 리조트 고객 대상 '남사당 줄타기' 체험 행사 모습

활동은 궁·릉 조경관리 담당직원들과의 '잔디관리 워크숍'을 개최('06. 3. 6~3. 7)하여 민간의 전문기술과 성과물을 상호 공유한 바 있다.

한화리조트의 경우 '업종의 특성에 기반한 여가·레저문화의 변화 추이, 고객의 체험욕구 증대, 그리고 전문기술을 통한 지역사회의 요구사항을 충실히 반영하는 가운데 사회적 투자로 이어지는 기업의 '전략적 사회공헌활동'의 전범을 잘 보여준다는 시사점이 있다.

2 신한은행('05. 7. 5 협약체결)

신한은행(은행장 신상훈)은 현재 전국 1천여 지점을 개설하고 있으며, 2005년 7월 5일 문화재청과 '1문화재 1지킴이 운동' 협약식을 체결하고 문화재 분야의 본격적인 기업 사회공헌활동으로 동참하고 있다.

신한은행은 이처럼 전국적으로 보유하고 있는 지점망을 활용하여 조직의 특성을 살린 문화재지킴이 활동을 전개하고 있다. 이는 또 한편 전국단위의 각 지역사회에 소재한 금융기관으로서 문화재지킴이 활동을 통해 지역주민들과 함께 두터운 신뢰관계를 형성해나가는 전형적인 지역 사회공헌활동 유형에 속한다. 그 대표적인 사례가 국보 제1호 숭례문과 인접한 신한은행 본점의 활동이다. 국보 제1호가 갖는 대표성과 상징성을 신한은행의 기업이미지와 연결하여 극대화하고 있는 것이다.

〈사진 4-3〉 본점 직원들의 '숭례문' 지킴이 활동 모습

〈사진 4-4〉 문화재 명소를 활용한 전통문화 메세나 활동

그러나 이는 단지 이미지 제고 효과에만 그치지 않고, 숭례문 광장조성('06. 3. 3)과 더불어 문화재 관리주체인 중구청과 상시적이며 지속적인 협력체계를 통해 지역사회 문화재의 보존과 활용에 기여하고 있다. 이는 문화재 관리 및 활용예산의 실질적인 절감효과도 있겠지만, '민간기업도 문화재 분야에 동참할 수 있다'는 민간참여 활성화의 사회적 분위기 조성의 효과도 크다고 볼 수 있다. 무엇보다 '명소화' 된 지역의 문화재의 활용가치를 극대화함은 물론, 기업 입장에서 간접적인 '스페이스 마케팅'의 효과도 거두고 있다.

뿐만 아니라 문화재청의 입장에서 본다면 은행의 전국 조직망을 활용한 정책고객 확보와 홍보활성화 효과도 크다. 실제로 신한은행의 전국 각 지점에는 문화재청의 월간 소식지가 비치됨으로써 신한은행의 고객을 문화재청의 정책 고객화 하는 효과도 거두고 있다. 향후 신한은행의 모든 지점을 문화재청의 대국민 정책고객 확보, 거점화하여 각종 프로그램을 공급할 수 있는 발판을 마련했다는 의미가 있다. 더불어 은행만이 갖는 특성을 살린 금융상품 개발('문화재사랑 통장' 등)을 통해 문화재 보존·관리·활용분야를 지원할 수 있는 방안도 검토 중이다.

신한은행의 활동이 보여주는 시사점은 '지역사회의 문화재 보호활동 등을 통해 책임있는 금융기업으로서, 지역사회의 구성원으로서 역할을 충실히 한다'는 것이다. 특히 이러한 방식의 기업 사회공헌활동은 해당 지역의 문화재 관리역량 강화에도 일조할 것으로 기대되고 있다.

3 한국가스공사('05. 8. 31 협약체결)

한국가스공사(사장 이수호)는 전국 8곳에 공급지사를 두고 있으며, 2005년 8월 31일 문화재청과 '1문화재 1지킴이 운동' 협약식을 체결하고 문화재 분야의 본격적인 기업 사회공헌활동으로 동참하고 있다.

한국가스공사는 가스관련 업종에 종사하는 특성을 살려, 전국의 중요 민속마을을 비롯한 문화재자료 등 사람이 거주하면서 LPG 시설을 사용하는 문화재들을 대상으로 가스안전관리 활동을 지킴이 활동으로 삼고 있다. 이들 대부분의 문화재는 LPG 시설을 사용하고 있는 실정이며, LPG 시설은 주기적인 안전점검의 법적 이행의무가 따르는 도시가스 사용시설과는 달리 주기적인 안전점검의 법적 이행의무가 없어 항시 가스사고의 위험에 노출되어 있다.

따라서 한국가스공사는 권역별 LPG 시설사용 문화재 실태조사결과를 토대로, 이들 문화재에 대해 우선 민속마을을 중심으로 가스안전점검, 노후시설교체, 기타 안전교육(소화기 사용법, 응급대처 요령 등) 및 가정용 소화기 무상비치 등을 실시하고 있다. 물론 전문기술자들이 직접 나서는 봉

〈사진 4-5〉 전통가옥 LPG가스 시설 안전점검 및 무상교체 모습

〈사진 4-6〉 민속마을 정화활동 및 폐소화기 수거・교체활동

사활동이기 때문에 전기안전점검 활동도 병행하고 있다.

한국가스안전공사가 문화재지킴이 활동대상으로 삼고 있는 문화재의 수는 수도권 일원의 고택 등 51개 문화재와 안동 하회마을을 포함한 이른바 지정 민속마을의 5곳에 총 441세대이다. 특히 민속마을은 마을 전체를 하나의 활동 범위로 보고, 마을 내에 위치한 지정・비지정 가옥을 모두 포함해 활동대상으로 삼고 있다.

한국가스공사의 문화재지킴이 활동이 보여주는 시사점은 '기업이 보유한 전문기술과 인력을 활용하여 LPG가스시설 관리체계의 맹점으로 인해 안전관리의 사각지대에 놓인 문화재에 대한 안전사고 예방효과를 거두고 있다'는 것이다. 이는 일상적인 안전관리활동을 통해 혹시라도 있을지 모르는 사고에 대비함으로써 문화재는 물론, 소중한 인명도 함께 지킬 수 있음을 잘 보여주는 사례에 해당한다.

4 포스코('05. 9. 14 협약체결)

포스코(회장 이구택)는 포항과 광양, 서울에 사업 거점을 두고, 2005년 9월 14일 문화재청과 '1문화재 1지킴이 운동' 협약식을 체결하고 문화재 분야의 본격적인 기업 사회공헌활동에 동참하게 되었다. 포스코의 지킴이 활동 핵심내용은 포스코가 보유한 세계적인 철 보존처리기술과 조사・분석기술로써 문화재를 가꾸고 지키겠다는 것이다. 이를 위해 우선 철불, 철당간, 철・동종 등 국가지정 금속문화재 68점에 대한 조사・분석・데이터베이스 구축사업도 문화재청과 함께 추진할 예정이다.

이는 그간 우리 조상들이 다뤄왔던 금속문화재의 재질과 성분의 시대적 흐름과 변천사를 보다 실증적인 차원에서 규명하는 계기가 될 것이라는 점에서 의미가 크다. 이 분야는 사실 학계를 비롯해 문화재 분야의 오랜 숙원과제였음에도 불구하고 전문인력과 기술, 그리고 예산편성의 어려움 등이 겹쳐 지금껏 난항을 겪어왔던 부분이기 때문에 의의는 더욱 크다. 이와 함께 조사・분석된 금속문화재에 대해 그 부식의 진행정도 등을 전문가 모니

〈사진 4-7〉 포스코와 '1문화재 1지킴이 운동' 협약식 모습

〈사진 4-8〉 영구보존 처리 위해 '장단역 증기기관차 화통' 이전 모습

터링 등을 통해 주기적으로 점검할 예정이다.

또한 포스코는 금속문화재의 보존처리작업에도 나설 예정인데, 우선 이에 대한 상징적인 작업으로서 경기도 파주시 장단면 DMZ 내에 위치한 '경의선증기기관차화통'(등록문화재 제78호)에 영구보존처리작업을 실시하였다. 하지만 단지 전문적인 민간영역에서 보존처리작업을 주도적으로 맡아봄으로써 국가예산의 절감효과만을 기대하는 것은 아니다. 국가기관도 보유하고 있지 못한 전문적인 민간의 기술력을 문화재 보존분야에 투입함으로써 문화재 보존처리기술을 획기적으로 제고시킴은 물론, 장기적인 관점에서 선진화된 민간기술들이 문화재분야의 기술축적에도 큰 도움이 될 것이기 때문이다.

장단역 증기기관차 영구보존처리작업의 추진과정 속에서 얻을 수 있는 의미와 시사점은 ① 건국 이래 비무장지대 내 문화재에 대한 최초의 보존활동사례이며, ② 민간의 선진기술을 지방자치단체(파주시)와 협력하여 문화재에 적용한 대표적 사례인 동시에 ③ TV, 신문, 각종 잡지 등에 소개된 '포스코 광고(광고 기간: '05. 10 ~ '06. 1)'를 통해 문화재 사회공헌 활동에 대한 대국민 의식을 널리 일깨워 많은 기업의 동참을 유도했다.

제 5 절 운동성과와 시사점

문화재청이 민관협력의 새로운 분야로 기업 사회공헌활동을 주목한 것은 기업과 파트너십을 통해 "문화재 행정의 당면한 한계를 극복하자"는 절박한 현실적 이유가 존재했다. 그러나 그 과정에서 민관협력의 소중한 경험을 함께 하게 되었고, 그에 못지않은 실질적인 성과도 얻을 수 있었다. 이제 민관협력이란 선언적인 문구가 아닌 반드시 필요한 선택임을 경험적으로 깨닫게 된 것이다. 민관협력을 통한 '문화재와 기업 사회공헌활동', 양자 간의 성과를 정리해 보면 다음과 같다.

첫째, 문화재 분야 기업 사회공헌 활동의 개척과 이를 통한 전문성 확보를 가장 큰 성과로 꼽을 수 있다. 기업 사회공헌활동이 사회복지, 보건, 환경, 문화예술, 체육 등 분야에 주로 편중되어 있었으나, 문화재 분야 또한 사회공헌활동의 새로운 영역이 될 수 있음을 제시해 줌으로써 기업의 전공과 전문성을 살려 참여하고 협력할 수 있도록 했기 때문이다. 이는 문화재청의 입장에서는 문화재 보존・관리・활용분야에서 획기적인 성과를 거둠은 물론, 향후 지속적인 성장가능성을 발견한 반면, 기업의 입장에서는 문화재를 통한 공공의 가치를 실현하는 새로운 사회공헌활동 분야로 보폭을 넓힌 결과가 되었다.

둘째, 사회공헌활동의 유형별 모델타입을 제시함으로써 민관협력의 내실화와 전문화의 틀을 다질 수 있었다. 문화재의 유형별 분석과 기업의 특성을 연구 분석함으로써 참여 기업의 입장에 가장 적합한 사회공헌활동 모델타입을 제시한 것이다. 이를 통해 참여 기업의 동기와 목적의식을 확고히 할 수 있었다. 기업의 정체성, 전문성을 최대한 살리고 지역사회와 한 구성원으로서 역할에 충실할 수 있도록 모델 타입을 각각 유형화시킨 것이 활동성과의 내실화와 전문화로 이어진 것이다. 이를 통한 경제적 가치를 환산하면 약 66억원('05. 5~'07. 12)을 웃도는 정도임을 확인할 수 있었으며,

각종 참여프로그램 개발 등을 통해 지속적으로 늘어날 것으로 전망된다.

셋째, 문화재 정책의 고품질화와 고객 서비스만족도를 획기적으로 제고할 수 있었다. '1문화재 1지킴이' 운동은 국민의 자발적인 참여로 문화재를

▲ 1950~2005: 증기기관차, 한국전쟁 당시 파손되어 경기도 파주시 장단면 DMZ 內 방치. 2004년 등록문화재 제78호 확정, 외부노출로 인한 부식 등 훼손상태 심각

▲ 2005. 09: UN사령부와 이해와 협조하에 건국 이래 최초로 DMZ 內 문화재 보존처리 확정. '문화재청 · 포스코 · 파주시' 간 보존처리를 위한 '1문화재1지킴이' 협약체결

▲ 2006. 11: 포스코와 문화재청을 비롯한 민간 전문가들의 검토를 거쳐 보존처리 방향 및 방법과 기술검토 등을 최종 확정, 포스코 지원으로 DMZ 밖으로 이송작업

▲ 2007. 01~현재: 파주시의 협조로 임진각에 보존처리장을 마련. 포스코 연구원들의 영구보존 처리과정을 관광객들을 대상으로 일반공개 후 지역 관광자원화 함. 2009년 말 보존처리 최종완료.

〈사진 4-9〉 장단역 증기기관차 보존처리 과정

[그림 4-3] 지역사회의 '民-產-官 협력모델' 개념도

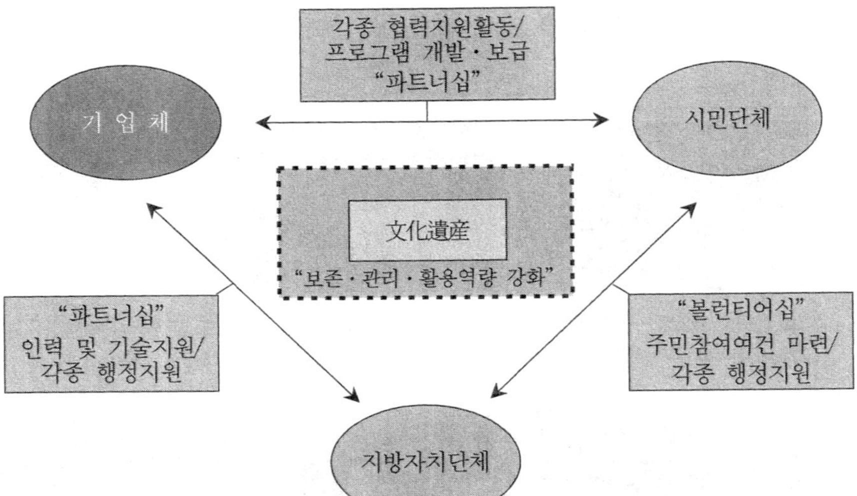

가꾸자는 취지의 운동이므로 기본적으로 민관협력의 속성을 지닐 수밖에 없다. 국가나 지방자치단체의 문화재 정책 또한 국민이 외면하거나 따라주지 않으면 실패할 수밖에 없다. 문화재 정책의 고품질화란 결국 국민의 공감과 이해, 그리고 참여로 이어지며 획득될 수밖에 없는 것이다. 기업시민으로서 기업을 문화재 분야의 사회공헌활동에 동참시킴으로써 전문기술 · 인력, 조직망을 통한 문화재 보존 · 관리 · 활용 역량의 고품질화와 이를 통한 고객만족도를 획기적으로 제고할 수 있었다.

넷째, 지역사회 단위의 민관협력 모델로서 '민(民)-산(産)-관(官) 네트워크'를 통해 지역의 문화재 보존 · 관리 · 활용 역량강화의 기반을 구축하였다. 문화재 보존 · 관리 · 활용의 기본단위는 '지역사회'이다. 따라서 지역사회의 민간 구성원으로서 전문성과 조직역량을 갖춘 시민단체와 기업체를 문화재의 법적 관리주체인 지자체와 협력망을 갖도록 하는 것은 매우 중요하다. 이는 곧 지역사회의 문화재 보존 · 관리 · 활용 역량강화로 이어지기 때문이다. 기존의 문화재 민관협력활동이 겉돌 수밖에 없었던 이유가 바로

지역사회와 민간참여주체를 주목하지 못했기 때문이다. 이 점에서 '1문화재 1지킴이' 운동은 지역사회 기반을 구축했다는 의미가 있다.

제 6 절 향후과제

이상과 같은 문화재분야 민관협력의 성과에도 불구하고, 성과에 안주할 수 없는 것은 개선과제가 동시에 제시되고 있기 때문이다. 민관협력의 전문화, 내실화, 조직화라는 가능성과 기반을 다지기는 했지만, 보다 심화된 파트너십을 통해 민관협력의 성과를 확대·발전시켜가야 한다. 지금까지 쌓아 온 민관협력의 소중한 경험을 바탕으로 민관 상호간 구축된 신뢰감을 추진동력으로, 민관협력의 가능성과 지평을 더욱 넓혀 가도록 부단한 노력을 기울여 나갈 것이다. 현시점에서 '1문화재 1지킴이 운동'이 해결해야 할 당면과제를 살펴보면 다음과 같다.

1 기업 사회공헌활동의 내실화와 전문성의 확보

기업 사회공헌활동이 형식적으로 흐르지 않고 실질적인 성과를 담보할 수 있도록 내실화 방안이 요구된다. 아울러 기업의 전문성도 함께 발휘될 수 있는 사회공헌활동이 될 수 있도록 문화재 유형별 특성 분석을 통한 기업의 사회공헌 활동과 연계하는 전략도 제시되어야 한다. 기업의 참여를 수적으로 늘려가는 것은 중요하지 않다. 내실있게 관리하고 전문성을 최대한 발휘할 수 있는 여건을 조성해 우수사례를 만들어 보는 것이 더 중요하기 때문이다. 이를 위해 참여 기업과 주기적으로 활동성과를 함께 공유하고 평가하는 자리도 꼭 마련해야 할 것이다.

2 체계적인 지원 · 관리를 위한 전담 지원조직의 마련

기업 사회공헌활동은 해마다 양적 · 질적으로 증가하고 있다. 한국사회에서 문화재 분야의 사회공헌활동 또한 기업의 새로운 사회공헌활동 영역으로 주목받고 있으며, 지속적인 증가추세에 있다. 따라서 이를 보다 체계적으로 지원하고 관리하기 위한 전담 지원조직의 마련은 필수적인 요건으로 대두되고 있다. 이를 테면 코디네이터 역할을 할 수 있는 지원조직을 설립함으로써 효율적인 사회공헌활동을 위한 정보를 제공하고, 전략을 수립하며, 성과관리는 물론 상호 네트워크가 가능한 지원센터의 설립이 필요한 것이다.

3 지역공동체와 상호협력 모델 구축 · 전파

문화재 보존 · 관리 · 활용의 기본단위이자, 최일선의 현장인 '지역사회'는 기업 사회공헌활동의 현장이기도 하다. 그 간의 참여성과를 토대로 지역사회를 거점으로 시민단체(民)와 기업체(産)와 지자체(官)가 상호 '볼런티어십'과 '파트너십'에 기반한 상생 협력모델을 만들어 보는 것도 의미있는 사업이다. 특히 전문가 집단으로서 시민단체와 협력은 필수적이다. 시민단체와 기업체 간의 협업을 통한 상호협력은 기업 사회공헌활동을 보다 내실화하고 전문화함으로써 성과품질을 크게 제고할 수 있다.

4 '지속가능한 사회공헌 활동'을 위한 다양한 프로그램 개발 · 보급

기존의 단순 반복형 기업 사회공헌활동의 폐해는 참여주체의 만족도 저하, 참여율 저조, 나아가 해당 사회공헌활동의 중단으로까지 이어지는 적지 않은 문제점을 야기하였다. 이에 따라 지속가능한 사회공헌활동을 위한 프로그램 개발이 요구된다. 최근의 경향은 단지 기업체 임직원만이 참여하는 사회공헌활동이 아닌 임직원 가족까지 함께 참여할 수 있도록 프로그램에 대한 수요도 늘어나고 있다. 이와 관련해 문화재의 경우 풍부한 유·무형의 콘텐츠를 갖고 있는 만큼 그에 따른 특성화된 창의적인 사회공헌활동 프로그램의 개발이 충분히 가능할 것이다.

5 법적·제도적 장치의 보완과 신설

기업 사회공헌활동의 활성화를 위해서는 사회공헌활동에 따른 인센티브 제공은 물론 법적·제도적 장치도 새롭게 보완되고 신설되어야 할 것이다. 기업 사회공헌활동의 경향이 점차 국가적 의제와 그 궤를 같이 하고 있기 때문이다. 현재 지식경제부나 보건복지가족부에서 세제혜택, 우선구매, 조세감면 등 일부 지원방안이 마련되었으나, 부처 차원의 부분적인 지원이나 적용이 아닌 부처를 뛰어넘어 국가적인 차원에서 보다 체계적인 지원방안과 법적·제도적 장치가 마련될 필요성이 있다. 문화재청 역시 기업 사회공헌활동을 장려하기 위한 정책마련의 장에 함께 참여할 수 있기를 희망하고 있다.

제 5 장 우리궁궐길라잡이 활동의 성과와 과제

천준호

제1절 들어가며

1 머리말

1990년대에 들어 문화유산답사가 대중화되면서 우리문화유산과 역사에 대한 관심이 높아지기 시작했다. 이러한 시대적 흐름에 따라 개인적 욕구를 실현하기 위한 다양한 형태의 자생적 답사 동호회가 결성되었고 직업적인 답사강사를 양성하는 단체들도 등장하였다.

1999년 6월 궁궐을 중심으로 KYC[1]우리궁궐길라잡이, 겨레문화답사연합[2] 우리궁궐지킴이 양성교육과 현장활동이 시작되면서 시민자원 활동가에 의한 지속적이고 체계적인 형태의 문화유산해설 활동과 문화유산 모니

1) KYC(한국청년연합회)는 지역의 역사와 문화에 대한 올바른 이해를 바탕으로 지역에 대한 관심과 참여를 유도함으로써 '살기 좋은 지역 만들기'에 기여하고자 활동하고 있다. '문화역사길라잡이' 활동으로 통칭한다.
2) 2002년 '한국의 재발견'으로 명칭을 개정하였다.

터링 활동이 본격화되었다. 외국의 사례를 통해서 소개되었던 활동이 우리나라에서 본격화된 최초의 사례라고 볼 수 있다. 이후 2000년에 수원KYC 화성길라잡이 활동, 2002년 목포KYC 목포역사문화탐방 해설가 활동이 시작되었고, 2003년에는 경주남산연구소 남산해설사 활동, 2006년에는 포항KYC에서 문화역사길라잡이 활동이 시작되면서 자원봉사활동가에 의한 지역 역사문화유산해설 활동이 풀뿌리 시민운동의 새로운 영역으로 자리잡게 되었다.

이와는 다른 갈래로 경기대학교 소성관광종합연구소가 1999년 10월 관광지(화성)해설가 양성교육을 실시하고 수원화성 해설가 인증시험을 시행하였다. 2000년 9월에는 전라남도 도립 담양대학 문화관광정보센터가 관광지(가사문화) 해설가 양성교육을 실시하고 관광문화시민연대가 담양군청과 함께 해설가 인증시험을 실시하여 가사문화 해설가를 배출하였다.

이러한 관광해설 활동사례를 바탕으로 문화관광부는 2001년 한국방문의 해, 2002년 한일월드컵 개최 등을 맞이하며 2001년 1월 27일 '문화유산해설사 양성 및 활용사업계획'을 확정하여 이를 각 지자체에 통보하였다. 이후 문화체육관광부가 문화유산해설사 양성 및 활용 사업을 총괄하는 주체로서 해설사 양성교육 및 활용사업에 필요한 예산을 관광진흥개발기금을 통해 보조, 지원하고 있다. 서울시를 포함한 전국의 16개 광역시도는 문화유산해설사 양성교육, 해설인력 배치 및 활용 계획수립, 활용예산 추가 확보 등 실질적인 사업 집행을 담당하고 있다(이원회, 2003). 일부 지역에서 자치단체가 지역민간단체에 양성 및 관리를 위탁하는 사례도 있다.

위의 여러 사례들 중에서 자발적인 형태의 민간주도 시민참여형 역사문화유산해설가 활동의 가장 이상적인 모델이라고 할 수 있는 우리궁궐길라잡이 활동의 현황과 의미, 과제를 살펴보고자 한다.

제 2 절 우리궁궐길라잡이 활동 현황

우리궁궐길라잡이는 20·30대 직장인, 대학생, 주부를 주축으로 60대까지 다양한 연령층으로 구성된 자원봉사활동가 조직으로 시민단체 KYC(한국청년연합회)에 소속되어 있다.

주요 활동으로는 우리궁궐길라잡이 '모집 및 양성', 우리궁궐을 바로 알리는 '궁궐 안내 활동', 문화유산 보존 활동인 '덕수궁 터 미대사관·아파트 건축반대 운동', '궁궐의 올바른 활용과 보존을 위한 활동', 문화유산 홍보와 활용을 목적으로 한 '궁궐 디지털 사진 콘테스트', ' 고궁 청소년 문화학교', '소외 계층 문화유산 향유를 위한 안내 활동', '국내외 주요인사 및 단체 안내' 등이 있다.

세부활동 현황은 아래와 같다.

1 우리궁궐길라잡이 모집 및 양성 활동

우리궁궐길라잡이는 언론, 인터넷, 현수막 부착 등을 이용해 참가 신청자를 공개모집하고 있다. 6기 모집부터 연 1회 모집 일정이 정착되었다. 신청자 중 서류심사와 전화인터뷰를 거쳐 기본교육과정 참가대상자를 선발하여 공고한다. 선발시에는 기본교육과정 이후 자원봉사활동 참여의지, 관련분야 경력, 외국어 능력 등이 종합적으로 고려된다.

기본교육과정은 3개월간 60여시간에 걸쳐 이론교육, 현장답사, 실무교육이 진행되며 강좌에 3회 결석하면 활동자격이 제한되며 교육비용 중 일부를 참가자 본인이 부담한다. 기본교육과정 수료자는 자신이 활동할 궁궐을 1,2,3지망에 걸쳐 작성하고 이를 토대로 운영진과 사무국은 궁궐별 활동인원을 고려하여 배치하게 된다.

수습활동은 배치된 궁궐에서 6개월간 진행되며 그 기간 동안 10회 이상

〈표 5-1〉 우리궁궐길라잡이 양성 현황

연 월 일	내용	교육인원	수료인원
1999.10.10~2000. 4. 9	우리궁궐길라잡이 1기	45	36
2000. 3. 5~2000. 9. 3	우리궁궐길라잡이 2기	30	23
2000. 7. 1~2001. 4. 1	우리궁궐길라잡이 3기	40	32
2001. 3.12~2001.11.11	우리궁궐길라잡이 4기	45	33
2001.10.10~2002. 6.15	우리궁궐길라잡이 5기	50	40
2002. 2.26~2002.10.26	우리궁궐길라잡이 6기	42	40
2002.12. 1~2003. 9.20	우리궁궐길라잡이 7기	37	31
2003.12. 1~2004. 9.25	우리궁궐길라잡이 8기	80	57
2005.12. 1~2005. 9.25	우리궁궐길라잡이 9기	72	53
2005.12. 1~2006. 9.17	우리궁궐길라잡이 10기	60	36
2006.12. 1~2007. 9.30	우리궁궐길라잡이 11기	60	53
계		561	434

안내 활동과 안내모니터링에 참여해야 한다. 이를 과정을 이수한 자를 대상으로 10월경에 수료식을 갖고 궁궐길라잡이 신분증을 발급받게 됨으로써 양성과정을 마치게 된다.

<표 5-1>은 현재까지의 우리궁궐길라잡이 양성 현황이다.

2 궁궐안내 활동

궁궐안내 활동의 목적은 궁궐을 찾는 내외국인에게 우리궁궐의 역사와 가치를 설명하며, 우리문화 유산에 대한 올바른 시각과 자긍심을 고취시킨다는 것이다.

활동 개요를 정리하면 다음과 같다.

① 정기안내:

경복궁－매주 일요일 오전 10:00 / 10:30 / 11:00/ 11:30 / 12:00 / 12:30 오후 1:00 / 1:30 / 2:00 / 2:30 / 3:00

창경궁-매주 일요일 오후 1:00 / 1:30 / 2:00 / 2:30 / 3:00 / 3:30

덕수궁-매주 일요일 오후 12:00 / 12:30 / 1:00 / 1:30 / 2:00 / 2:30 / 3:00 / 3:30

창덕궁-매주 일요일 오후 1:15 / 1:45 / 2:15 / 2:45 / 3:15

종묘-매주 일요일 오후 1:00 / 1:30 / 2:00 / 2:30 / 3:00

② 수시안내: 이메일, 전화 사전접수 후 안내 활동

③ 사용언어: 한국어, 영어, 일본어

④ 활동궁궐: 경복궁, 덕수궁, 창경궁, 창덕궁, 종묘

궁궐별 자원봉사자 현황은 <표 5-2>와 같다.

〈표 5-2〉 궁궐별 자원봉사자 현황(2008년 1월 현재)

궁궐	경복궁	덕수궁	창경궁	창덕궁	종묘	계
인원	58	46	52	43	20	219

<표 5-3>은 활동궁궐별 안내 활동 현황을 정리한 것이다.

〈표 5-3〉 활동궁궐별 안내 활동 현황

연도	활동궁궐	안내횟수	안내인원
1999년	경복궁, 덕수궁, 창경궁	128	2,368
2000년	경복궁, 덕수궁, 창경궁	468	8,892
2001년	경복궁, 덕수궁, 창경궁	546	10,374
2002년	경복궁, 덕수궁, 창경궁	624	11,856
2003년	경복궁, 덕수궁, 창경궁	702	13,338
2004년	경복궁, 덕수궁, 창경궁, 창덕궁	984	31,198
2005년	경복궁, 덕수궁, 창경궁, 창덕궁	581	20,198
2006년	경복궁, 덕수궁, 창경궁, 창덕궁, 종묘	1,596	46,220
2007년	경복궁, 덕수궁, 창경궁, 창덕궁, 종묘	2,065	63,453
합계 (2008년 1월 현재)		7,694	207,897

3 문화유산 보존 활동

① 덕수궁 터 미대사관. 아파트 건축반대 운동

이 운동은 옛 덕수궁 터에 미대사관과 아파트가 지어지는 것을 막아 옛 덕수궁 터를 보존하는 시민운동을 전개하는 것을 목적으로 한다. 2002년 6월 2일부터 2004년 5월 30일까지 매주 일요일 오후 1시 덕수궁 대한문 앞에서 1인 시위 및 서명운동을 총 69회 진행하였고, 1인 시위 및 서명운동 참가 길라잡이는 총 269명, 서명운동 참가시민은 12,472명에 달했다. 결국 용산으로 이전 결정이 이루어졌다.

② 궁궐의 올바른 활용과 보존을 위한 활동

이 활동은 궁궐의 올바른 활용과 보존을 위해 궁궐에서 열리는 각종 행사들에 대한 모니터링 활동을 전개하는 데 목적을 둔다. 활동 현황은 아래와 같다.

- 2004년 5월 17일 경복궁 대한주부클럽연합회 신사임당의 날 행사 모니터링
- 2004년 9월 6일 경복궁 세계검사협회 만찬행사 모니터링
- 2005년 5월 16일 창경궁 대한주부클럽연합회 신사임당의 날 행사 모니터링
- 2005년 6월 1일 창경궁 세계신문협회 만찬행사 모니터링
- 2005년 6월 20일 창덕궁 KT배 바둑대회 모니터링
- 2006년 6월 13일 창덕궁 내병조 복원지역 활용 현황 모니터링
- 2006년 6월 22일~7월 13일 창덕궁 목요일 자유관람 모니터링(4회)

4 문화유산 홍보와 활용

① 궁궐 디지털 사진 콘테스트

이 행사는 궁궐의 아름다운 모습을 담는 사진콘테스트를 시민들이 쉽게 참여할 수 있는 방식으로 전개해 궁궐을 아끼고 사랑하는 마음을 대중적으

로 확산하고 인터넷을 통해 궁궐을 널리 홍보하는 것을 목적으로 한다.

○ 2003년 가을 궁궐 디지털 사진 콘테스트

- 2003년 10월 24일~11월 24일 홈페이지 게시판(www.palaceguide.or.kr)에 개최하였고, 홈페이지 자료실에 전시 중
- 총 258편 응모/수상작 19편
- 가을 궁궐 디지털 사진 콘테스트 결과
  - 당선작: 1편(PDA 폰) 최금활 '외국인도 관심있게'

○ 2004년 여름 궁궐 디지털 사진 콘테스트

- 2004년 7월 9일~8월31일 홈페이지 게시판(www.palaceguide.or.kr)에 개최하였고, 홈페이지 자료실에 전시 중
- 총 308편 응모/수상작 18편
- 여름 궁궐 디지털 사진 콘테스트 결과
  - 당선작: 1편 (PDA) 장학인 '동행'

○ 2005년 봄 궁궐 디지털 사진 콘테스트

- 2005년 4월 15일~5월 31일 홈페이지 게시판(www.palaceguide.or.kr)에 개최하였고, 홈페이지 자료실에 전시 중

〈사진 5-1〉 2005 봄 궁궐 디지털 사진 콘테스트 당선작

・총 448편 응모 / 수상작 25편
- 문화재청장상: 1편(디지털카메라) 김진석 '비상'

② 고궁 청소년 문화학교

이 활동은 여름방학 기간 동안 여러 궁궐의 모습을 이론 강의와 현장답사를 통해 청소년들에게 바르게 알려, 우리 문화에 대한 관심과 자긍심을 높인다는 목적을 갖고 있다.

○ 2004년 고궁 청소년 문화학교
・기간: 7월 26일~8월 20일(4주간) 오전 9:30~12:30
・장소: 경복궁(월) / 창덕궁(화) / 덕수궁(수) / 창경궁(목)

○ 2005년 고궁 청소년 문화학교
・기간: 7월 25일~8월 19일(4주간) 오전 9:30~12:30
・장소: 경복궁(월) / 창덕궁(화) / 덕수궁(수) / 창경궁(목)

○ 2006년 고궁 청소년 문화학교
・기간: 7월 24일~8월 18일(4주간) 오전 9:30~12:30
・장소: 경복궁(월) / 창덕궁(화) / 덕수궁(수) / 창경궁(목) / 종묘(금)

○ 2007년 고궁 청소년 문화학교
・기간: 7월 30일~8월 24일(4주간) 오전 9:30~12:30
・장소: 경복궁(월) / 창덕궁(화) / 덕수궁(수) / 창경궁(목) / 종묘(금)

③ 소외 계층 문화유산 향유를 위한 안내 활동

이 활동은 궁궐을 방문의 기회가 적은 소외 계층의 문화유산 향유권을 위한 활동의 전개를 목적으로 한다.

○ 서울시립 '소년의 집' 어린이들을 위한 궁궐 학교
・2004년 10월 23일, 24일: 방문교육, 창경궁 답사
・2005년 11월 5일, 6일: 방문교육, 창경궁 답사
・2006년 11월 4일, 5일: 방문교육, 창경궁 답사

· 2007년 10월 10일, 11일: 방문교육, 창경궁 답사

○ 청각 장애우 궁궐 안내

· 2005년 5월 22일 청음회관 청각 장애우 덕수궁 안내

· 2005년 10월 30일 청음회관 청각 장애우 덕수궁 안내

④ 국내외 주요 인사 · 단체 안내

이 행사는 한국을 방문하는 주요 인사들에게 우리 궁궐의 정확한 역사와 내력을 소개하여 우리 문화재를 바로 알린다는 목적을 두고 있다. 활동 현황은 아래와 같다.

· 2002년 8월 16일 창덕궁: 민족통일대축전 북측민간대표 100명

· 2003년 5월 19일 창경궁 / 종묘: 국방부 러시아군인 3명 영어안내

· 2004년 4월 5일 창경궁: 사우디아라비아 석유장관과 일행 영어안내

· 2004년 5월 9일 경복궁: 짐바브웨이 대학 부총장 영어안내

· 2005년 9월 19일 덕수궁: 헝가리 국립동아시아예술박물관장 영어안내

· 2005년 5월 18일 · 6월15일 경복궁: 대한적십자사 '사할린동포모국방문단' 200명 안내

· 2005년 6월 25일 경복궁: 민화협 해외동포청년초청행사 안내

· 2005년 8월 17일 창덕궁: 8 · 15민족대축전 남북민간대표단 안내

· 2005년 9월 29일, 10월 13일, 10월 27일 경복궁: 대한적십자사 '사할린동포모국방문단' 240명 안내

〈사진 5-2〉 2005년 8 · 15 민족대축전 남북민간대표단 안내

- 2006년 4월 13일, 4월 27일, 5월 11일, 5월 25일 경복궁: 대한적십자사 '사할린동포모국방문단' 280명 안내
- 2006년 7월 22일 창경궁: 국회통상외교 통상위원회 한미의회청소년 교류사업 참가자 안내
- 2006년~2007년: 사할린동포모국방문단 경복궁 안내

5 학습활동

학습활동은 무보수 자원봉사활동을 우리궁궐길라잡이 활동의 특성상 자원봉사활동가들을 위한 보상의 수단이기도 하며 안내 서비스의 제공자로서 서비스의 질을 높이기 위한 필수과정이기도 하다.

우리궁궐길라잡이는 양성과정의 기본교육 이외에 연간 약 60여시간 정도의 학습 기회를 갖는다. 심화교육 또는 재교육으로 표현된다.

강좌형식의 심화교육이 연 6회, 문화유산 답사가 연 4회, 궁궐 전각별로 진행되는 심화답사가 연 5회 이상, 궁궐별 또는 주제별로 진행되는 세미나가 연 10회 이상 개최된다. 기본교육과정과 달리 참가가 의무화되어 있지는 않다.

이외에도 개인적인 학습활동과 더불어 매뉴얼 작성과 표준화 작업, 교재개발, 출판활동 등을 통해 학습활동을 권장하고 있다.

제 3 절 우리궁궐길라잡이 활동의 의미

1 문화유산에 대한 지식 나눔 활동이다.

우리궁궐길라잡이 활동은 문화유산에 대한 지식을 학습하고 이를 시민

들에게 현장 답사를 통해 전달하는 자발적인 지식 나눔 활동이다. 즉 지식을 전달하는 자원봉사활동인 것이다.

지식을 전달하기 위해서는 치열한 학습과정이 뒷받침되어야 하는데, 이 과정이 곧 개인을 성장시키는 것이기도 하다. 이런 측면을 볼 때 자신을 희생하는 것이 아니라 자신을 성장시키는 활동이다.

궁궐길라잡이 활동은 무보수 자원봉사활동이다. 오히려 자기 비용을 들여야 한다. 어찌 보면 이러한 환경이 활동의 장애를 초래할 것처럼 보이기도 한다. 그러나 그러한 조건이 오히려 잠재된 이타적 동기를 자극해 적극적 활동에 나서게 만든다. 금전적 보상보다는 답사(안내활동)를 통해 감동하고 감사함을 표시하는 시민들의 모습을 통해 얻게 되는 보람과 만족으로 소중한 보상으로 간직하게 된다. 무보수 자원봉사이기 때문에 그만큼 자부심도 크고 투여되는 열정적 에너지의 크기도 크다.

2 문화유산의 가치와 의미를 바르게 알리고 확산시키는 활동이다.

궁궐은 우리의 역사와 문화를 대표하는 상징적인 문화유산이다. 과거 일제는 조선을 비하하고 왜곡된 인식을 심어주기 위해 계획적으로 궁궐의 문화유산을 훼손하고 왜곡하였다. 궁궐은 왕의 생활공간이자 조선 정치, 행정의 중심이자 상징이었기 때문이다. 일제는 궁궐의 여러 전각을 헐고 일본으로 가져갔으며 그 자리에 조선총독부, 박물관, 미술관을 지었고, 지방 사찰의 탑과 부도를 옮겨와 전시하고 대규모 박람회를 열어 조선의 왕과 궁궐을 능멸하였다. 왕이 직접 농사를 짓던 논을 없애고 연못을 확장해 배를 띄웠으며, 케이블카를 설치하고, 동물원과 여관을 만들어 유원지화 했다. 이는 오늘날 많은 이들이 궁궐을 조선시대 소수 권력자의 유희공간으로 인식하거나, 사적지인 궁궐을 공원 또는 행사하기 좋은 광장으로 인식하는 배경이 되고 있다. 오늘날의 궁궐에는 아직도 일제에 의해 만들어진 유무형의 상처가 많이 남아 있다.

그러나 궁궐을 찾는 시민들은 궁궐의 이런 역사와 기능에 대해 제대로 알지 못하고 일제에 의해 왜곡된 궁궐의 모습을 원래의 것으로 오해하고 관람을 마치는 경우가 대부분이다. 일제의 궁궐 파괴와 왜곡의 의도가 오늘날 재현되는 것이라 볼 수 있다.

따라서 우리궁궐길라잡이가 궁궐을 찾는 시민들에게 편리한 접근성과 개방성이 보장된 답사(안내활동)를 통해 궁궐이 갖는 원래 의미와 가치를 전달함으로써 수많은 시민들이 궁궐에 대한 올바른 이해를 갖도록 돕고 있는 것은 대단히 의미있고 소중한 것이다.

이를 통해 일반민들은 궁궐 뿐만이 아니라 우리문화유산에 대한 올바른 이해와 시각을 갖는 계기가 될 것이고, 더 나아가 우리문화유산에 대한 왜곡과 비하 또는 맹목적 우월주의를 모두 극복하고 문화유산을 각 나라와 지역의 특성에 기초한 상대적 것으로 이해하는 데에도 도움이 될 것이다.

'문화재에 대한 지식이 증대 될수록 문화재 보호의식 또한 증대된다'는 연구결과가 있듯이 문화유산 보존을 위해 문화유산에 대한 이해와 애정을 갖는 시민들의 협조와 참여를 이끌어 내는 데에도 큰 힘이 될 것이다.

3 궁궐의 올바른 보존과 활용 방향을 제시하는 활동이다.

궁궐은 힘있는 권력기관 행사로 인해 술과 흡연에 얼룩지는 등 함부로 활용되는 경우가 많았다. 경회루 국제검사대회 만찬(2004), 창경궁 세계신문협회 만찬(2005) 등이 그 예이다. 뿐만 아니라 특정 단체의 내부행사(신사임당의 날), 영화상영, 열린음악회 등 크고 작은 행사가 벌어지고 있다. 최근에는 이러한 문화재청의 분별없는 허가기준을 기회삼아 '결혼식' 등 여러 행사를 요청하는 사례마저 늘고 있다.

이는 문화재청이 궁궐의 본래 가치와 특성에 기초한 활용이라는 원칙을 가볍게 보고 '문화유산 해외홍보' 또는 '활용' 그 자체에 집착한 결과라 할 수 있다. 최근에는 궁궐의 본래 가치와 특성에 기초하지 않는다는 점에서 앞에 열거한 여러 행사와 다를 바 없는 '경복궁 패션쇼'를 허가하기도 하였다.

현장 중심으로 활동하는 우리궁궐길라잡이는 궁궐 내에서 벌어지는 여러 행사를 자주 접하게 된다. 이러한 행사들이 과연 궁궐의 본래 의미와 특성에 기초한 것인지 그 가치를 높이는 것인지 모니터링하고 그에 따른 의견을 문화재청과 언론, 시민들에게 전달하고 있다. 이를 통해 문화재청의 궁궐 보존과 활용 정책에 대해 시민적 관점에서 영향력을 행사하고 있다. 우리궁궐길라잡이 활동이 관 주도 문화유산해설을 위한 도구로 전락하지 않고 시민적 독립성과 자주성을 지켜나가도록 만들고 있다.

4 지역의 가치를 발견하는 새로운 형태의 풀뿌리 주민운동이다.

지역의 문화유산과 역사에 관심을 갖게 되면 자신이 속한 지역 또는 고장에 대한 애향심과 애정이 생기게 된다. 그러한 애향심은 지역사회에서 벌어지는 여러 가지 현안에 대한 관심과 참여를 키워 지역사회 공동체성을 강화하고 민주주의를 활성화하는 데에도 긍정적 기여를 하게 된다. 서구 유럽에서는 지역별로 고장별로 역사와 스토리를 발굴해서 관광자원화하고 이를 통해 주민참여를 활성화하고 지역에 대한 소속감과 유대감을 높이고 있는 사례가 많다고 한다. 상대적으로 우리나라는 그에 못지않은 문화유산과 콘텐츠가 잠재되어 있음에도 그것을 제대로 발굴하고 활용하지 못하는 측면이 있다고 하겠다.

이런 의미에서 지역의 주민들이 특히 지역의 청년세대가 자기 지역의 역사와 문화에 관심을 갖고 발굴하여 널리 알리는 활동을 자신의 생활의 현장에서 전개하는 것은 지역사회의 의미와 가치를 새롭게 발견하는 과정이기도 하다. 지역사회 발전을 고려할 때 역사와 문화, 생태를 고려한 친환경, 친역사, 친문화적 개발을 유도하므로 새로운 부가가치를 창출할 수도 있을 것이다.

이런 측면은 광역화된 거대도시 서울에서 유의미하다. 왜냐하면 궁궐에 대한 이해를 위해서는 서울의 역사와 전통, 도시구조에 대한 이해가 없어서는 안 되기 때문이다. 이러한 이해는 오늘날 서울의 주요 관심사인 청계천 주변 개발문제, 한강 개발, 도심지 재개발, 아파트 신축, 세종로 복원 등의 문제에 대한 여러 가지 시사점을 준다고 하겠다.

제 4 절 우리궁궐길라잡이 활동의 과제

1 자체 역량 강화

우리궁궐길라잡이는 지식을 나누는 자원봉사활동이다. 따라서 지속적인 재교육과 학습활동이 필수적이다. 이를 위한 보다 체계적이고 심화된 교육 프로그램을 개발해야 한다. 이는 무보수 자원봉사활동을 펼치는 궁궐길라잡이를 위한 보상체계이기도 하기 때문이다. 또 하나 활동의 지속성을 확보하기 위해서도 학습활동을 통해 지속적인 동기부여가 이루어져야 한다. 궁궐길라잡이의 학습활동을 지원하는 데 자원을 집중할 수 있도록 시스템과 자원을 확보하는 것이 자체 역량을 강화하기 위한 선결적 과제이다. 끝으로 외국어 안내 영역을 다양화하고 확대해 수요에 대비하는 것도 필요하다.

2 문화유산 모니터링 및 정책 제안

모니터링 활동을 일상화하고 전면화해야 한다. 현재는 특정일 특정행사를 중심으로 모니터링 활동하고 있다. 이런 방식으로는 한계가 있다. 왜냐하면 궁궐 내에는 수많은 전각들이 존재하고 관람객들과 접촉하고 있기 때문이다. 즉, 행사 위주의 모니터링에서 전각 위주, 일상적 관리 행태, 관람행태 중심의 모니터링으로 그 영역이 넓어져야 한다는 것이다. 이를 위해 모니터링을 위한 매뉴얼을 개발하고 모니터링 방법을 교육하는 것이 필요하다. 또한 이렇게 모니터링 자료를 DB화해서 문화재 관리와 보존, 활용에 대한 정책 제안 자료로 활용할 수 있어야 한다.

3 문화유산 관련 네트워크의 강화

서울 궁궐, 수원 화성을 비롯해 유사한 문제의식을 갖고 현장에서 문화유산을 지키고 보존하는 풀뿌리 주민참여운동을 전개하고 민간단체들과 적극적인 연대를 모색해야 한다. 또한 관련 학계 전문가들과 네트워크를 만들고 관계를 지속 발전시키는 것이 필요하다.

4 홍보강화

우리궁궐길라잡이 모집 홍보 뿐만 아니라 일상적 활동을 잘 홍보하는 것도 매우 중요한 일이다. 그 자체 문화유산에 관심을 고취하고 문화유산 보존에 기여할 수 있기 때문이다. 홍보수단을 보다 다양화해 문화유산을 매개로한 자발적 시민운동이 보다 활성화 될 수 있도록 유도해야 한다.

제 5 절 문화재청 협력 내용 및 과제

1 행정지원

1999년 전례가 없던 우리궁궐길라잡이 활동에 대해 문화재청이 여러 우려에도 불구하고 행정지원을 결정한 것을 높이 평가하고 싶다. 초기 행정지원의 내용은 궁궐길라잡이 자원봉사자의 무료입장, 입구에 안내 시간을 알리는 입간판 설치 등에 불과하였지만, 궁궐길라잡이의 활동이 관리사무소의 협조를 받는 공식활동으로 인정하였다는 것에 큰 의미를 부여할 수 있다.

이후 해를 거듭하면서 궁궐길라잡이 활동에 대한 신뢰가 형성되면서 차츰 궁궐 내 안내방송 실시, 자원봉사자 휴게공간 마련, 우수 자원봉사자 표창, 문화재청 및 관리사무소의 공식매체를 이용한 안내활동 정보제공 등이 이루어지고 있다.

2 재정지원

궁궐길라잡이 사업비[3]의 일부에 불과하지만 2001년 문화재청은 국고보조금 800만원 지원을 시작했고 지난해 연간 1,332만원의 국고보조금을 지원하고 있다. 예산지원 항목은 궁궐길라잡이에 대한 교육과 홍보활동 등으로 되어 있다. 보조금은 매년 3월에 지급하고 연말 사용내역을 사업보고서를 정산하는 방식으로 이어지고 있다.

3 운영협조

문화재청이 고용한 해설사와 자원봉사자의 특성을 고려해 장점을 극대화하기 위한 운영협조도 이루어지고 있다. 예를 들어 우리궁궐길라잡이의 활동은 관람객이 집중되는 주말에 집중하고 관람객이 많지 않지만 정기적인 안내가 필요한 시간에는 채용된 직원이 배치되는 방식으로 협조하고 있다.

안내활동 이외에도 궁궐 내 복원지역 개방시 모니터링, 궁궐 내 오염지역 정화활동, 궁궐내 안내판 개편과정에 참여해 의견을 개진하고 있다. 방송영화 촬영장소 사용허가와 관련한 심의위원회에서 참여하기도 하였으나

3) 2007년 궁궐길라잡이 총 사업비총액은 5,500여만원이다.

현재는 운영이 되지 않고 있다.

사무국과 문화재청 궁릉관리과와 연 2회 협의, 각 궁궐별 길라잡이와 각 관리사무소 간의 수시간담회, 사무국 담당자와 관리사무소 실무자 간 업무 협조체계도 구축되어 수시로 정보를 교환하며 일상적인 사안에 대해 협의하고 있다.

4 과 제

문화재청과 우리궁궐길라잡이가 협력과 동시에 긴장관계를 유지할 수 있었던 것은 지원은 하되 개입은 하지 않는다는 원칙을 문화재청 스스로가 잘 지켜왔기 때문이라고 평가하고 싶다.

그러나 아직 과제는 많다. 현장에서 시민들의 눈높이로 활동하고 모니터링을 하지만 정책결정자에게 영향을 미치기는 쉽지 않다. 최근에도 창경궁 명정전 조정에서 600여명이 참가한 국제증권협회총회 주최 만찬이 개최되기도 했기 때문이다. 보다 설득력 있는 문제제기와 여론형성을 통해 정책변화를 유도하기 위한 노력과 진지한 의견수렴의 자세가 함께 필요하다고 하겠다.

더불어 자원봉사자의 활동을 인정하고 격려하기 위한 적극적인 방안마련과 재교육과 전문성 강화를 위한 재정지원 확대 등이 필요하다.

제 6 절 결론을 대신하여

우리궁궐길라잡이 활동 사례와 의미, 과제 등을 살펴본 결과 길라잡이 활동은 궁궐안내활동, 즉 궁궐의 역사문화해설활동에만 머무르지 않고 있다. 궁궐의 올바른 활용과 보존을 위한 현장중심의 모니터링 활동과 정책제안활동이 또 다른 한 축을 형성하고 있고 앞으로도 그러할 것으로 보인다. 그리고 일상적이고 지속적이며 심화된 학습활동문화가 존재한다. 여기에 궁궐길라잡이 활동이 무보수 자원봉사활동이란 점, 현장에 나아가 시민들과 함께 답사를 하며 소통하고 있다는 점이 궁궐길라잡이 활동에 참여하는 개개인에게 자부심과 에너지의 원천이 되고 있다. 더불어 우리궁궐길라잡이 활동에 대해 적극 지원을 요청하고 수용하면서도 협력과 더불어 긴장을 함께 유지하고 있는 문화재청과의 관계맺음도 시사하는 바가 있다.

참고 문헌

이원회.(2003).「문화유산해설사 정착 및 활성화 방안」. 문화관광정책연구원.

제 4 부

민관협력과 기업의 사회적 책임

제 6 장 행복을 나누는 도시락

한명섭

제 1 절 사례의 배경

1 문제 현황

첫째, 결식이웃에게 영양있고 위생적인 도시락 전달이 미흡하다. 2005년 현재 우리 사회는 결식자가 총 120만명에 육박하며 이 중 56만명은 정부 지원의 사각지대에 놓여 있어 민간 차원의 지원방안 수립과 정부지원 확대 견인이 필요한 실정이다. 또한, 정부 및 지방자치단체에서 시행하고 있는 결식노인 및 아동청소년 무료급식의 경우, 식당 2~3천원의 재정지원을 실시하고 있으나 다음과 같은 문제점 등이 발생하고 있다.

- 도시락 급식의 경우 영리업체 위탁으로 인한 급식의 질 문제, 위생관리 시설 미흡으로 인한 위생의 문제, 전문 영양사 부재로 인한 균형있는 식사가 안되고 있는 문제 등 존재
- 식당 식권 및 식품권 제공할 경우 현금 교환 문제
- 부식으로 제공할 경우 조리 불편, 거동불편자 이용불편 문제 등

둘째, 근로빈곤층 중 실직자가 대다수이다. 일할 능력과 의지는 있으나 잦은 실직과 낮은 소득으로 빈곤 상태를 벗어나지 못하고 있는 근로빈곤층이 전국에 200~600만명으로 추산되며, 빈곤 탈출을 위한 지속가능한 일자리 창출이 국가적 핵심 이슈로 부상하고 있다.

2 사업의 목표

이에 SK에서는 두 가지 사업 목표를 세우게 되었다.

첫째, 결식이웃에게 영양있고 위생적인 급식을 제공하기 위한 도시락급식센터를 설립한다는 것이다.

정부 및 지방자치단체에서 실시하고 있는 무료급식을 체계적으로 시행하기 위해서는 현재의 식권/식품권/부식을 지급하고 있는 것을 영양있고 위생적인 도시락 급식으로 바꾸는 것이 필요하겠다고 판단하고 이를 위해 도시락급식센터를 전국에 설립하자는 취지 아래 아래와 같은 '표준급식모델'을 만들었다. 급식 지원대상은 급식 지원이 가장 절실한 저소득층 아동과 독거노인을 중심으로 선정하며, 도시락 급식센터 설립 지역은 대상자 밀집 여부, NGO 활동 및 지자체 지원 현황 등을 기준으로 전국에 설립하되 NGO-지자체-정부 등과 협력 모델을 구축하여 추진하기로 하였다.

둘째, 근로빈곤층 중심으로 일자리를 창출하고, 행복도시락센터가 2년 내 자립할 수 있도록 직간접적인 지원방안을 시행한다는 것이다. 도시락 배달이라는 사회서비스 제공 외에 일자리 창출이라는 두 마리 토끼를 잡기로 하고, 신규 도시락 급식센터의 경우는 15명, 기존 시설을 새로 구축/오픈하는 경우는 7명의 일자리를 추가로 고용하는 모델을 구축하였다. 각 센터에서는 센터장 외에 영양사를 고용(1명)하고 그 외 조리장 포함 조리원, 배송기사, 배달인력을 고용하고, 배달인력 외에는 모두 사회적 일자리 임금 수준을 상회하는 급여(90~150만원)를 책정하고, 부족한 임금에 대해서는 SK에서 2년간 보조하기로 하였다. 각 센터는 2년 안에 자립모델을 만들어 향후 사회적 기업으로 등록하거나 지역사회복지서비스로 제도화됨으로써

[그림 6-1] SK의 표준급식모델

	기존 급식센터 현황		표준 급식 도멜
시설	**위생 관리가 부실한 소규모 시설** • 복지부 아동 정책과 시설기준 미달 • 약 20~25평 규모로 오염 및 비오염 지역 미구분	→	**철저한 위생 관리 가능한 적정 시설 지원** • HACCP* 위한 시설 지원 – 오염/비오염 지역 구분 • 약 40평 규모에 1일 200식 기준 – 적정 시설 수용 규모 및 배송 시간 고려
운영	**급식센터 별 자체 운영** • 급식센터 운영 시스템 표준 부족	→	**운영 시스템의 메뉴얼화** • 안전/위생/영양 관리 및 감독 기준 정립 • 구매 및 배송 프로세스 메뉴얼화
인력	**급식 분야 비 전문 인력** • 자활 근로 예산에 의거 대부분 인력 충당 • 기타 NGO 상주 인력 및 자원 봉사자에 의한 운영	→	**영양 관리 및 조리 전문 인력 채용** • 센터 오염/영양/조리 작업 관리 전문 인력 채용 • 단순 조리/배송작업에는 자활 근로자 적극 활용
지원	**표준화/전문화된 지원 체계 미비** • 결식 이웃 현황 연구/조사 전문 기관 미비 • 급식센터 지원 전문 단체 미비	→	**급식센터 지원 시스템 구축** • 지역 결식 이웃에 대한 체계적 연구 조사 지원 • 자활 근로자 교육/운영 모델 준수 점검 체제 구축

* 식품위해요소 중점관리기준(Hazard Analysis Critical Control Point): 식품 안정성 확보위한 과학적인 위생관리체계

안정적인 수익과 일자리를 창출하는 모델로 발전하는 것을 목표로 삼았다.

3 목표달성을 위한 SK의 지원계획

이러한 두 가지 목표를 달성하기 위해 SK에서는 2005년부터 2007년까지 도시락 급식센터를 전국에 48개소를 세워 총 624명의 신규 일자리를 창출하기로 하고, 이를 위해 총 129억원을 지원하기로 결정했다(2005년 5월). 구체적인 지원 내용은 표준급식센터 설립비 및 주방기기 구입비와 개소지원비(차량, 도시락가방, 개소식 등), 급식센터 운영비 2년간 지원(신규시설은 월 4백만원, 기존시설은 월 2백만원), 기타 전문 운영조직 운영비 및 급식센터 지원비로 구성되었다. 그리고 전국적으로 동일한 시스템 운영을 위해 브랜드를 '행복을 나누는 도시락'(행복도시락)으로 이름 붙이되, 기존 사용하던 사랑의 도시락, 자미도시락, 엄마손도시락 등의 고유브랜드가 있는

곳은 병행 사용하도록 하였다.

제 2 절 문제해결 과정

1 제기되기 시작하는 장애요소

첫째, 표준급식모델 구축 어려움이다. 표준급식모델 구축을 위해 국내 단체 급식 사업장, 도시락 체인점, 물류센터, 반찬전문점 등을 벤치마킹('05. 7월)했으나 위생시설 및 합리성 등의 측면에서 행복도시락 사업에 맞는 표준급식모델을 찾기가 어려웠다.

둘째, 전국의 행복도시락 급식센터를 운영해줄 전문 NGO가 부재했다. 영리업체에서는 체인점을 운영하는 경우가 있었으나, 비영리단체에서는 표준급식모델을 적용하여 운영하는 NGO가 없어, 행복도시락 사업을 전담해줄 전문적인 운영조직을 찾거나 새로 구축하는 것이 급선무가 되었다('05. 6~10월).

셋째, 파트너십 구축에 어려움이 많았다. 표준급식모델의 경우 확산시키기 위해서는 시범급식센터를 설립할 필요가 있으나, NGO의 경우 영양/위생/인력운영 등의 기준이 기존 방식보다는 높고 까다로운 수준을 요구하는 것에 대해 필요성을 절실히 느끼지 못하는 경우도 있었고, 지방자치단체의 경우 대기업이 사업을 지원함에 따라 SK에 대한 기대 수준이 지나치게 높거나 도시락 위생사고 등에 대한 우려 등을 보여 시범급식센터를 운영할 지역과 주체를 찾기가 매우 어려웠다.

넷째, 안정적인 인력 구축 관련 어려움이 발생했다. 조리 및 배달 등에 추가 인건비 등을 지급하여 자활근로 인력을 충분히 활용하기로 했으나 자활근로자의 경우 지자체의 지원기간이 한정되어 있고 지자체마다 운영원칙이 다소 상이한 부분이 있어 안정적인 인력구조를 가져가기가 어려웠다.

특히 위생교육 및 조리 등 전문교육을 받아야 하는데, 지원기간이 한정되어 있으면 안정적인 센터 운영을 하는 데 큰 장애로 다가올 수밖에 없었다.

다섯째, 2년 내 자립모델 구축이라는 커다란 '산'이 있었다. 행복도시락 사업은 운영비 지원을 2년 동안 하여 그 기간 동안 공공급식이나 유료급식을 확대하여 자립모델을 구축하여 사회적 기업 등으로 자립하는 것이 목표였다. 그러나 공공급식이나 유료급식 확충이 쉽지만은 않은 과제여서 각 센터별로 자립모델 구축이 용이하지 않는 상황이었다.

2 장애요소 극복대안 마련

첫째, 표준급식모델을 구축하였다. 표준급식모델을 구축하기 위해 도시락 선진국인 일본의 도시락 체인점, 학교급식센터, NGO 급식센터, 사회적 기업 등을 방문('05. 7월말), 국내 벤치마킹 및 전문가 자문 결과까지 반영하여 표준급식모델을 완성('05. 10)했다. HACCP(식품위해요소중점관리기준) 전문가 자문을 통해 행복도시락에 맞는 위생 매뉴얼을 완성하고 이를 각 센터에 교육하고, 자체 위생점검 및 전문기관을 통한 정기적인 위생점검을 병행 실시하기로 하였다.

둘째, 전문 운영 NGO를 공모했고, 추후 전문기관을 새로 설립했다. 행복도시락 사업을 총괄 운영해줄 전문 NGO를 공모하였으며 이 결과 실업극복국민재단과 실행협약을 체결('05. 12월)하여 힘을 모아 행복도시락 사업단을 구축, 전문적인 지원을 시작했다. 2006년 6월에는 실업극복국민재단 산하에 있는 행복도시락 사업단을 더욱 발전시켜 행복도시락 사업 및 사회적 기업 지원사업을 펼치기 위해 (재)행복나눔재단을 창립했다 ('06. 6. 23).

셋째, 시범급식센터 파트너 물색에 전력투구하고, 확산 기반을 구축했다. 사업 성공을 위해서는 시범급식센터를 통해 모델을 구체화할 필요가 있겠다는 판단 아래 2005년 11월말부터 여러 지자체와 NGO를 찾아다니며 파트너를 물색했다. 이 결과 서울 중구점('06. 2)과 인천 서구점('06. 3)을 시범급식센터로 연달아 오픈함으로써 지자체와 NGO, 수혜자 등으로부터 좋은 반응을 얻어냈으며, 이를 기반으로 공모를 통해 전국에 확산하게 되었다.

넷째, 노동부의 사회적 일자리를 지원받으며 안정적인 인력 운영이 가능해졌다. 인력 운영을 안정적으로 가져가기 위해서는 노동부의 '사회적 일자리 사업'과 연계하는 것이 필요하겠다는 판단 아래 노동부의 '사회적 일자리 기업 연계형 프로젝트사업'에 지원, 우수 사례로 선정되면서 3년간 59억원의 사회적 일자리 예산지원을 확보했다('06. 4월).

다섯째, 각 급식센터별 상황에 맞는 다양한 자립모델이 형성되기 시작했다. 급식센터의 안정적 운영에 대한 지자체의 신뢰 증대, 각 운영 NGO의 헌신적인 활동이 지속되자 공공급식이 꾸준한 속도로 증가했다. 또한, 행복나눔재단에서 유료도시락 모델을 만드는 등 가이드라인을 제시하고, 각 센터별로 지역 네트워킹 등을 활용하여 유료급식 모델을 만들기 시작했다. 이 결과 복지관 등에 정기적 납품, 계약을 맺고 정기적 급식 제공, 행사 도시락 판매 출장 부페, 밑반찬 판매, 식당 홀을 통한 판매 등 다양한 유료매출 모델이 형성되기 시작했다.

3 행복도시락센터 사업방향 변경

첫째, 행복도시락센터 개소목표 조정이다. 2007년 사업계획 수립시 사회적 일자리 지원기간 종료('09년 4월) 등의 변수를 고려하여 35개소로 목표를 조정하였으며, 운영NGO의 역량과 지방자치단체 협력 등을 고려하여 29개 센터 개소로 목표를 조정했다. 이는 양적인 확대보다는 '자립', '사회적 기업 인증' 등 이미 개소한 29개 센터의 내실을 기하는 방향으로 사업계획을 수립하게 된 것이다.

둘째, 2007년, 2008년 행복나눔재단의 행복도시락 지원사업을 강화했다. 위생영양품질 수준 향상을 위해 위생점검(재단 자체 위생점검, 위생점검 전문업체 아웃소싱)과 위생교육(직무능력향상 워크샵 및 온라인, 오프라인 위생교육), 구매관리 지원 등을 강화해 나가며, 행복도시락사업이 결식이

〈표 6-1〉 2007-2008 유료사업 공모전 지원내역

센 터	지원사업	비 고
인천 남구점	이동식 캐터링(밥차) 사업	사회적 기업 인증
경기 부천점	공공보육시설 캐터링사업	
인천 서구점	지역내 중소공장 캐터링 사업	
전북 진안점	한과 제조시설 확충사업	사회적 기업 인증
부산 해운대점	아동맞춤 생일파티 출장부페사업	
서울 관악점	주방없는 밥집 중식부페 사업	사회적 기업 인증
전남 순천점	유료판매 도시락 고급화를 위한 마케팅 사업	사회적 기업 인증

웃 급식정책의 한 모델이 되기 위하여 결식아동 급식실태 조사 및 적정 급식단가 연구조사 등을 수행했다. 고용의 질과 지속성 증대를 위해 조리사 자격 취득지원, 조리아카데미, 행복도시락경연대회 등을 개최하고, 행복도시락센터의 자립능력 강화를 위해 경영교육워크숍(재무회계, 직무교육, 지자체협력워크숍 등), 경영컨설팅, 유료사업 아이템 공모전 등의 프로그램을 지원하고 있다.

셋째, 2008년부터 HAPPY COOKING SCHOOL 사업을 실시했다. 2008년부터 신규사업 Happy cooking school(청소년 자립기반 형성 및 청소년 실업해소 사업)을 새롭게 시작하였다. 이 사업은 요리에 관심있는 어려운 청소년 30명의 조리자격증 취득, 진학 및 취업, 창업을 지원하는 사업과, 지역아동센터 등 20개 요리 동아리 약 150여명의 청소년을 지원하는 사업으로 진행되고 있으며, 장기적으로 청소년 자립지원사업의 모델을 형성하는 것을 목표로 추진되고 있다.

넷째, SK의 사회적기업과 사회적 기업가 육성 지원을 강화했다. 2006~2007년 SK, 행복나눔재단, 실업극복국민재단 협력사업으로 숭실대와 부산대에서 사회적 기업가 아카데미를 개최했으며, 2008년 노동부, SK 후원, 실업극복국민재단 주관으로 통합과정(수도권 등 8개 권역), 특화과정(경영전문, 문화, 외식, 청년 등 8개 영역) 사회적 기업가 아카데미 개최했다. 또한 SK는 2007년, 2008년 약 10여 개팀 사회적 기업가 해외연수를 지원(일

〈해피쿠킹스쿨 벤치마킹 사례〉

- 영국 Fifteen: 요리사이자 학교급식 개혁가인 제이미 올리버가 설립한 사회적 기업 레스토랑으로 사회부적응 청소년을 모집해 1년간 요리, 레스토랑 운영, 심리상담 등의 교육을 시행. 졸업생 65%가 상급수준 레스토랑에 취업하고 있으며, 수익을 창출하는 기업의 형태로 운영되고 있다.
- 미국 페어스타트 Farestart: 노숙자, 전과자 등에게 16주 간의 요리. 취업, 심리상담 등의 프로그램을 제공하며 졸업 3개월 내 취업률은 85%를 보였다. 매주 시애틀의 유명요리사를 초청해 교육생들과 함께 요리하여 판매하는 사업을 하고 있다.
- 캐나다 River restaurant: All a board venture가 운영하는 청소년 직업 훈련 레스토랑으로 이곳에 들어오는 청소년은 1개월간의 수습기간을 거쳐 출석률과 시간 엄수, 태도, 참가의지 등을 평가하여 정식직원으로 배치된다. 이후 초보, 중간, 숙련단계를 거쳐 직업교육을 받는다. 업무교육 뿐 아니라 사회생활에 대한 모든 것에 대해 매니저가 개입해 개인별 멘토를 실시한다. 이를 통해 청소년은 직업능력을 배양하고, 자신의 삶을 주도적으로 꾸릴 수 있는 소양을 갖추게 된다. 지난 10년간 약 200여명이 교육을 받았고, 그 중 85% 정도가 훈련을 마치고 자립에 성공했다.

반연수, 기획연수, 장기기술연수 등) 했다. 행복나눔재단은 아래와 같이 총 50시간의 행복나눔 외식업종 경영아카데미를 운영하고 있다.

〈표 6-2〉 행복나눔 외식업종 경영아카데미 교육과정

교육영역	교과내용	교육방법
사회적 기업개론	• 사회적 기업의 발전배경, 현황, 과제 • 사회적 기업의 발전전략 및 육성계획 • 사회적 기업가의 리더쉽 • 사회적 기업의 가치창출전략 및 성과관리	워크샵 특강 강의
경영skill 교육	• [경영전략] 외식업종 사업환경의 이해 • [경영전략] 국내/해외 외식사업의 트렌드 및 시장분석 • [마케팅] 고객만족 마켓팅의 이해 • [마케팅] 외식업종의 Service & Marketing 실제 • [마케팅] 마켓팅 전략수립의 실제 • [재무관리] 기초 회계원리의 이해/ 사업장 비용절감 사례 • [재무관리] 외식업종 내부 경영지표의 이해 및 관리 • [조직관리] 노무관리의 기초 • [조직관리] 인적자본의 개발 • [생산관리] 외식업종 성과관리(사례분석)	강의

	•[생산관리] 기관방문 •[생산관리] HACCP 이해	
경영혁신 실습	•경영진단의 이해 1-경영컨설팅 tool의 이해 •경영진단의 이해 2-행복도시락 경영컨설팅 사례발표 •경영진단의 이해 3-신사업개발전략 •그룹웍 1-미션정립 및 혁신과제도출 •그룹웍 2-혁신방안 실행계획 수립 •그룹웍 3-실행계획 점검/상호토론	강의 분임토의 멘토연계 개별과제
수료세미나	•특강 •사업장 경영혁신 결과보고서 발표/수료식	특강 세미나 연구과제발표

제 3 절 성과 및 과제

1 행복도시락 성과

첫째, 전국에 29개 행복도시락급식센터를 설립해 급식인프라를 구축했다. 각 급식센터는 일일 평균 400~1,000개의 도시락을 간들 수 있는 일종의 '도시락공장'이면서 근로빈곤층이 위생관리와 조리능력 등을 배울 수 있는 직업훈련의 장으로 기능하고 있다.

둘째, 전국 29개 급식센터 운영주체와 파트너십을 형성했다. 각 급식센터

〈표 6-3〉 행복도시락급식센터 개소 수

지역	서울 경기 인천	부산	대구	대전	광주	울산	강원	충청	전라	경상	제주	합계
개소수	13	2	-	2	2	1	3	1	3	1	1	29
06년 1차	8	1	-	-	-	-	2	1	1	1	-	14
06년 2차	3	-	-	2	2	1	1	-	1	-	-	10
07년 1차	2	1							1		1	5

〈표 6-4〉 급식센터의 파트너십

2006년 1차(상반기)		
번호	센터명	파트너 단체
1	서울중구	중구자활후견기관
2	인천서구	서구자활후견기관
3	강원화천	화천자활후견기관
4	충북보은	보은자활후견기관
5	인천남구	인천 실업극복운동본부
6	전남춘천	순천YWCA
7	경기성남	성남만남자활후견기관
8	경기포천	포천나눔의 집
9	경남진해	진해자활후견기관
10	서울강서	강서등촌자활후견기관
11	강원태백	햇빛나눔노인센터
12	해 운 대	해운대종합사회복지관
13	서울노원	노원자활후견기관
14	경기부천	부천나눔자활후견기관

2006년 2차(하반기)		
번호	센터명	파트너 단체
1	대전동구	대동종합사회복지관
2	울산동구	울산동구자활후견기관
3	남 양 주	남양주외국인복지센터
4	광주북구	광주동신자활후견기관
5	강원평창	평창자활후견기관
6	전남장흥	장흥자활후견기관
7	서울관악	관악자활후견기관
8	경기안산	안산양지자활후견기관
9	광주서구	광주서구자활후견기관
10	대전대덕	대전대덕자활후견기관

2007년 선정		
번호	센터명	파트너 단체
1	서울송파	송파자활후견기관
2	인천동구	인천동구자활후견기관
3	전북진안	진안자활후견기관
4	부산서구	부산노인과 복지
5	제 주 시	제주자활후견기관

는 예전 외식업 자활공동체 경험이 있는 곳, 지역사회 무료급식사업을 하던 곳, 급식 수요가 많으나 센터 개소 필요성이 큰 지역 등에 설립되었다. 센터의 운영주체는 지역시민사회단체, 복지기관, 자활센터 등이며, 자활센터는 성공회 나눔의 집 등 종교단체, 여성노동자회 등 지역운동단체, 복지관 등 사회복지법인 등이 운영하고 있다.

셋째, 총 고용인원 500명('07년. 12월)을 안정적으로 유지하고 있다. 2007년 12월말 현재 총 고용인원 500명(센터당 평균 18명)이며, 이 중 여성의 비율이 79%이며, 현재 일자리에 대한 만족도는 83%가 매우 만족하거나 만족한다고 응답하였다.

넷째, 매일 급식 일만식('07. 12월 현재)을 공급하고 있다. 2007년 12월 현재 매일 위생적이고 균형잡힌 영양을 갖춘 도시락 10,000여식을 공급하고 있다(방학 중에는 14,000여식 제공).

다섯째, 지속적인 매출성장을 이루고 있다. 공공급식의 경우 도시락센터

[그림 6-2] 급식센터 일자리 창출 및 고용현황

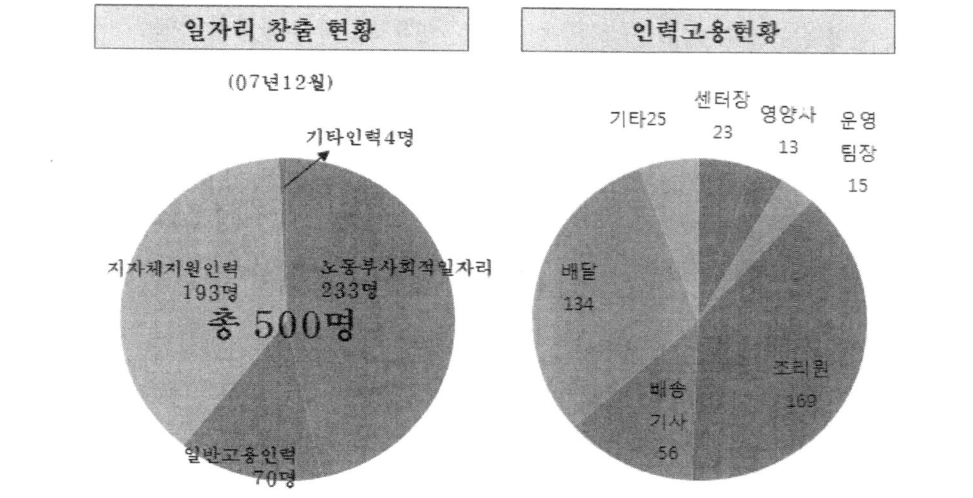

[그림 6-3] 급식센터 성별 구성 및 참여 만족도

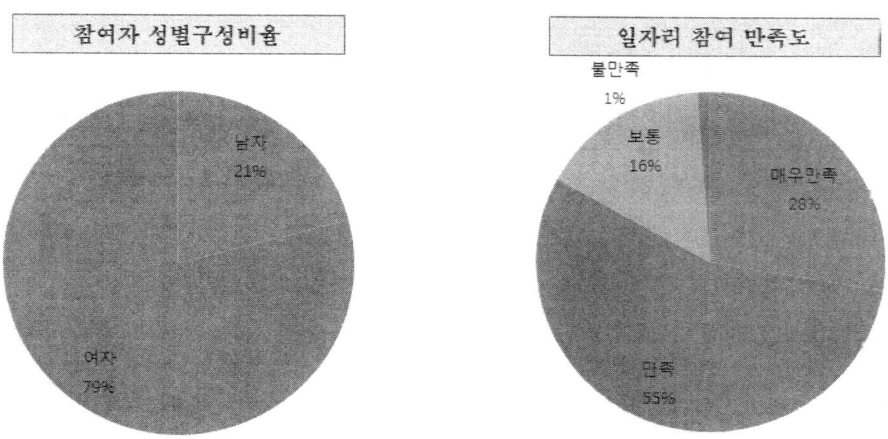

의 운영시스템, 위생관리, 일자리 창출 등에 공감한 지방자치단체의 급식 위탁이 차츰 증가하고 있으며, 보건복지가족부, 각 지자체 행사도시락 등 유료판매도 증가하고 있어 지속적인 매출 성장이 이루어지고 있다.

[그림 6-4] 행복도시락 공공급식 현황과 일급식수 변화

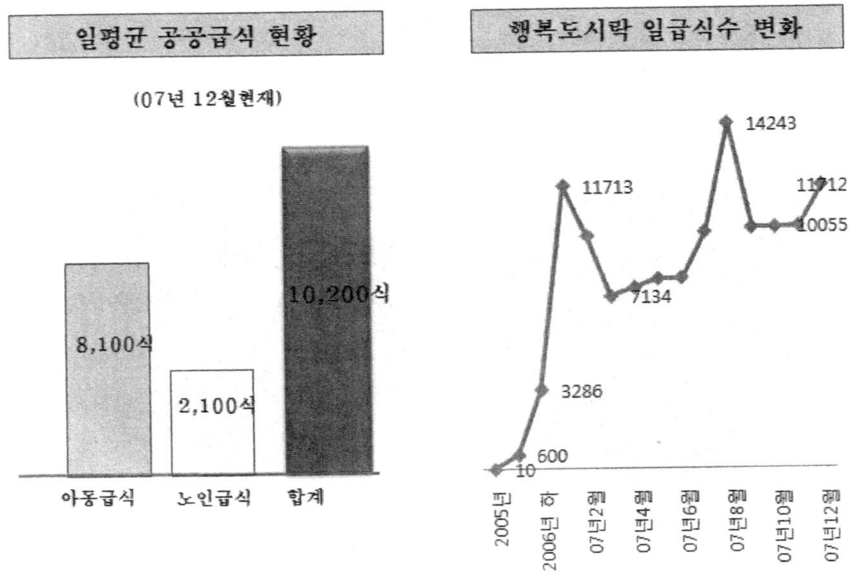

[그림 6-5] 행복도시락 매출현황

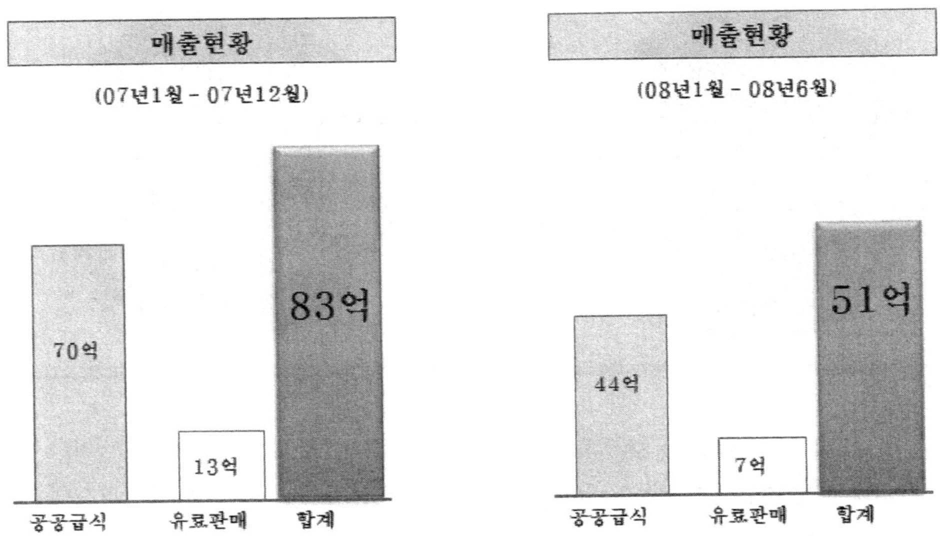

[그림 6-6] 행복도시락 자립률

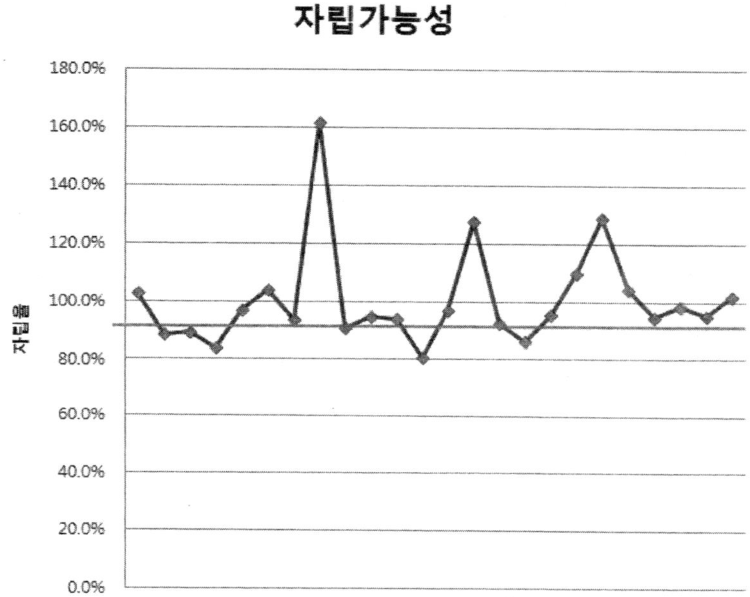

여섯째, 행복도시락 자립률이 높아지고 있다. 전체수익/ 전체지출금액 = 자립률로 보고 있으며, '07년 12월 현재, 운영기간 1년이 지난 24개 센터 중 자립이 가능하다고 판단되는 90% 이상의 자립률을 보이는 센터는 19개 센터로 나타났으며, 향후 센터별 컨설팅을 통해 개인별생산성을 증대하고 생산비용을 절감하여 각 센터별 자립률을 100% 이상으로 증대해 갈 계획이다.

일곱째, 사회적 기업으로 인증받는 센터가 증가하고 있다. 2008년 6월 현재, 전체 29개 도시락센터 중 6개 센터가 사회적 기업으로 인증받았으며, 08년 3차 인증(8월 말)시 5개 센터에서 인증을 신청할 예정으로 있다. 사회적 기업으로 인증을 신청하는 센터는 최소 1년 이상의 운영 경험을 갖춘 곳으로서 매출, 일자리 창출 등 일정한 조건을 충족하는 센터이다.

여덟째, 급식서비스와 일자리창출의 안정적인 파트너십을 구축했다. SK(시설/운영비 지원), 행복나눔재단(사업기획/운영관리), 지자체(급식비/행

〈표 6-5〉 급식센터 사회적 기업 인증 현황

사회적 기업 인증센터(6개)	인증신청 예정센터(5개)
• 서울관악점((주) 나눔공동체 '07년 2차) • 인천남구점((사)실업극복국민운동인천본부(급식센터 '07년 2차) • 경기포천점(대한성공회포천나눔의 집 행복도시락사업단 '07년 3차) • 전북진안점(유한회사 나눔푸드 '07년 3차) • 전남순천점(순천YWCA 행복을 나누는 도시락센터 사업단 '07년 3차) • 경기남양주점(남양주 샬롬의 집 행복나눔도시락사업단 '08년 1차)	• 서울노원점(성공회나눔의집) • 경기부천점(부천여성노동자회) • 대전대덕점(자활센터) • 부산서구점((사)노인과 복지) • 광주북구점(자활센터)

정지원), 정부/노동부(제도/사회적 일자리지원), 지역사회(센터 운영/도시락구매/자원봉사) 등 기업-정부-NGO-지자체 간 파트너십 모델을 구축했다. 행복도시락센터 설립 초기에는 지자체의 소극적인 자세로 급식위탁이나 무상임대 건물 제공 등이 어려웠으나, 2007년에 들어서서는 무상임대 건물 제공, 최소 200식 이상의 급식 위탁, 자활인력 배치 등의 협력을 강화하는 지자체가 증가했다. 특히, 노동부의 기업연계형 사회적 일자리사업과 사회적 기업 인증 지원 사업은 행복도시락사업의 유지와 자립 강화에 핵심적인 역할을 담당했다.

2 행복도시락 사업에 대한 사회적 평가

첫째, 정부, 시민사회로부터 높은 사회적 평가를 받았다. 높은 수준의 무료급식 서비스 인프라 구축, 양질의 일자리 창출 등의 성과로 행복도시락사업은 기업 사회공헌의 모델로, 사회서비스 향상의 모델 등으로 평가를 받고 있다.

- 2006년 5월, 지속가능한 일자리창출모델로 대통령 보고 후 확산정책 지시
- 2007년 2월, 행복도시락사업, 기획예산처 주최 '사회서비스일자리보고대

회'에서 일자리창출 모범사례로 대통령 보고

- 2007년 7월, 행복도시락사업으로, SKT 제1회 민관협력 우수사례 공모전에서 민간기업 분야 최우수상인 행정자치부장관상 수상
- 2008년 10월, 사회적 기업육성에 공헌한 기업, SKT국무총리상 수상

"SK, 국내 사회적 기업 '1등 도우미' 손길"(한겨레, 2008. 8. 29)

우리나라에서 사회적 기업을 지원하는 중심엔 에스케이(SK)그룹이 놓여 있다. 한겨레경제연구소가 국내 사회적 기업이 어떤 일반 영리기업(대·중소기업)과 투자·후원·거래관계를 맺고 있는지를 상세하게 보여주는 '영리기업-사회적 기업 연결망 구조'를 분석한 결과, 국내 일반 영리기업 가운데는 에스케이가 사회적 기업을 가장 적극적으로 지원하고 있는 것으로 드러났다. 사회적 약자에게 보탬을 주고자 활동하는 사회적 기업에게 에스케이가 가장 든든한 '서포터' 노릇을 맡고 있는 것이다.

최근 들어 주로 글로벌 대기업들이 중심이 돼 사회적 기업을 지원하는 이 같은 형태는 전 세계적으로 기업의 사회적 책임과 관련해 새로운 관심을 끌고 있다.

■ 전국 29곳에 행복도시락센터 운영

에스케이그룹의 각 계열사는 상당수의 국내 사회적 기업과 밀접한 관련을 맺고 있다. 특히, 사회적 기업의 대표적인 두 유형이라 할 수 있는 '일자리 제공형'과 '사회적 서비스형' 모두에 골고루 도움을 주는 게 눈에 띈다. 흔히 사회적 기업은 주된 활동내용을 기준으로, 취약계층에게 일자리를 만들어주는 일자리 제공형과 취약계층에게 의료 및 교육을 제공하거나 친환경사업 등 공익에 보탬을 주는 사회적 서비스형 2가지로 나뉜다.

사회적 기업을 지원하는 에스케이의 대표적인 활동으로는 '행복도시락센터'가 꼽힌다. 에스케이는 지난 2005년 5월 사회적 일자리 창출 사업의 하나로 시작한 행복도시락 사업을 행복나눔재단을 통해 성공적으로 정착시켰다. 현재 전국적으로 모두 29곳의 도시락센터가 운영되고 있는데, 이 가운데 8곳은 이미 사회적 기업으로 공식 인증을 받았다. 에스케이는 이를 통해 501명에게 새로운 일자리를 만들어 줄 뿐 아니라 날마다 1만4200개의 양질의 도시락을 결식 이웃들에게 제공하는 효과를 내고 있다. 에스케이의 행복도시락센터는 급식사업 분야의 대표적인 사회적 기업 모델로 평가받고 있다.

에스케이텔레콤은 예비 사회적 기업의 토대를 마련하는 데 힘을 보태고 있다. 특히 YMCA와 함께 취약계층 청소년이나 여성 가장의 자활을 목적으로 하는 바리스타 실무교육 및 창업지원 사업을 펼치고 있는데, 이 과정을 마친 청소년들이 공정무역 커피전문점 '카페 티모르'를 열기도 했다. 카페 티모르는 지난해 7월 북아현동에 1호점을 낸 것을 시작으로, 올해 3월 남대문 2호점과 이대앞 3호점을 잇따라 내 모두 13명의 청소년에게 일자리를 제공하고 있다. 현재 카페 티모르는 사회적 기업 공식인증 획득을 위한 구체적 준비를 벌이고 있는 중이다. 에스케이텔레콤은 취약계층의 자활지원

사업이 진화해 사회적 기업 창업으로 이어지는 안정적인 '대기업-사회적 기업 상생모델'로 자리매김 될 것으로 기대하고 있다.

■새터민 기업 메자닌아이팩 설립 도와

에스케이에너지 역시 전국의 지역아동센터에 교사를 파견하는 '행복한 일자리 사업'과 보육시설 설립을 통해 저소득 여성들의 취업 기반을 넓혀주는 '영유아 보육지원 사업'을 벌이고 있다. 특히 최근에는 에스케이에너지가 새터민을 위한 일자리 창출을 위해 시민단체(열매나눔재단)와 정부(통일부)가 함께 도움을 준 상자 제조기업 '메자닌아이팩'이 경기도 파주에서 문을 열기도 했다. 메자닌아이팩은 제조업 기반의 사회적 기업 모델로, 대기업-시민단체-정부의 파트너십으로 운영된다.

이 밖에 에스케이는 사회적 기업가의 역량 강화에 보탬을 주는 활동도 벌이고 있다. 에스케이텔레콤은 지난 2005년부터 꾸준히 사회적 기업 전문가 국외 연수사업을 펼쳐, 다른 나라의 성공적인 사례를 국내에 소개하는 데 큰 몫을 하고 있다. 2005년과 2006년에는 미국과 프랑스, 이탈리아 등 사회적 기업활동이 활발한 나라들의 주요 기관을 둘러보기도 했다. 지난해부터는 활동분야를 더욱 넓혀 실업극복국민재단과 함께 '사회적 기업가 날개 달아주기' 사업을 진행하고 있다. 기존의 국외 연수 프로그램뿐 아니라 '사회적 기업 열린 포럼'을 운영하며 국회·정부·학계·언론이 모두 참여하는 토론마당을 마련하고 있다. 국내외에서 확보한 주요 자료를 한데 모아 인터넷에서 공유함으로써 사회적 기업 관련자에게 유익한 정보를 제공하는 일도 맡는다. 또, 에스케이는 올해 노동부가 주관하는 사회적 기업가 아카데미 총괄기구로 선정된 실업극복국민재단을 후원해 현장의 다양한 목소리를 반영한 통합 교육과정의 기획과 운영에도 힘을 보태고 있다.

(최우성 한겨레경제연구소 연구위원/서재교 한겨레경제연구소 연구원)

3 행복도시락 향후 계획 및 과제

첫째, 행복도시락 브랜드를 관리해 간다. 2008년 중 전국 29개 행복도시락센터에 투자된 시설장비, 차량 등 일체의 자산을 행복도시락 운영 NGO에게 양도, 혹은 지자체에 기부체납하게 된다. 이후 '행복도시락' 브랜드를 사용하고자 하는 센터는 행복나눔재단이 요구하는 수준의 위생관리체계를 갖추어야 하며, 정기적인 위생점검 및 위생교육에 의무적으로 참여해야 한다. 또한 경영교육워크샵, 종사자 고용의 질 강화 등 교육지원을 우선적으로 받을 수 있으며, 유료도시락 메뉴개발, 공동포장용기 제작 등에 참여할 수 있다. '행복도시락' 브랜드를 사용하지 않는 센터는 지역사회 공공급식

인프라로 기능할 수 있도록 독자적인 브랜드(예: 사랑의 도시락 등)를 사용할 수 있다. 단 이 경우 행복나눔재단의 위생관리체계에 포함되지는 않으며, 경영컨설팅, 유료사업 공모전 등 재단의 우선적 지원대상에서는 제외된다.

둘째, 행복도시락 센터의 자립을 강화해 간다. 공공매출 확보 지원, 유료도시락 등 수익사업 개발 지원(예: 테이크아웃 도시락, 행사도시락, 캐터링 사업 등)을 통해 매출 확대를 지원하여 센터의 자립을 지원한다. 아울러 결식아동 영양실태 조사, 적정 급식단가 등 정부 급식정책에 대한 대안 등을 제시하며, 위생/영양/품질을 담보한 급식센터 모델 확산에 기여한다. 또한 급식 아동에게는 도시락 배달 외에 도서 배달(10개 센터에서 Happy Book 서비스: 1주일 단위로 도서 배달) 등 정서적 지원 서비스를 지속적으로 확대한다. 행복도시락을 통해 양질의 일자리와 고용의 지속성이 창출될 수 있도록 조리아카데미 개최, 조리사자격증 취득, 운전면허 자격증 취득 등의 지원사업을 강화해 간다. 자립이 어려운 2, 3개 센터는 지역사회 공공급식 서비스 전달체계로 정착할 수 있도록 운영 NGO 및 지방자치단체와 협의해 나간다. 약 90% 이상의 자립률이 지속되기 위해서는 사회적 기업 인증을 통한 사회적 일자리 지원(인건비 확보), 지방자치단체의 자활인력 지원, 공공급식 위탁의 확대 등 정부 지원이 지속되어야 하므로 노동부, 복지부 등 중앙정부와 29개 지방자치단체와의 지속적인 협력관계를 형성해 간다.

셋째, 기업 사회공헌의 민관협력 모델을 형성해 간다. SK는 행복도시락 사업과 더불어 장애아동통합보조원사업(자활후견기관협회), 1318해피존(부스러기사랑나눔회), 24시간 보육 아가야(한국YMCA 전국연맹), 스피드메이트 청소년 자립지원사업(한국아동복지연합회) 등의 사회공헌 사업을 통해 중앙정부(노동부, 복지부, 교육부), 지방자치단체, NGO/NPO와의 민관협력 모델을 만들기 위해 노력해 왔다. 향후에도 일자리 창출과 사회문제 해결에 앞장 서는 기업 사회공헌의 모델 형성을 위해 지속적인 노력을 경주할 것이며, 행복나눔재단을 통해 시행되는 해피쿠킹스쿨이 청소년 실업대책과 어려운 청소년 자립기반 형성 모델이 될 수 있도록 노력해 나갈 것이다.

제 7 장 교보다솜이간병봉사단

홍상식

제 1 절 사례의 배경

첫째, 대표적 취업취약계층인 여성가장가구를 위한 일자리 창출이 필요했다. 한국노동시장의 구조와 세대별, 소득별, 성별 분류를 고려했을 때, 한국사회의 실업문제에 있어 취약계층으로 '반복적 실업자층', '빈곤선 차상위계층', '여성'이 해당된다. 이에 40~50대 여성가장가구를 대상으로 하는 교보다솜이 간병사업을 시작하게 되었다.

둘째, 의료사각지대로 남아 있는 저소득층 환자들을 위한 간병서비스 제공이 필요하다. 수급권자, 노인, 장애인, 저소득층 입원환자 중 간병이 필요하지만 부양가족이 없거나 부양가족이 있어도 부양이 불가능한 상황, 질환상태가 지속됨으로 인해 가정 내 지출이 확대되어 가족해체 상황에 있는 경우 무료 간병서비스 제공이 절실히 필요하다.

셋째, 기존 간병시장의 비공식적, 불안정한 일자리를 안정적인, 좋은 일자리로 전환하는 것이 필요하다. 당시 간병사업은 여러 비영리단체에서 시행하고 있었으나, 간병시장의 외적 조건, 재원의 한계 등으로 인해 대부분이 저임금, 불안정한 일자리에 머무르고 있어 지속가능하고도 안정적인 일자리, 괜찮은 일자리로의 전환이 필요한 시기였다.

넷째, 기업 사회공헌활동의 새로운 모델 모색이 필요했다. 기업사회공헌활동이 저소득층 수혜자에 대한 일방적 나눔이었던 상황에서 수혜자 스스로 건강한 사회활동에 참여하며 자립할 수 있도록 일자리를 제공하는 보다 효율적인 사회공헌 프로그램으로의 전환을 모색하고 있었다.

다섯째, 복잡한 사회문제해결을 위해 다양한 자원이 효율적으로 결합되는 파트너십을 모색하는 것이다. 다원화된 사회문제해결을 위해 기업과 비영리단체의 파트너십을 통해 다양한 자원의 결합을 이루어 상호간의 자원의 한계를 극복하고, 이를 통해 보다 효율적으로 사회문제해결에 기여하고자 하는 노력이 모색되었으며, 정부에서는 정부의 재정과 민간의 자원을 결합하여 취업취약계층 등에게 사회적 일자리를 제공하는 사업의 한 형태로 비영리단체-기업-지자체 등이 인적·물적 자원의 출연 및 역할분담을 통해 일자리를 제공하는 '기업 연계형 사업'도 관심을 가지게 되었다.

제 2 절 다솜이재단 현황(2007년 기준)

다솜이재단의 사업은 저소득 여성가장들을 전문 간병인으로 양성한 후, 저소득층 환자들에게는 무료로 간병서비스를 제공하고, 일반시민들에게는 저렴한 비용으로 양질의 간병서비스를 제공함으로써 사회서비스 확대와 질적 향상에 기여하고, 저소득 여성가장들에게는 안정적이고 좋은 일자리를 제공하여 경제적 자립을 지원하는 것이다.

다솜이재단은 교보다솜이 간병봉사단(무료)과 다솜이 케어서비스(유료)로 구성되어 있다. 교보다솜이 간병봉사단은 저소득층 환자들에게 무료로 간병서비스를 제공하여 건강회복을 지원하는 무료 간병서비스 조직이고, 다솜이 케어서비스는 공동간병이라는 새로운 간병서비스 모델을 통해 일반시민들에게 저렴한 비용으로 양질의 간병서비스를 제공하는 유료 간병서비스 조직이다.

2003년 3월부터 현재까지 사업이 진행되고 있고, 실업극복국민재단, 교보생명, 노동부 등을 주요 사업 주체로 볼 수 있다. 실업극복국민재단은 사업 주관 및 시행, 간병사 채용 및 교육, 정책 제언 등의 역할을 하고 있고, 교보생명은 사회공헌비용 지원, 경영지원 및 인프라/교육지원 등의 역할을 하고 있으며, 노동부는 재정지원 및 행정적·제도적 지원의 역할을 수행하고 있다.

간병사 선발의 경우 참여대상은 저소득층 여성가장으로서 사회적 기업 육성법이 정한 취약계층을 우선 선정한다. 여기에는 다음과 같은 기준이 적용된다.

- 가구 월평균 소득이 전국가구 월평균소득의 60% 이하인 자
- 「고령자고용촉진법」 제2조제1호에 따른 고령자
- 「성매매방지 및 피해자 보호 등에 관한 법률」에 따른 성매매 피해자
- 그 밖에 장기실업자 등 노동부장관이 취업상황 등을 고려하여 취약계층으로 인정한 자

또한 의료보험수가 및 부양가족 수를 감안하여 실질적 여성가장이 선발되도록 하고 있다. 활동인원은 250명 정도로서 기초생활수급권자 및 차상위 계층에 해당된다. 교보다솜이 간병봉사단 100명, 다솜이 케어서비스 150명으로 구성된다. 근로조건을 보면, 유료의 경우 3조3교대 업무형태(휴게시간 포함)로, 무료의 경우 주간근무, 주5일제 근무(08:00~19:00, 휴게시간 12:00~13:00)로 진행된다. 최저임금기준을 준수하여 무료 시급 3,480원, 유료 시급 4,000원 등으로 근로기준법이 준수되고 있고, 4대 보험 적용, 상해보험 및 배상책임보험 가입 등이 이뤄진다. 활동지역은 서울, 경기, 인천, 대전, 대구, 부산, 광주 등이며, 간병서비스 수혜자는 4,155명으로서 연인원 97,452명에 달한다.

대상자는 기초생활 수급권자 및 차상위 계층에서 선정되는데, 다음과 같다.

- 수급권자: 병원 사회사업실 상담 및 추천
- 차상위계층: 병원 사회사업실, 사회복지사 추천을 받아 선정(건강보험료

3만5천원 이하)

- 일반 저소득층(장애인 포함)
- 독거노인

무료 서비스는 개별 간병 서비스와 공동 간병 서비스로 나뉘고, 기본서비스의 경우 4주이고, 필요시 연장이 가능하다. 수혜인원은 1,736명으로서 연인원 26,914명에 달한다. 그리고 유료 서비스는 공동간병 서비스로서 병원과의 협약을 통해 서비스가 제공된다. 수혜인원은 2,419명으로서 연인원 70,538명에 달한다.

제 3 절 사업 목적 및 추진전략

1 사업 목적

이 사업의 목적은 실직 여성가장들의 일자리 창출과 보건복지서비스 사각지대에 있는 저소득 계층의 환자들에게 무료 간병서비스 제공을 통해 계층 간의 양극화 해소 및 사회통합에 기여하는 것으로 되어 있다.

첫째, 저소득 실직 여성가장들에게 안정적 일자리를 제공하여 자립을 지원한다. 근로기회에서 소외되어 있는 저소득층 여성가장을 위해 불안정한 일자리가 주를 이루는 간병시장에서 근로기준법을 준수하는 안정적이고 좋은 일자리를 창출함으로써 여성가장들에게 노동을 통한 자활기회를 제공하는 것이다.

둘째, 저소득 계층 환자에게 무료 간병서비스 제공이다. 의료급여에서 간병서비스가 제외됨으로 인해 보건복지서비스 사각지대르 남아있는 저소득계층 환자의 간병문제를 무료 간병서비스 제공을 통해 해결하고 저소득 환자 가족의 간병부담 해소를 통해 가족기능 강화에 기여한다.

[그림 7-1] 간병봉사단의 사업 목적

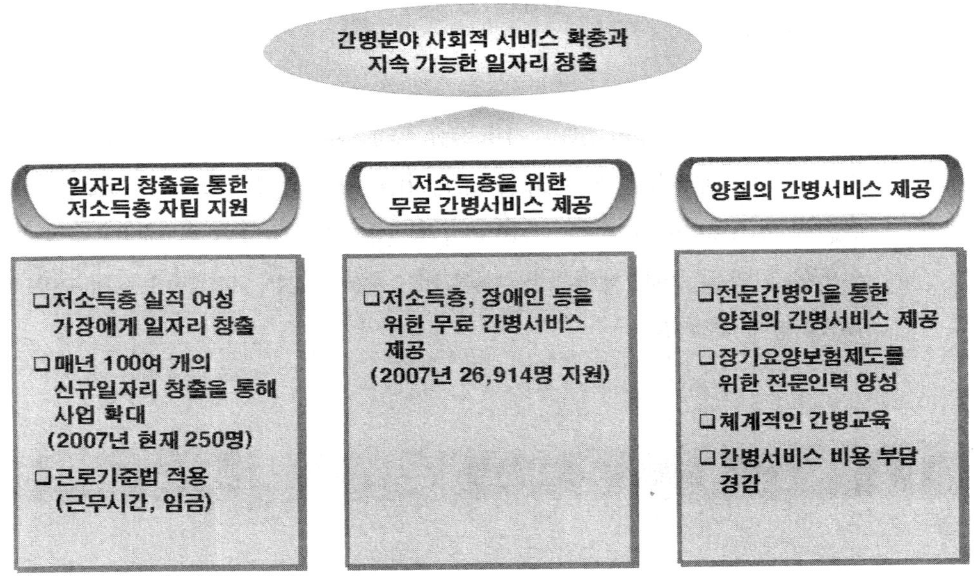

셋째, 간병 분야 사회서비스 확대 및 서비스의 질적 향상이다. 표준화된 교육훈련을 통해 전문 간병인 및 노인장기요양보험제도에 대비한 요양 전문인력을 양성하고, 환자와 간병사 모두 만족할 수 있는 새로운 간병시스템 개발을 통해 양질의 간병서비스를 제공한다.

2 사업추진 전략

첫째, 표준화된 교육훈련을 통한 전문성 강화이다. 표준화된 교육과정(160시간) 운영을 통해 간병 인력의 전문성을 제고하고, 교육훈련교재 및 매뉴얼 개발을 통해 간병서비스 표준화를 이룸으로써 서비스 경쟁력을 확보한다.

둘째, 고용안정성 제고이다. 서비스 경쟁력, 정부 및 기업의 지원을 바탕으로 간병사를 직접 고용하여 근로기준법을 준수하고 사회보험 적용 및 퇴

[그림 7-2] 간병시장 현황과 사업 추진 전략

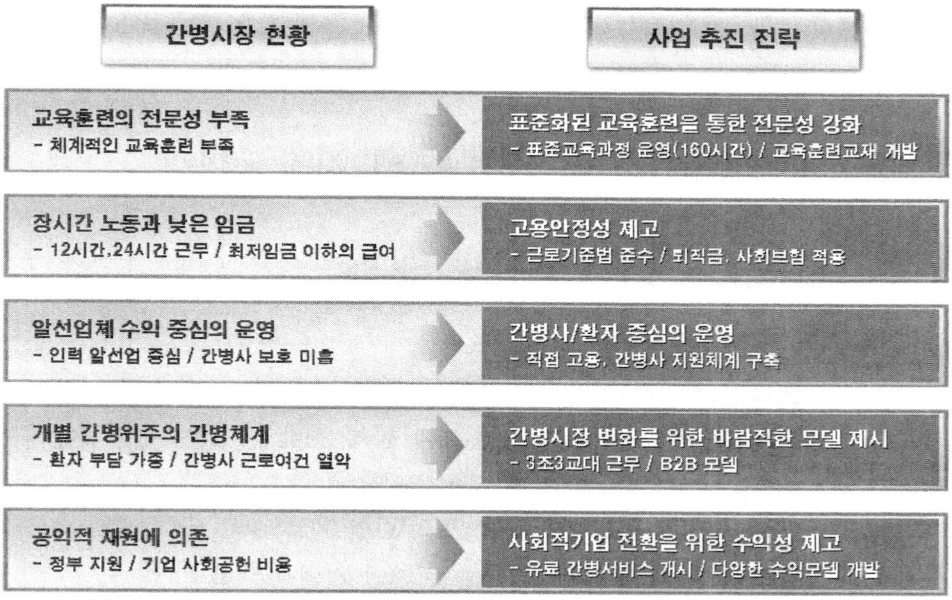

직금을 적립하는 안정적이고 좋은 일자리를 창출함으로써 여성가장들의 고용안정성을 제고하는 것이다.

셋째, 간병사/환자 중심의 운영이다. 간병배상보험 및 상해보험 가입, 간병사 현장 지원체계 구축을 통해 간병사 근무여건을 개선하고, 관리자 현장관리를 통해 환자중심의 서비스를 제공하는 것이다.

넷째, 간병시장 변화를 위한 바람직한 모델 제시이다. 환자의 높은 간병료 부담과 장시간 근로, 낮은 임금의 열악한 간병사 근로조건을 개선하기 위해 병원과의 협약을 통해 환자와 간병사가 상호 만족할 수 있는 공동간병시스템을 개발 제시하고, 간병사업 추진 비영리기관과의 네트워크 구축을 통해 간병시장의 바람직한 변화를 추구하는 것이다.

다섯째, 사회적 기업 전환을 위한 수익성 제고이다. 사회적 기업으로서 자생력을 확보하기 위해 새로운 유료간병서비스 모델 개발을 통해 수익성을 개선하고 다양한 수익모델을 개발한다.

제 4 절 사업 추진 경과

1 기업 사회공헌활동으로서의 사회적 일자리(2003년~2004년)

① 사업주체: 실업극복국민재단, 교보생명

② 사업 내용

- 2003년 사회적 일자리 사업인 교보다솜이간병봉사단 사업 시작
  - -2003년 한국자활후견기관협회와 함께 20명의 간병봉사단 운영
  - -지원 금액: 2억 2천만원 지원
  - -간병서비스 수혜인원: 3,707명(연인원 기준)
- 2004년 교보다솜이간병봉사단을 전국 사업으로 확대
  - -2004년 실업극복국민재단과 파트너십을 형성하여 사업을 추진함
  - -간병봉사단을 70명으로 늘려, 서울, 대전, 대구, 광주, 부산 등 전국 확대
  - -지원 금액: 9억 5천만원 지원
  - -간병서비스 수혜인원 : 12,735명(연인원 기준)

③ 성과

- 저소득 여성가장을 위한 사회적 일자리를 창출하고, 저소득층 환자를 위한 질 높은 간병서비스를 제공하여 보건복지서비스 사각지대 해소에 기여
- 기업과 비영리단체의 파트너십을 통해 사회적 일자리 사업을 성공적으로 수행함으로써 보다 효율적인 기업 사회공헌활동의 새로운 모델 제시

[그림 7-3] 간병봉사단의 사회적 일자리 창출

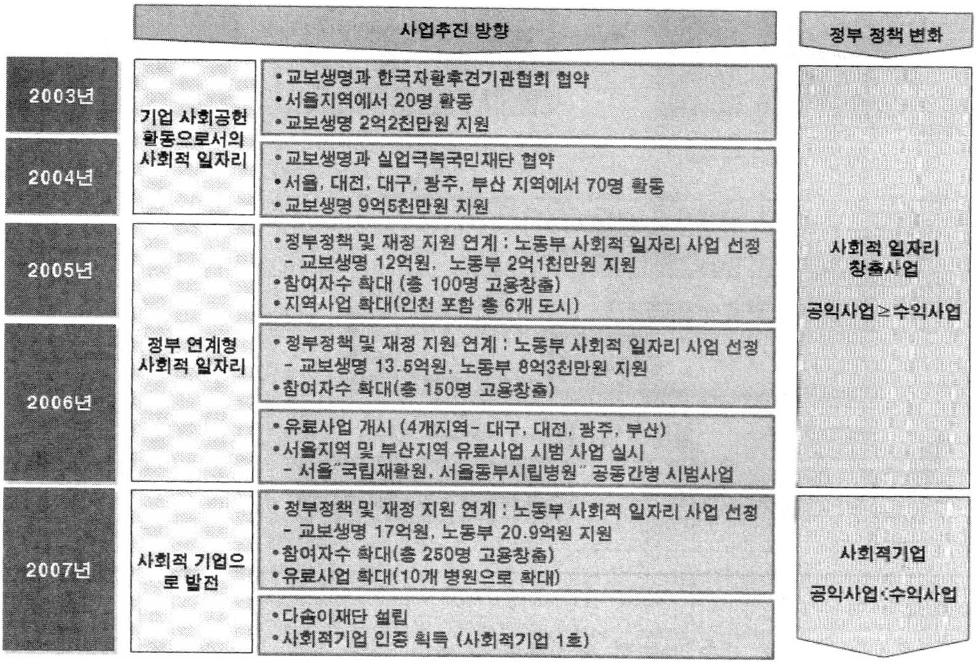

2 정부 연계형 사회적 일자리

① 사업주체: 실업극복국민재단, 교보생명, 노동부

② 사업내용

• 2005년 노동부 사회적 일자리 창출사업과 연계하여 사업규모 확대
  - 근로기준법을 준수하는 형태로 근무형태 개선(2교대 근무)
  - 간병봉사단 규모를 100명으로 확대
  - 사회보험 가입 및 퇴직금 적립 개시(2005. 6월)
  - 지원 금액: 12억원 지원(노동부 지원 2.1억원 연계)
  - 간병서비스 수혜인원: 25,192명(연인원 기준)

[그림 7-4] 간병사업단의 파트너십

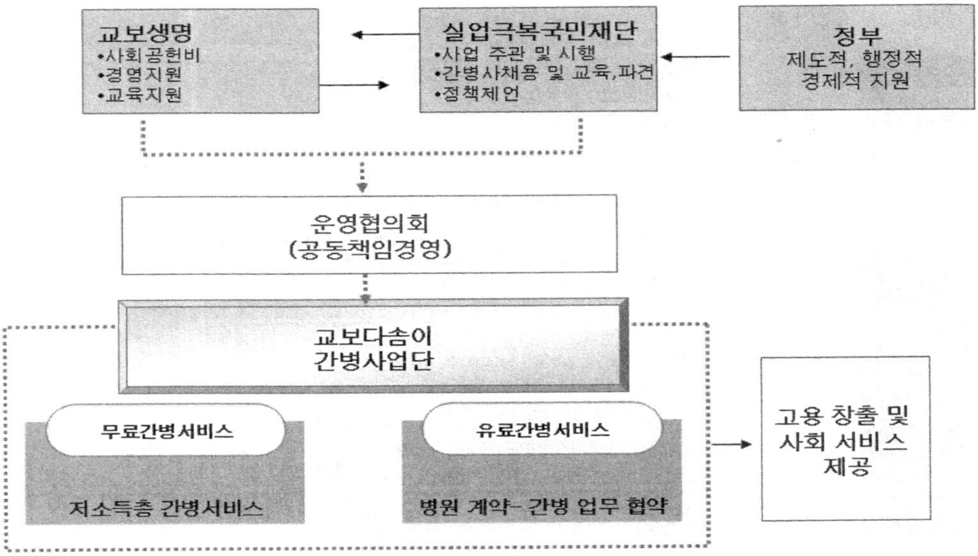

- 2006년 지속 가능한 성장동력 확보를 위한 유료 서비스 개시하여 운영재원을 다원화함(당사 사회공헌비용+정부 지원금+유료간병수입)
  - -간병봉사단 규모를 154명으로 확대
  - -자립기반 강화를 위한 유료 간병서비스 개시(공동간병 시범사업 등)
  - -지원 금액: 13억 5천만원 지원(노동부 지원 8.3억원 연계)

③ 성과

- 정부지원과 연계하여 간병시장의 불안정하고 열악한 일자리를 근로기준법을 준수하는 안정적이고 좋은 일자리로 전환
- 공동간병 시범사업 등 유료간병서비스 개시, 정부 지원 연계 등을 통해 수익성을 개선하고 사업규모를 확대

3 사회적 기업으로 발전

① 사업주체: 실업극복국민재단, 교보생명, 노동부

[그림 7-5] 간병사업단 파트너십의 발전

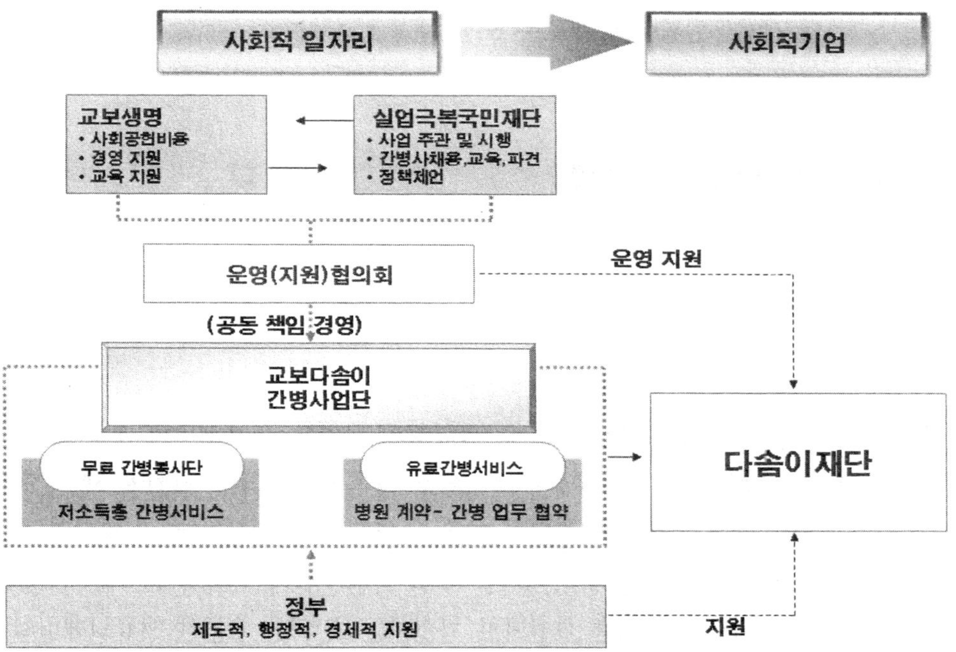

② 사업내용

• 2007년 노동부 사회적 일자리 기업 연계형 사업으로 선정, 사업규모 확대
  - 간병봉사단 규모를 250명으로 확대
  - 정부 지원과 연계하여 3조3교대 근무형태 정착
• 공동간병서비스 모델 정착을 통해 장기적인 성장기반 구축
  - 정부 '보호자 없는 병원' 시범사업 참여를 통해 공동간병

-서비스 질적 개선을 통해 유료서비스 계약병원 확대(10개 병원)

- 다솜이재단으로 독립 발전하여 사회적 기업 1호로 인증 획득(2007.10월)

③ 성과

- 정부지원과 연계하여 3조3교대의 바람직한 간병서비스 근무형태 정착
- 공동간병서비스 모델에 기반한 유료서비스 확대를 통해 지속가능한 사회적 기업으로 성장할 수 있는 기반 마련
- 사회적 기업 인증획득을 통해 장기적이고 지속적으로 추진할 수 있는 기업 사회공헌활동의 새로운 모델 제시

제 5 절 파트너십 운영

1 파트너십 원칙

첫째, 공동의 지향성(비전)을 확인하는 것이다. 교보생명의 경우 모든 사람이 미래의(삶의) 역경에서 좌절하지 않도록 도와주는 역할을 했고, 재단의 경우 민간의 자발적 참여를 통한 다양한 실업극복활동을 지원하여 국민의 의식개혁 및 공동체성 회복을 통한 국민통합에 기여했다고 볼 수 있다.

둘째, 서로의 차이를 확인하고 인정하는 것이다. 충분한 커뮤니케이션을 통해 쌍방의 고유한 정체성, 문화, 의사결정 방식 등의 차이를 확인하고, 상호간의 신뢰를 구축하는 것이다.

셋째, 구체적이고 측정 가능한 목표를 설정하는 것이다. 일회성 사업이 아닌 장기적인 사업으로 전개하되, 최종 목표 및 단계별로 구체적이고 측정 가능한 목표를 설정/추진 관리하는 것이다.

넷째, 서로가 가진 다양한 자원(장점)을 결합하는 것이다. 교보생명의 경우 재원, 인적 자원, 경영마인드, 교육인프라 등을 갖추고 있고, 재단의 경우 사회적 지명도, 건강한 방향성, 사회적 대의, 전문역량 등을 갖추고 있다.

2 사업운영 협약 체결

사업의 실제 운영과 관련한 협약은 사업의 목적, 상호의무, 조직, 사업의 수혜대상, 참여자 선정원칙, 협약의 유효기간 등 사업 운영과 관련한 업무 협약을 체결하는 것으로 나타났다.

3 파트너십 실행

공동사무국을 운영하였는데, 실업극복국민재단 내에 별도의 독립기구로 설치되는 것이다. 사무국은 사무국장 1인, 지역별 사무담당자로(6인) 구성된다.

공동사무국의 역할로는 다음과 같은 것들을 들 수 있다.

- 간병봉사단 사업 운영계획 수립 및 추진관리
- 간병봉사단 참여자 선발, 교육, 파견 및 활동관리, 평가관리 실시
- 간병사업 관련 유관 단체, 기관과의 네트워크 관리 등

공동사무국 운영의 장점으로는 사업의 방향성 유지 용이, 파트너 간의 이해관계를 반영한 균형적인 의사결정이 가능, 파트너간의 다양한 자원의 결합 가능 등을 들 수 있다. 반면 단점으로는 의사결정의 어려움, 공동사무국 직원의 정체성의 혼란, 공동사무국 직원의 정규직화의 어려움 등을 들 수 있다.

분기 1회 정도의 운영협의회는 교보생명과 재단에서 각 2인씩 4인으로 구성하여 개최하고, 간병봉사단 주요사항에 대해 의사결정, 결과보고, 평가를 수행한다. 그리고 월 1회 정도의 실무협의회는 교보생명과 재단에서 각 실무자 2인씩 4인, 공동사무국장으로 구성하여 개최하고, 간병봉사단 운영에 관한 실무협의 역할을 수행한다.

〈표 7-1〉 파트너십 내 다양한 자원의 결합

구 분	지원 현황
실업극복 국민재단	• 사업 운영: 간병 분야의 전문성을 활용한 사업 운영 -지역별 간병 분야 비영리단체와 연계 • 재정 지원: 공동사무국 직원 인건비 보조, 지역별 사무실 보증금 및 임대료 지원 • 사회적 일자리 및 사회적 기업 관련 정책 제언
교보생명	❍ 재정 지원: 54억 2천만원 지원 ❍ 교육 지원 - 서비스의 질적 향상을 위한 CS(다윈서비스)교육 지원 - 표준화된 교육훈련을 위해 요양보호사 교육교재 개발(2007년) - 간병사의 역량강화를 위한 워크숍 지원(교보생명 연수원) ❍ 운영 지원 - 다솜이재단 설립 지원 및 비전만들기 지원(2007년) - 경영전문인력의 다솜이재단 이사회 참여 (변화관리, 고객서비스, 경영관리)
정부	❍ 재정 지원: 31억 3천만원 지원 - 노동부 사회적일자리 창출사업 연계 ❍ 제도적 지원 - 사회적 기업육성법 제정 - 보건복지가족부 '보호자 없는 병원' 시범사업 연계 ❍ 사회적 일자리 기업 연계형 사업에 대한 경영컨설팅 지원

지역에서 간병활동을 수행하는 비영리단체와의 협력관계 유지를 위해 지역협의회도 구성/운영하는데, 간병 분야의 새로운 모델을 만들기 위해 지역별 사업추진보다는 공동사무국 주도로 직접 사업을 추진함으로써 지역협의회가 활성화 되지 못하는 한계를 보였다.

제 6 절 사업추진 실적 및 성과

<표 7-2>는 간병사 사업의 추진 실적을 정리한 것이다.

〈표 7-2〉 간병사 사업 추진 실적

연도	지원 금액	간병사 인원	서비스 수혜인원(연인원)	
			무료	유료
2003년	2억 2천만원	20명	3,707명	-
2004년	9억 5천만원	70명	12,735명	-
2005년	12억원	100명	25,192명	-
2006년	13억 5천만원	154명	35,426명	19,872명
2007년	17억원	250명	26,914명	70,538명

이 사업의 성과로는 다음과 같은 것들을 들 수 있다.

첫째, 간병시장에서의 지속적이고 안정적인 좋은 일자리 창출이다. 저임금, 불안정한 일자리인 '간병사'를 안정적인 일자리, 좋은 일자리로 전환하는 것이다(2007년 기준 250명의 간병사 고용). 1인당 급여는 월 115만 원~135만 원 정도 수령하는 것으로 나타났다. 또한 이는 사회보험, 퇴직금, 근로기준법 준수를 통한 안정적 근로조건을 마련한 것으로 볼 수 있다(2004년 간병배상보험 가입, 2005년 사회보험 가입/퇴직금 적립, 2006년 상해보험 가입).

둘째, 표준화된 교육을 통해 취업취약계층 여성들을 간병 전문인력으로 양성하는 것이다.

셋째, 병원의 대상자 추천과정을 통해 의료사각지대에 놓인 저소득환자에게 무료 간병서비스를 제공하는 것이다. 2007년 현재 연인원 103,974명에게 무료 간병서비스가 제공되었다.

넷째, 공동간병모델의 유료간병서비스를 개시함으로써 환자와 간병사가

〈표 7-3〉 간병 참여자 구분

구분	간병 참여자 구분				소계
	수급자	전국가구소득60%↓	전국가구소득80%↓	55세 이상	
인원	7명	121명	138명	36명	302명
비율	2.3%	40.1%	45.7%	11.9%	100%

〈표 7-4〉 유료 간병서비스 모델

구 분	협력 병원	유료 간병인 1인당 수익 (월평균)	유료 간병인 1인 인건비 비용 (월평균)	자립률	교대형태
2006년	3개소	1,100,000원	1,430,000	76.9%	2조2교대
2007년	10개소	800,000원	1,350,000	59.2%	3조3교대
2008년 상반기	13개소	1,410,000원	1,530,000	92.2%	4인 3교대, 5인 3교대

※ 2007년 3조3교대 근무형태로 전환하여 일시적으로 자립률이 낮아짐.

상호 win-win 할 수 있는 새로운 간병모델을 제시하였다. 근로기준법을 준수하는 3조 3교대의 바람직한 공동간병 모델을 제시하였고(1: 1/24시간 개별간병→2조2교대 공동간병→3조3교대 공동간병), 공동간병 계약병원 확대하였으며(2006년 3개 병원→2007년 10개 병원), '보호자 없는 병원' 시범사업 참여를 통해 새로운 간병모델을 제시하였다(건국대병원, 화순 전남대 병원).

다섯째, 유료간병서비스 확대 및 자립률 제고를 통해 사회적 기업 기반을 마련하였다. 공동간병 협력병원 내에서의 신뢰확보를 통하여 활동병실의 확대 및 활동인원 증원, 재계약시 단가상향 계약 등으로 자립률을 제고하는 것이다.

여섯째, 사회적 기업 네트워크 구성 및 사회적 기업 협의체 설립에 주도적으로 참여함으로써 사회적 기업 활성화에 기여하는 것이다. 2008년 7월 21일 (사)한국사회적기업협의회 설립에 따라 공동대표를 맡고 있다.

일곱째, 기업 사회공헌활동의 새로운 모델로 부각되고 있는 사회적 일자리 사업의 대표적인 성공모델로 평가받았다. 2006년 4월 국정과제회의에서 사회적 일자리 우수사례로 소개되었고, 2007년 1월 노동부 사회적 일자리 창출사업 설명회에서 우수사례로 소개되었다. 또한 교보생명의 업무 특성과 실업극복국민재단의 미션을 잘 조화시킨 기업과 비영리단체 파트너십의 모범적인 사례로 평가 받았으며, 2007년 사회공헌 우수기업으로 선정되었다(사회공헌컨설팅 라임글로브 선정). 나아가 2007년 10월 다솜이재단이 사회적 기업 1호로 인증을 받으면서 사회적 일자리사업이 기업 사회공헌활동의 새로운 모델로 평가받는 데 기여했다.

제 7 절 다솜이재단의 비전 및 향후 추진과제

[그림 7-6]은 다솜이재단의 비전을 그림으로 나타낸 것이다.

[그림 7-7]은 사회적 가치와 비즈니스 가치의 통합을 통한 지속가능한 성장이라는 향후 과제를 그림으로 나타낸 것이다.

첫째, 양적 성장을 통해 취약계층을 위한 양질의 일자리 확대이다. 공공서비스로서의 질적 담보를 위한 전문성 확보와 사회적 기업으로서의 시장 경쟁력 확보를 통해 양질의 일자리를 확대하는 것이다.

둘째, 사회복지서비스의 사각지대인 저소득층 간병서비스 지속 지원이

[그림 7-6] 다솜이재단의 비전

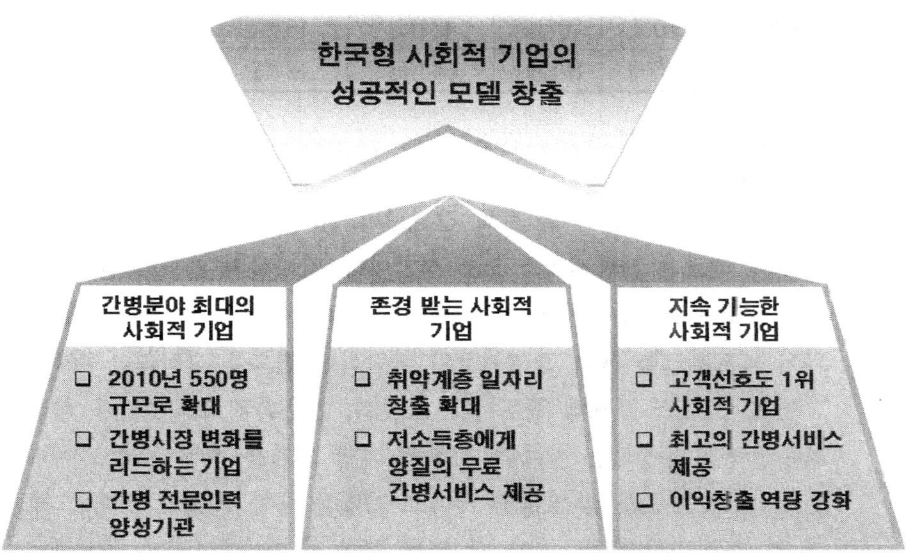

[그림 7-7] 다솜이재단의 향후 과제

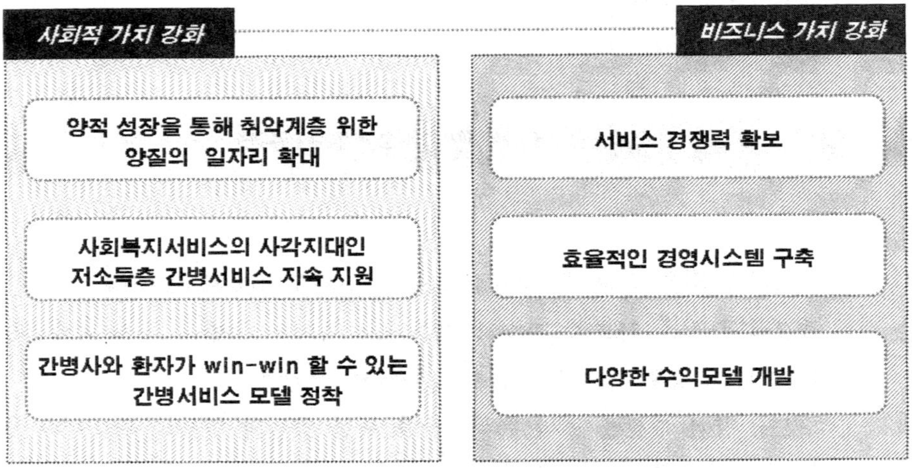

〈표 7-5〉 간병사 수익현황 및 자립률

구 분	간병사 인원	총사업 규모	자체수익		정부지원	자립률(%)
			유료서비스	무료봉사단		
2008년	350명	63억원	27억원	17억원	19억원	69.8%
2009년	450명	70억원	42억원	18억원	10억원	85.7%
2010년	550명	87억원	69억원	18억원	-	100.0%

다. 기업 사회공헌활동과의 연계 강화 및 유료 간병사업단의 수익성 개선을 통해 저소득층을 위한 무료 간병서비스를 지속적으로 지원하는 것이다.

셋째, 새로운 간병서비스 모델 정착이다. 간병사와 환자가 상호 win-win 할 수 있는 공동간병시스템의 확산 전파 및 지역별 간병 분야 비영리단체와의 네트워크를 통해 간병시장의 바람직한 변화를 견인하는 것이다.

넷째, 서비스 경쟁력 확보이다. 표준화, 전문화된 교육훈련을 통한 간병 전문인력을 양성하는 것이다. 사회적 기업 전환을 통한 브랜드 이미지 강화, 서비스 표준화 및 맞춤형 서비스 개발을 통한 차별적 서비스 제공, 고객 및 협력병원(업체), 지역 내 간병 분야 비영리단체와의 협력체제 구축 등이 수반되어야 할 것이다.

다섯째, 효율적 경영, 운영 시스템 구축이다. 경영컨설팅업체의 자문을 통하여 지원체계와의 효율적 파트너십 구축방안, 간병사업의 수행을 위한 효율적인 경영시스템을 구축하고, 관리의 전문성 및 효율성을 확보하기 위한 업무 매뉴얼과 간병서비스의 표준화를 위한 간병업무 매뉴얼을 개발하며, 체계적인 교육훈련시스템을 구축해야 할 것이다.

여섯째, 시장경쟁력 확보와 수익구조의 다각화 등을 통한 자립모델 개발이다. 간병사업추진을 통해 양성된 간병사와 각 병원과의 연계성을 활용하여 유료간병서비스 개발/정착, 현재 낮게 형성된 간병단가를 현실화하면서, 수요자의 비용을 절감하기 위한 '공동간병' 형태의 간병시스템 정착 및 확산 전파, 노인장기요양보험제도와 연계한 다양한 수익사업 전개, 산재간병제도 변화를 통한 보호된 시장 확보 전략 마련, 교육센터 운영 등을 추진해 나가야 할 것이다.

제 5 부

민관협력과 ODA

제 8 장 몽골 사막화 방지사업의 의의 및 추진과정: 한국의 NGO, 푸른아시아의 국제환경거버넌스 구축 사례

제진수[1)]

제1절 서 론

우공이산(愚公移山).

사막화[2)]되고 있는 대지에 나무를 심는다고 하면, 많은 사람들이 떠올리

1) (사)푸른아시아(www.simin.org)는 지금까지 사막화 방지사업을 추진해오던 (사)시민정보미디어센터의 새로운 이름이다. 과거 국제환경사업과 시민정보공동체 구축사업, 정보소비자운동 등 특성이 다른 분야의 사업을 함께 추진하다보니 많은 분들이 단체 경칭이 사업 특성을 제대로 반영하지 못한다고 지적했다. 또한 단체의 입장에서도 향후 기후변화와 사막화문제라는 국제 환경현안을 중심으로 사업을 전개하겠다는 측면에서 단체 명칭을 변경하였다. 본 단체는 국내 유일의 UN GEF(지구환경기금)의 공인NGO이다. 현재 근무 인력은 서울사무실에 9명(몽골인 1명), 2007년 4월에 설립된 몽골 지부(울란바타르시 소재)에 한국인 3명, 몽골인 7명(사무실 상근 1명과 인턴 1명, 조림장 관리자 5명)이 일하고 있다. 5월 조림 시기를 전후하여 3개 조림장에서 합계 약 100명의 지역주민들을 4-6개월의 단기근무자로 고용한다.

2) 사막과 사막화를 구별하자. 사막(desert)은 말 그대로 자연적으로 오래 전부터 황폐해진 땅을 의미하며, 사막화(desertification)는 기후변화와 인간활동 등의 요인으로 건조, 반건조, 건조반습윤지역에서 발생하는 토지의 퇴화(degradation)를 의미한다. 따라서 사막화 방지사업은 오랜 과거로부터 존재하던 사막이 아니라 현대에 들어 주로 인우적 요인에 의해 형성된 사막화를 저지하는 데 초점을 맞춘다. 이런 측면에서 사막화 방지사업은 영어로 'combat to desertification', 즉 사막화에 대한 대응으로 표기한다.

거나 내던지는 표현이다. 그렇다. 연평균 강수량 50-250㎜의 땅에 나무를 심는 일은 어리석을 정도로 경제적 계산에 서툴거나 소위 '상식'과 거리가 있는 사람이라야 할 수 있는 일이다. 달리 말하면, 눈앞의 이익에 흔들리지 않을 '돌쇠'의 의지와 열정이 전제되어야 실천할 수 있는 일이다. 이렇게 서두를 꺼내는 것은 푸른아시아가 수행하고 있는 사업을 돋보이도록 만들기 위한 것이 아니라 사막화 방지사업이 정말 쉽지 않은 과제임을 강조하기 위함이다.[3]

푸른아시아는 지난 10년간 여러 차례의 실패를 경험하면서 한걸음 앞으로, 때로는 반걸음 뒷걸음질 치면서 나아왔다. 사업의 진행과정에서는 참고사례가 많지 않은 상황이었기 때문에 머리를 싸매고 고차원의 방정식을 푸는 수험생의 자세로 난제들에 대응해왔다. 아니 벌써! 강산이 변하는 시간이 흐른 지금에서야 국제환경사업의 추진에 있어 걸음마 수준을 벗어난 느낌이다.

사막화라는 단어는 한국 사람들에게는 아직, 그리고 앞으로도 상당 기간 낯이 설 수밖에 없는 대상이다. 사막화문제는 우리나라에는 점증하는 황사피해로 다가온다. 그리고 이것이 '체감 인식'의 수준에서 한국의 문제의식과 몽골의 환경위기가 접목되는 지점이다.

지금까지 우리 정부의 황사에 대한 대응은 황사 발생의 조기예보에 초점을 맞추어왔다. 즉 몽골과 중국의 사막화지역에서 발생한 황사가 편서풍을 타고 한국의 국경 내로 들어오는 만큼 황사의 발생부터 이동까지의 경로 및 그 영향을 미리 예보함으로써 피해를 최소화 하자는 것이다. 하지만 이

3) 우공이산은 열자(列子)의 탕문편에 나오는 이야기이다. 내가 이 이야기에서 참 재미있게 생각한 대목 또는 주목한 내용은 어리석은 노인의 목표인 산을 옮기는 것이 노인이 아니라는 점이다. 즉, 노인의 노망에 가까운 굳건한 의지를 확인한 옥황상제가 다른 사람들이 따라 하는 것을 우려하여 옮겨주었다는 것이다. 이런 관점에서 비유하자면 푸른아시아는 무모한 듯이 보이는 사막화 방지사업에 있어 직접 산(사막화방지)을 옮기는 것이 아니라 지상의 옥황상제(전 세계의 시민, NGO, (주로 선진국)정부, 글로벌기업 등)가 사막화 방지사업에 관심을 갖도록, 나아가 다양한 방식으로 참여하도록 몸과 마음을 움직이는 역할을 담당하고자 한다. 달리 말하면, 우물의 물을 끌어내는 마중물의 역할이다.

런 방식으로는 황사문제의 본질, 즉 사막화 면적의 확대를 막을 수 없다는 점에서 근본적인 대책이 될 수 없음이 자명하다.

이러한 문제의식에서 출발한 우리나라 NGO들과 정부는 지난 10년간 추진해온 동북아시아 사막화·황사 방지사업은 선도적 사업을 통해 향후 사업의 단초를 만들었다는 점에서 일단 평가를 받아야 한다. 선행사례가 흔하지 않은 상황이었기 때문에, 시도 그 자체가 사업의 가능성과 한계를 분석할 수 있는 실마리가 되었기 때문이다.

하지만 기존의 사업들이 대부분 조림 중심의 접근에 머물러 있다는 점에서 초보 수준이다. 한편, 사막화문제 발생의 초기부터 다수의 해외 NGO들이 추진해온 사막화와 황사 방지사업의 경우 실효를 거둔 전략과 성공모델을 개발했다. 하지만 이 또한 상대적으로 사막화문제의 실질적 해결에 기여하기 힘든 작은 규모이거나 지역의 지속가능한 발전에 대한 고려가 부족하다는 점에서 도약의 준비단계로 평가할 수 있다.

기후변화, 해양오염, 대기오염, 사막화 등의 국제환경문제는 태생적으로 거버넌스의 관점과 대응을 요구한다. 즉 국제환경문제는 문제발생의 책임이나 지리적 위치와 무관하게 그 문제로 인해 다른 나라의 시민들이 광범위하게 피해를 입는다. 따라서 문제해결을 위해서는 당사국뿐만 아니라 해당 문제로 인해 피해를 보는 국가 또는 국제기구가 함께 협력해야 한다. 특히 저개발국에서 진행되는 국경을 넘어가는 환경문제의 경우, 문제해결 능력이 매우 취약하고, 또한 문제를 방치할수록 그에 비례하여 피해 규모가 커진다는 점에서 협력과 협동이 필수적이다. 지구온난화를 방지하기 위한 기후변화협약은 지구적 환경거버넌스의 대표적 사례라 할 수 있다. 하지만 아직도 국제적 거버넌스를 통해 문제를 해결하는 사례는 흔치 않다. 우리 앞에 참으로 많은 과제가 기다리고 있음을 보여준다.

본 장의 구성에 대해 잠깐 설명하겠다.

본 장의 주제인 사막화 방지사업에 있어 거버넌스의 특성을 이해하기 위해서는 우선 사막화에 대한 이해, 특히 몽골 사막화의 원인과 결과에 관한 정보를 공유할 필요가 있다. 또한, 사막화 방지를 위한 푸른아시아의 사업 진행에 대한 조금은 자세한 정보와 사막화 방지사업의 특성에 대한 이해가 필요하다. 이어서 푸른아시아의 사막화 방지사업을 거버넌스의 관점에서 분석하고, 향후 국제환경거버넌스의 활성화에 필요한, 푸른아시아 관점에서의 과제를 제시하는 것으로 본 장을 마무리한다.

그리고 한 가지 첨언하고 싶다. 원고를 작성하는 과정 내내 '거버넌스'의 개념이 손에 잡히지 않았다. 따라서 본 장에서 얘기하는 거버넌스는, 사막화 방지사업의 과정에서 푸른아시아라는 NGO가 형성한 협력과 협동 또는 파트너십과 네트워크의 개념에 가깝다는 점을 전제하고자 한다.

본 장에서 소개하는 푸른아시아의 작은 경험이 국제환경거버넌스의 이해와 앞으로의 발전을 도모하는 데 도움이 되기를 희망한다.

제 2 절 몽골 사막화의 현황[4)]

1 사막화의 개요

사막화란 자연적 요인인 가뭄, 건조화 현상과 인위적 요인인 관개, 방목, 산림벌채, 환경오염 등이 복합적으로 작용하여 토지가 사막으로 변화되는 현상을 말한다. 일반적으로는 숲이 사라지면서 지표 반사율이 증가하고, 지표가 냉각되면서 강우량이 감소하여 더욱 빠른 속도로 사막화가 진행된다. UN사막화방지협약(UNCCD)에 의하면, 사막화가 진행되는 땅은 지구 표면의 3분의 1에 달한다. 매년 전 세계적으로 약 6만㎢의 면적이, 동북아시아에서는 3,500㎢의 면적(서울시 면적의 6배)이 사막화되고 있다.

몽골의 사막화 상황은 심각한 수준이다. 2006년 몽골사막화연구소의 조사에 의하면, 몽골 국토의 약 90%가 중간 이상의 심각한 수준의 사막화와 토지퇴화에 처해 있다. 그리고 사막화의 속도가 다른 나라에 비해 빠르다

4) 「몽골황사발생 현황조사 및 대응사업 추진방안연구」, 시민정보미디어센터, 2008. 연구보고서 중 3장 '몽골 사막화의 메커니즘 분석'의 주요 내용을 요약하였다.

〈사진 8-1〉 사막화로 모래에 덮여가는 마을(자민우드군)과 메말라버린 몽골 남부의 울란호수

[그림 8-1] 몽골의 사막화 현황(2006년)

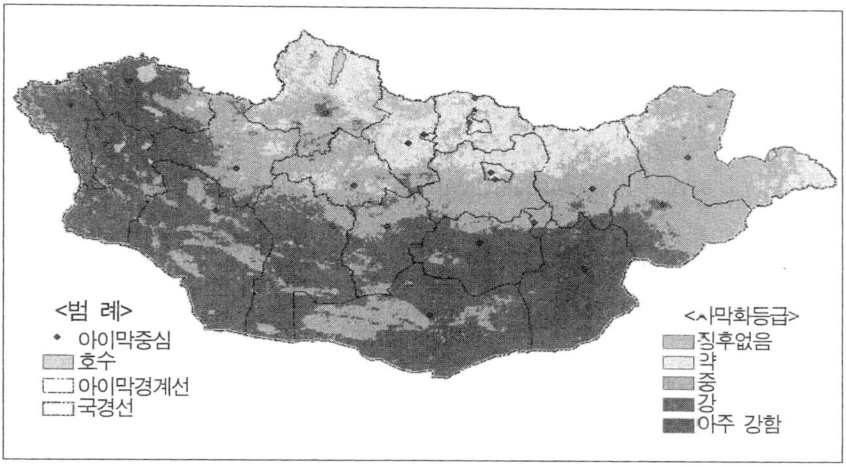

는 점에서 우려가 커지고 있다.

2 몽골 사막화의 요인

몽골 사막화의 요인은 자연적 요인과 인위적 요인으로 구분할 수 있다. 사막화의 자연적 요인이란 지구온난화의 주요 결과인 기온 상승과 건조화

증가, 바람의 양과 속도 증가, 수자원 감소, 해충과 설치류의 증가 그리고 바람과 물에 의한 토양의 비옥도 상실 등이다. 인위적 요인은 방목, 광산 개발, 경작, 벌목 등의 생산 활동과 도시화에 의한 인구 증가와 인구 과밀, 교통량 확대, 산불, 취약한 산림관리체계 등이다.

1) 자연적 요인

몽골에서는 지구온난화로 인해 1946-2006년 기간에 평균기온이 1.92℃ 상승했다. 이는 지난 20세기의 100년간 지구 전체의 평균기온이 0.75℃도 높아졌다는 사실과 비교하면 몽골이 지구온난화로 인해 심각한 피해를 받고 있음을 짐작할 수 있다. 온난화로 인해 몽골 서부지역 고산지대의 만년설이 줄어들고, 복빙기간 또한 짧아지고 있다.

식물의 성장에 큰 영향을 미치는 강수량은 지난 1940년-2004년 기간 동안 약 2% 줄어들어 큰 변화가 없었다. 하지만 식물 생장기간의 총강수량 중에서 소나기의 비중이 높아지는 동시에 1일 최대강수량도 증가 경향을 보이고 있다. 이는 초원에서 일시적인 홍수를 초래하여 토양을 침식하고, 식물에 제공되는 물 공급의 균형을 무너뜨려 식물 성장에 악영향을 미친다. 건조도 상승도 만만치 않다. 몽골에서는 6-8월의 더운 계절에 기온이 급상승하고 있다. 하지만 그에 비례하여 강수량이 증가하지 않아 건조화, 사막화의 주요 원인이 된다. 몽골에서는 1961-2006년 사이에 전국적으로 지표

[그림 8-2] 몽골의 연평균기온 변화(1940-2006년)

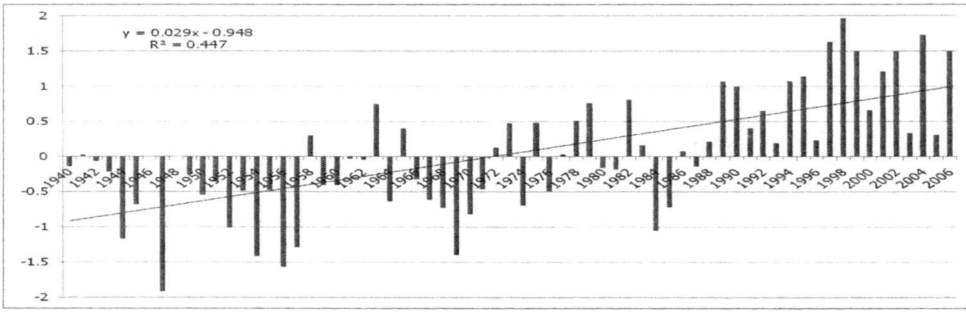

면 증발량이 연평균 2~3㎜의 속도로 증가하였다. 이는 증발량의 변화 추이로 계산할 경우, 지난 46년간 증발량이 100㎜ 증가한 것을 의미한다. 이로 인해 강물의 수위가 전반적으로 줄어들고, 또한 식물에 제공되는 수분 또한 줄어든다. 이러한 변화를 실질적으로 확인해준 것이 2003년 몽골 정부가 실시한 전국의 지표수에 대한 조사 결과이다. 즉 683곳의 강과 시내, 1,484곳의 우물과 샘, 그리고 760곳의 호수가 증발했다. 몽골의 지리적 특성도 사막화에 중요한 역할을 한다. 즉 높은 해발고도로 인한 낮은 기온 형성, 국토를 둘러싼 높은 산맥으로 인한 건조화 그리고 지구상에서 바다와 멀리 떨어진 지역이어서 해양의 습기가 도달하지 못한다. 몽골은 북극에서 3,000㎞, 지중해에서 5,000㎞, 태평양에서 1,600㎞ 떨어져 있다. 이로 인해 몽골은 극단적인 대륙성기후를 보이며, 이는 국토의 건조화에 큰 영향을 미친다.

2) 인위적 요인

인위적 요인 중에서 가장 큰 영향을 미치는 것은 과방목이다. 몽골의 가축 수는 1918년 960만마리에서 2007년 말 3,900만마리로 지속적으로 늘어났다. 몽골 과학자들의 계산에 의하면, 몽골의 방목지는 약 1억마리를 수용할 수 있다. 하지만 과거 계절에 따라 방목지를 이동하던 전통이 불합리한 행정구역 설정으로 인해 단절되고, 토지퇴화로 인해 방목면적이 줄어드는 상황에서 가축들을 중앙지역과 서부지역에 집중적으로 방목한 결과 방목지의 수용력을 초과하고 있다. 이로 인해 방목지의 훼손과 기능 저하가 사막화로 이어지고 있다. 여기에서 주목해야 할 사실은 가축 구성 중 염소와 양의 비율이 점점 늘어나고(합계 약 88%) 이에 반해 소의 비율은 계속 줄어들고(6%) 있다. 염소와 양은 먹이가 없을 경우 식물의 뿌리까지 먹어 버리기 때문에 사막화를 빠르게 촉진시킨다. 또한 경작을 위해 개발한 토지를 방치하여 토양 유실과 침식을 초래했다. 광산을 개발하여 지하자원을 무분별하게 채굴하는 사례가 늘어나면서 토양 유실 및 오염을 초래한다. 관광지가 증가하면서 초지가 파괴되고 오염이 늘어난다. 산림자원을 얻기 위한 도벌이 증가하면서 숲과 목초지가 줄어들고 산불 발생의 요인이 되고 있다.

그 이유는 현지 주민의 빈곤문제와 함께 정부의 산림관리 취약성이 주요한 요인으로 작용하기 때문이다. 한편 지속적인 인구 증가와 함께 도시화가 이루어졌고, 이로 인해 인구가 밀집되고 있다. 또한 지방의 목축과 농업 조건 등의 경제적 상황이 나빠지면서 많은 유목민들이 도시주변으로 유입되었다. 그리고 자동차가 늘어난 반면 도로가 정비되지 않아 초원이 황폐해지는 요인으로 작용하고 있다. 끝으로 몽골 국민들이 사막화 현황에 대해 제대로 알지 못하고 있고, 사막화 확산과 위험성 및 대응방안에 대한 체계적 교육이 부족하다. 이는 정부의 정책에 있어 사막화 대응이 중요한 위치

[그림 8-3] 몽골 사막화의 메커니즘

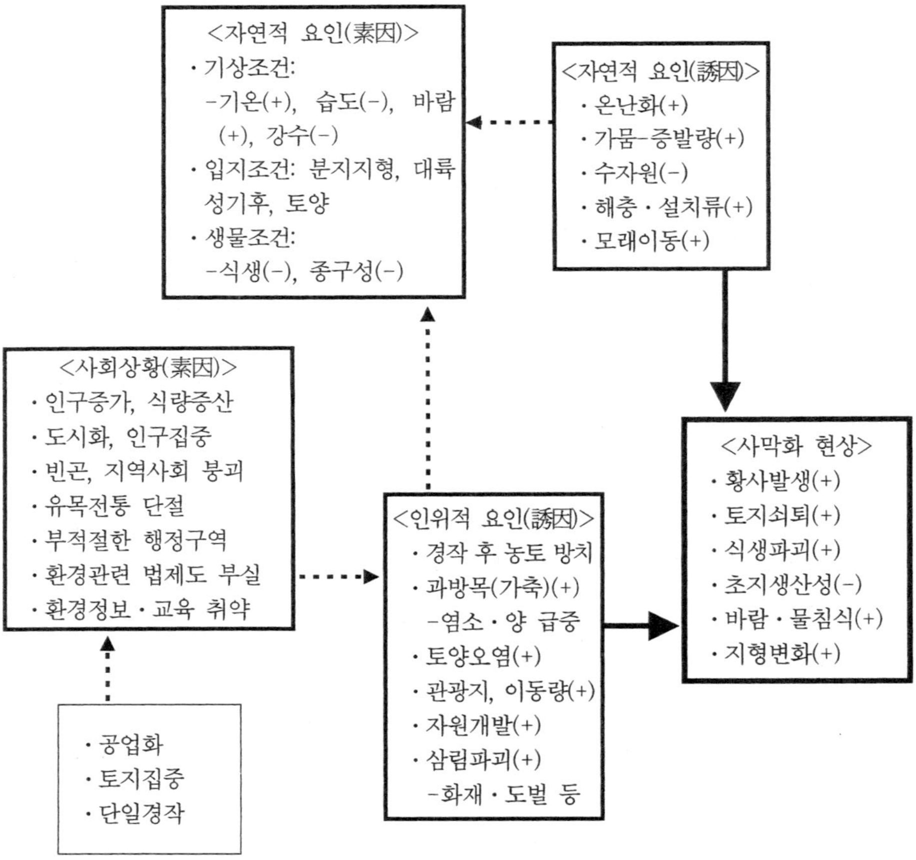

에 있지 않다는 사실을 반영한다. 몽골사막화의 요인을 정리해보면 앞의 [그림 8-3]과 같다.

제 3 절 푸른아시아의 사막화 방지사업의 개요

1 사업 내용과 경과

1) 사업의 약사 및 개요

지난 1999년 12월, 일본 요코하마시립대학에서는 요코하마시립대학과 푸른아시아가 공동 주최한 '동아시아의 미래'라는 주제의 심포지엄이 열렸다. 이 회의에는 한국, 일본, 중국, 몽골, 대만의 NGO와 환경전문가, 정부 관계자들이 참석했으며, 밀레니엄을 앞두고 동아시아의 미래를 위해 함께 해결해야 할 공동과제5)를 선정하고 대안을 모색했다. 이 자리에서 첫 번째 시범사업으로 몽골의 사막화문제를 선정하고, 다음 해인 2000년에 현장 조사작업과 함께 조림사업에 착수하기로 결정했다.6)

푸른아시아의 사막화 방지사업은 지금은 우리에게 익숙해진 황사문제에 대한 대응이 아니라 동북아시아 공동의 환경과제로 설정한 사막화 방지를 위해 시작되었다. 즉 과거 상쟁과 대립의 역사로 점철했던 동북아시아에서 진행형의 환경과제를 위기가 아닌 '공동의 미래'를 위한 협력과 협동의 기

5) 당시 회의에서 선정된 공동과제는 동아시아 내륙의 사막화문제, 러시아 툰드라지역 영구동토의 융해와 메탄 방출로 인한 온난화 촉진문제, 해양오염문제, 연안대도시의 증가로 인한 문제 등이다.

6) 2000년에는 일본과 몽골의 NGO가 전문가들과 협력하여 함께 사업을 추진했다. 하지만 사업진행 과정에서 파트너로 참가했던 몽골NGO의 사업방식에 대해 신뢰문제가 제기되면서 2002년부터는 일본NGO와 함께 사업을 진행하였다. 그 이후 2005년부터는 사업추진 방식의 이견으로 인해 일본NGO와 협력관계는 유지하되, 사업은 독자적으로 추진하는 파트너십 조정의 과정을 경험했다.

[그림 8-4] 푸른아시아 사막화 방지사업의 비전과 추진 방안

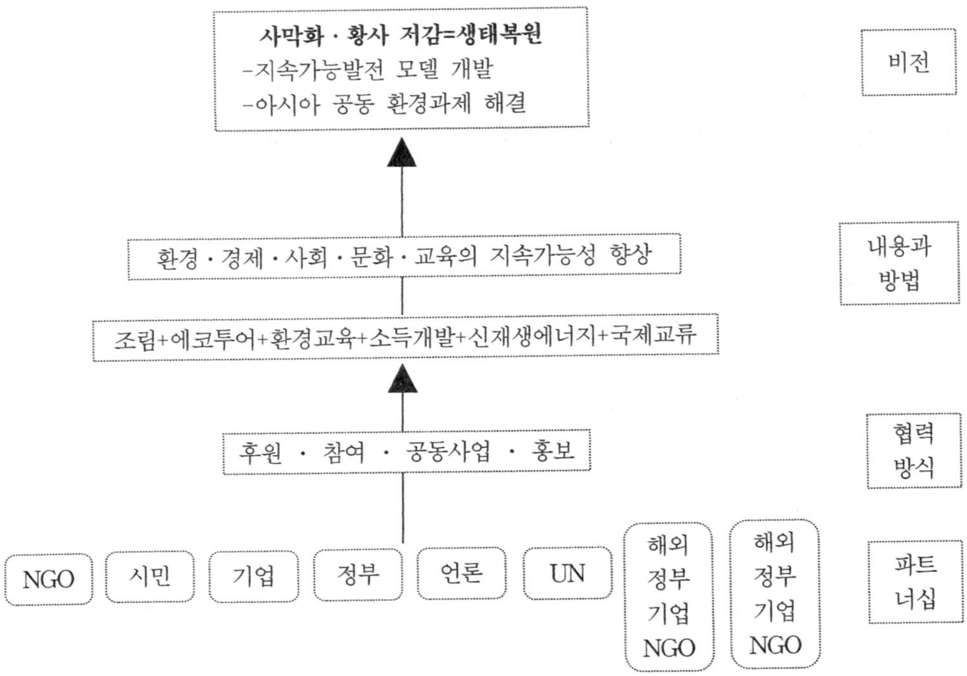

회로 활용하고자 도모한 것이다. 위의 [그림 8-4]는 푸른아시아 사막화 방지사업의 비전과 추진방안을 정리한 것이다.

물론 우리나라에서 황사문제가 사막화 방지사업에 필요한 자원을 형성하는 가장 중요한 동력이 되고 있음은 분명하다. 참고로 우리나라에서 황사문제가 본격적으로 사회적 주목을 받은 것은 지난 2002년 3월 발생하여 초등학교의 문을 닫게 만들고, 비행기의 이착륙을 가로막았던 '슈퍼 황사' 때문이다.7)

푸른아시아가 추진하고 있는 몽골 사막화 방지사업은 핵심사업이라 할 수 있는 조림을 중심으로 주민의 일자리 만들기, 소득 창출을 위한 환금작

7) 몽골과학자들의 조사에 의하면, 동북아시아 황사 발생량의 50%가 몽골 사막화지역에서 발생한다.

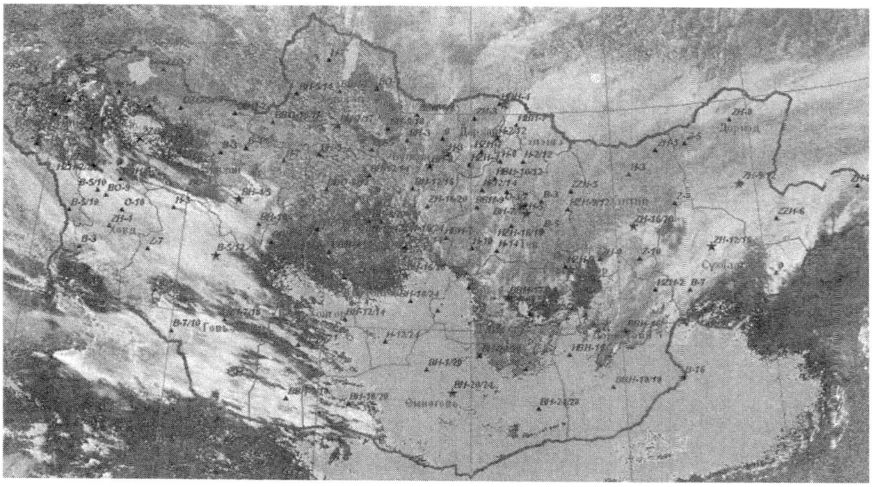

〈사진 8-2〉 몽골에서의 황사 발생, NOAA위성 촬영(2006.6.23)

물 경작, 조림을 매개로 한 국제문화교류, 언론을 통한 인식 전환, 환경 및 기술교육 등으로 나눌 수 있다. 분야로 구분하면, 나무심기를 중심으로 한 환경보전, 일자리와 소득 창출을 중심으로 한 지역경제 활성화, 교육과 인식 전환을 중심으로 한 사회적 통합 촉진 등으로 나눌 수 있다. 사업 초기에는 조림사업과 환경교육 위주로 진행되었고, 몽골 현지에 지부 설립 등으로 사업 기반이 조금씩 안정된 2007년부터 앞에 열거한 여타 사업들을 작은 규모로 병행, 추진하고 있다.

먼저, 그동안 추진한 사업을 조림사업과 기타 사업으로 크게 두 가지로 구분하여 시간 순으로 간단히 정리해본다.

2) 조림사업

- 2000년: 8월, 울란바타르 시내의 아파트단지와 어린이 복지시설에 합계 500그루의 나무를 심으면서 시작했다.
- 2001년: 5월, 울란바타르시의 이태준박사기념공원과 울란바타르국제대학 부지에 합계 1,500그루를 심었다.
- 2002년: 5월, 울란바타르시의 제32초등학교와 이태준박사기념공원에 합계 2,000그루를 심고, 제32초등학교에는 양묘장 조성을 위한 자금을 지원했다.

〈표 8-1〉 푸른아시아 사막화 방지사업의 개념: 지속가능한 지역개발모델 만들기

분 야	주요 내용
환경의 지속가능성	• 토양 개선, 수자원 보전 및 위생, 대기환경 개선, 생물종다양성 보전 -조림사업(08.8월): 3개 사업장, 총 8만그루 및 묘목 37만본 -초지복원(08.8월): 3개 사업장, 총 80ha 조림장 내 자연적인 초지 복원
경제의 지속가능성	• 주민 일자리 창출 및 소득 증대, 기술 이전, 신재생에너지 도입 추진 -조림장 관리인 및 작업노무자 고용: 평균 1.5명/ha -3개 조림장의 일자리 창출효과: 70명/월, 임농업기술 교육 병행 -신재생에너지 도입을 통한 지역 자립도 향상 추진, 벌목 예방 효과
사회의 지속가능성	• 빈민 구제, 도시집중화 방지, 범죄 예방 -바양노르솜(郡)의 경우, 08년 현재 총 332가구(1,353명) 중 120여 가구가 100,000원/월 미만의 소득 -지역 내 일자리 창출을 통한 도시 이주 방지: 인구지속성 확보 -주민조직화 및 조합 결성: 공동체의식 증진 및 민주적인 사회문화 형성
문화의 지속가능성	• 지역문화의 다양성 보전, 식문화 개선을 통한 건강 증진 -찌지크 나담(작은 나담축제): 조림장 내에서 주민 허르헉(양고기찜) 파티 -야채재배 및 음식문화축제를 통한 식문화의 다양화
교육의 지속가능성	• 교육여건 개선과 역사, 환경 및 국제문화교류 등 미래세대 교육 -나무심기체험 및 한-몽 청소년교류, 청소년 여름캠프, 환경축제, 지역 학생과 주민이 참여하는 학교도서기금 조성을 위한 바자회

• 2003년: 5월, 울란바타르시의 어린이 복지시설에 300그루를 심은 후, 새로운 조림지로 울란바타르 동쪽 150㎞에 위치한 바가누르구에 조림지를 조성하고 2,000그루를 심었다.

사업의 중간 점검을 해보자. 솔직히 말해, 2003년까지의 조림 결과는 생존율 0%에 가깝다. 즉 심은 나무가 사라졌거나 죽어버렸다. 그 아픈 과거를 잠깐 되돌아본다. 사막화방지 조림의 경우, 대개 3-5년간 생태가 일부나마 복원될 때까지 가축들의 피해를 막기 위해 울타리를 설치한다. 2002년, 그동안 사업을 해온 조림지에서 그 마을에 사는 아주머니가 양과 염소를 한 마리씩 들어 올려 울타리 안으로 풀어 놓고 있는 모습을 보았다. 현장에 있던 실무자들은 당시 양과 염소들이 갓 피어난 어린 나뭇잎들을 다 뜯어먹을 때까지 멍청하게 보고만 있었다. 한 가지의 예이지만 그런 연유로 3년

간의 노력은 물거품이 되었다. 우리는 그동안 사막화방지사업을 한 것이 아니라 가축의 먹이를 심고 키웠던 것이다. 이 심각한 결과는 몽골의 역사와 문화에 대한 이해 부족, 건조지역 조림에 대한 전문성 부족, 파트너십에 대한 검증능력 부족 등의 요인이 종합적으로 작용한 결과였다. 하지만 오기인지, 오만인지는 모르지만 실패의 경험이 사업 포기의 이유가 되지는 못했다.

- 2004년: 5월, 바가노르구에 2,500그루의 나무를 심었고, 울란바타르시의 이태준박사기념공원에 500그루를 심었다.
- 2005년: 5월, 바가노르구에 2,500그루를 심고, 한국의 NGO인 지구촌나눔운동이 몽골주민 빈곤 저감사업을 추진하고 있는 자르갈란트군에 2,000그루를 심었다.
- 2006년: 5월, 바가노르구에 14,000그루를 심었다.
- 2007년: 5월 바가노르구에 4,000그루를 심었고, 새로운 조림지역으로 울란바타르시 서쪽 200㎞에 위치한 바양노르군에 조림장을 설정하여 3,000그루를 심하고, 향후 사업에 묘목을 공급하기 위한 양묘장을 만들어 17

[그림 8-5] 푸른아시아 조림장 위치 및 몽골그린벨트사업 라인

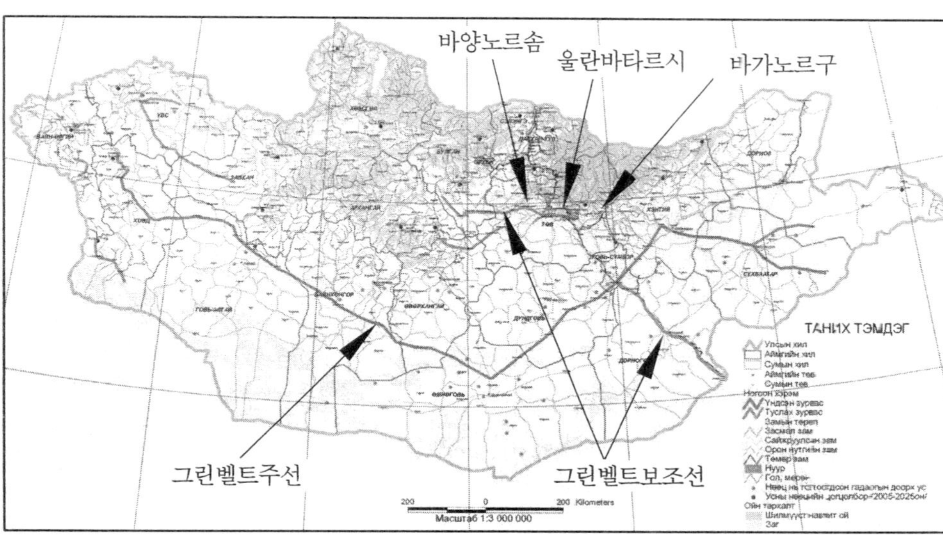

만본의 묘목을 조성했다.

- 2008년: 5월, 바가노르구에 12,000그루를, 바양노르군에는 40,000그루를 심고 양묘시설을 확충하여 20만본의 묘목을 조성했다. 또한 울란바타르시 서남쪽에 위치한 항얼구 성긴지역에 새로운 조림장을 설정하고 10,000그루를 심었다.

2007년 6월, 한국, 중국, 일본, 몽골의 정부 관계자들이 참가하는 동북아 황사・사막화방지 네트워크회의가 서울에서 열렸다. 당시 참가자였던 몽골 자연환경부 국제협력국의 가와 엥케국장은 4개국 관계자들이 참여한 자리에서 다음과 같은 얘기를 했다고 한다.

> "몽골에는 현재 사막화방지 성공모델이 있습니다. 생존율 90%의 성공모델(몽골의 평균 묘목생존율은 40%)은 바로 한국의 NGO인 시민정보미디어센터(푸른아시아의 당시 이름)가 만들었습니다. 이제 사막화방지를 위해 이 성공모델을 국제적 협력을 통해 확산해야 한다고 봅니다."

엥케국장이 얘기한 것은 바가노르구 조림의 사례이며, 바가노르구의 조림장은 2006년 울란바타르시가 징기스칸 탄생 800주년을 기념하여 선정한 최우수 공원으로 선정되어 상장과 상금을 받았다. 사실 엥케국장이 얘기한 수치는 약간의 거품이 포함되어 있다. 하지만 심각한 실패를 경험한 몇 년

〈사진 8-3〉 푸른아시아의 바가노르구조림장을 방문한 한국과 몽골의 환경부장관(2007.8)

후 몽골정부가 그 성과를 인정[8]할 수준에 이르렀다는 사실은 푸른아시아의 도전이 이제 새로운 단계에 접어들었음을 알려주는 것이다.

3) 기타 사업

(1) 에코투어

- 2001년부터 매년 7-8월 중에 한국의 시민들을 대상으로 사막화의 현장 방문과 나무심기, 몽골의 자연과 문화의 매력을 체감할 수 있는 기회를 제공하기 위해 시작되었다. 2004년까지는 일본의 시민들과 함께 프로그램을 진행하였고, 조림장이 위치한 지역의 주민, 학생들과 문화교류행사를 진행했다. 문화교류의 아이템은 양국의 음식 만들기, 춤과 노래 공연, 물품교환 등이다.
- 2007년부터는 조림이 본격 진행되는 4-5월에 조림투어라는 이름으로 사막화방지 조림과 관광을 결합한 학생과 시민들의 참여프로그램을 진행하고 있다. 2-3일 정도의 일정으로 진행되는 조림프로그램에는 항상 참가자와 동수의 지역학생들이 참가하여 몸짓으로 서로의 생각을 나누고, 음식을 함께 만들어 나누고, 각자가 아끼는 물품이나 자연재료를 이용해 만든 기념품을 나누고, 서로의 장기로 마음을 나눈다. 짧은 시간을 함께 하지만 헤어질 때에는 서로가 눈물을 흘리며, 이별을 아쉬워할 정도로 깊은 정감을 나눈다.

(2) 협력 · 네트워크사업

- 상식적인 얘기이지만 조림사업을 지속적으로 진행한 것은 푸른아시아의 역량만으로는 불가능하다. 사업 초기에는 일본과 몽골NGO와의 협력을 통해서 진행했다. 이후 국내의 몇몇 기업과 기관들의 참여와 협력이 사업의 동력을 제공해주었으나 규모나 지속성의 측면에서 한계가 분명했다.
- 2004년부터 바가노르구 조림사업에 대한항공이 신입사원의 해외연수프

---

8) 그러한 평가에 의한 것인지 분명하지는 않지만 몽골정부는 2008년 5월 7일 조림사업을 위해 몽골을 방문한 푸른아시아의 오기출 사무총장에게 외국인으로서는 최초로 환경지도자상을 수여했다.

〈사진 8-4〉 YMCA청소년 에코투어팀의 조림과 문화교류프로그램, 바양노르군 조림장(2008.4)

〈사진 8-5〉 대한항공 신입사원 해외연수팀의 사막화방지 조림활동, 바가노르구 조림장(2008.5)

로그램의 일환으로 참여하면서 파트너십 형성에 주요한 계기가 마련되었다. 이 프로그램의 의미는 국내 대기업이 처음으로 사막화 방지사업에 참가하여 지난 5년간 지속적으로 진행했다는 사실과 함께 조림과정에서 지역학생들과 함께 나무를 심고, 저녁시간을 이용한 교류프로그램을 통해 민간외교의 역할까지 수행한다는 점이다. 국제환경문제 해결에 있어 NGO와 기업이 서로의 입장을 존중하면서 시너지를 만들고 있는 성공적인 사례로 평가할 수 있다.

- 2006년에는 갈수록 심각해지는 황사문제의 해결방안을 모색하던 배일도 의원 등 국회환경노동위원회 국회의원을 중심으로 11명의 국회의원들이 몽골 사막화문제에 관심을 갖고 푸른아시아의 안내로 몽골을 방문했다. 이들은 몽골 정부와 사막화방지를 위한 사업을 추진한다는 협약을 체결

하고, 사막화방지 조림사업 추진을 위한 정책개발을 위해 노력을 기울였다. 물론 정치지형의 변화로 인해 후속작업이 원만하게 진행되지는 않았지만 정치권에 사막화문제에 대한 공감대를 형성하는 데 일정한 기여를 했다.

- 2007년 2월, 환경부, 3개 공중파 방송사, 내일신문, 중앙일보, 한겨레 등의 언론사가 참가한 몽골 황사발원지 탐사를 주관했다.
- 2007년 바양노르군에서 진행한 조림사업에는 한국국제협력단(KOICA)이 매칭방식으로 지원기관으로 참여하였다. 그동안 정부의 지원과는 무관하게 추진되던 사막화 방지사업이 정부의 저개발국지원사업(ODA)의 프로그램으로 선정된 것이다. KOICA는 밀레니엄개발목표(MDGs) 중 환경보전을 위한 사업으로서의 가치를 인정하여 지원을 결정했다. 이를 통해 정부와의 협력관계가 새로이 형성되었고, 2008년에도 지속되어 사업추진에 새로운 활력을 제공하고 있다.
- 2008년에는 인천광역시의 환경거버넌스기구인 인천환경원탁회의가 황사방지를 위한 조림사업에 참여하기로 결정하고, 시민과 학생 및 기업 대상의 모금을 통해 조림기금을 조성하였다. 조성된 기금으로 2008년 5월, 울란바타르시의 성긴지역에 1만그루, 바양노르군에 1만그루의 나무를 심고, '인천 희망의 숲'이라는 이름으로 조림지를 조성하였다. 푸른아시아는 조림 후 3년간의 관리와 보고를 담당한다. 이는 NGO간의 파트너십에 기초한 협력사업의 모델로서 새로운 패러다임이라 할 수 있다.

〈사진 8-6〉 인천환경원탁회의 조림팀과 지역학생들, 바양노르군 '인천 희망의 숲' 조림장(2008.5)

(3) **환경교육**

- 학생 대상의 환경교육은 조림사업을 진행하면서 기본 메뉴처럼 챙겼다. 우선, 나무심기 자체가 가장 좋은 환경교육프로그램이기 때문에 2001년 울란바타르시 32초등학교에 조림을 할 때부터 조림지나 주변에 소재한 학교의 학생들이 참석하도록 준비했다. 특히 바구노르구의 경우에는 조림기간이 길고, 한국에서 방문하는 인원이 많기 때문에 학생들이 학급단위 혹은 학년단위로 교대로 참가하게 하였다. 조림행사가 끝나면 푸른아시아 실무자와 시민 참가자들이 해당 학교를 방문하여 사막화의 원인과 동향 등의 환경수업과 '내가 살고 싶은 마을' 그리기 등의 프로그램을 진행하고, 학용품 등을 기증했다. 이런 노력의 결과인지 확실하지는 않지만 2005년부터 교사들이 조림장에서 물주기 등의 나무가꾸기 활동을 환경수업의 일환으로 자발적으로 진행하고 있다. 그리고 2007년에는 우연히 이 모습을 보게 된 한국의 방문객들이 혹시 자기들이 왔기 때문에 하는 전시성행사가 아닌지 물어본 일도 있었다. 왜냐하면, 몽골에서 이런 모습을 본 적이 없기 때문이다. 또한 2007년에는 용인부속외고 학생들이 자체적으로 바가노르구 조림장을 방문하여 국제환경봉사를 위한 프로그램을 진행했다. 그 과정에서 주민과 학생을 대상으로 나무를 심는 단체를 아는지 설문조사를 한 적이 있다. 그 결과 조사에 참가한 모든 사람이 푸른아시아(당시 시민정보미디어센터)를 알고 있어서 매우 놀랐다는 얘기를 전해들었다. 한편, 2008년부터는 바가노르구 초등학교에 환경교육을 돕기 위해 환경교육관련 정보나 소품 제공, 프로그램 기획을 지원하고 있으며, 나무 심는 분위기를 확산하기 위해 학생들을 대상으로 피티병의 절반을 잘라 흙을 채우고, 1년간 묘목을 잘 키우면 그 묘목을 구입해주는 '묘목은행' 프로그램을 진행하고 있다.
- 2008년 7월, 바양노르군에서는 바양노르학교 학생 32명을 대상으로 '마을에서 세계를 구하자'는 모토를 내걸고 여름학교를 열었다. 푸른아시아의 몽골 현지 실무자들과 몽골과학기술대학의 환경동아리인 '마이클럽'의 대학생들이 함께 4박5일의 일정으로 진행한 여름학교는 '바양노르 마을 보물탐험', '2070년에서 온 편지', '생태지도 만들기', 야채시식회 등의

〈사진 8-7〉 바양노르군 여름학교 참가 학생들의 발표와 놀이(2008.7)

프로그램과 몽골 역사, 한글교육, 컴퓨터교육 등을 병행했다. 참가자인 사란토야(10세)는 "여름학교를 통해 고향을 보호하고, 사랑하는 법을 배웠다. 꿈과 희망을 갖고 마을과 세계에 필요한 사람이 되겠다"며, 참가 소감을 밝혔다.

- 이어서 2008년 9월에는 바양노르군에서 '환경은 우리의 미래'라는 주제로 주민 전체를 대상으로 하는 환경축제를 바양노르군청, 바양노르학교와 함께 개최했다. 매년 가을이면 지역에서 재배된 야채나 유제품 판매하여 이웃과 나눠먹었던 기존의 지역 축제에 생태마을로 거듭나기 위한 바양노르 주민의 환경 의지가 결합되어 환경축제로 재탄생한 것이다. 주요 프로그램은 환경그림 및 글짓기 전시회, 지역향토음식 판매, 재활용품을 활용한 나눔운동 실천, 에코운동회 등이며, 어린이부터 어른까지 모든 주민들이 참여하였다. 지역 주민들은 텃밭에서 정성스럽게 재배한 야채들과 몽골의 역사가 담긴 전통 유제품들을 가지고 나왔다. 질도 좋고, 값까지 싼 향토생산물은 인기가 좋아 행사 시작 한 시간 만에 준비된 음식이 모두 팔려나갔다. 판매대에 놓인 야채와 전통 유제품들은 유목과 농경문화의 조화, 지역경제 활성화의 작은 가능성을 보여주었다. 프로그램 중 많은 인기를 모았던 바자회는 푸른아시아가 한국 시민들에게 기증받은 재활용 의류 등을 바양노르 주민에게 저렴한 가격으로 판매했다. 그리고 수익금 전액은 바양노르 어린이 도서 구입에 기부했다. 바자회에 참가한 바양노르 주민들은 저렴한 가격으로 옷을 구매하게 되어 생활에 보탬이 많이 되었고, 바자회 수익금이 마을 어린이를 위한 도서 구입에 사용되

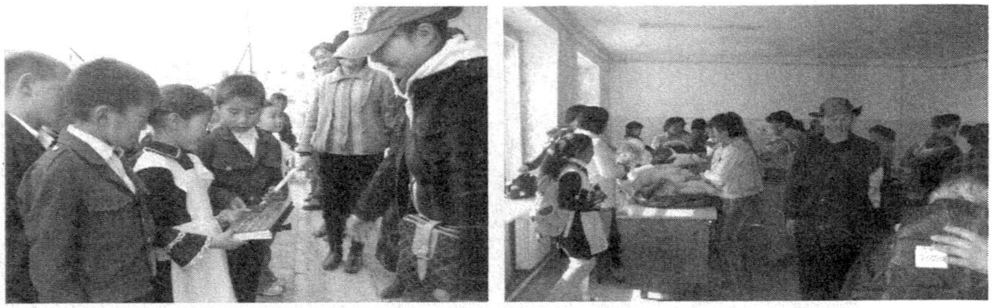

〈사진 8-8〉 바양노르군 여름학교 참가 학생들의 발표와 놀이(2008.7)

어 더 큰 보람을 느꼈다고 소감을 밝혔다.

2 사막화 방지사업의 특성

사막화 방지사업은 국제적 환경운동이라는 특성을 기본 축으로 하여 몇 가지 특성을 함께 가지고 있다. 이러한 특성을 조금 구체적으로 구분, 정리하면 다음과 같다.

첫째, 국제적인(sub-regional) 환경협력사업이다.

사막화와 황사라는 동전의 양면인 환경문제가 국경을 넘어 동북아 역내 국가에 영향을 미치고 있고, 원인 발생 지역인 몽골의 힘만으로는 문제를 해결할 수 없기 때문에 국제적 협력이 필요하다. 더구나 그 피해가 점점 더 확대될 것이 확실한 상황이므로 이에 대한 공동 대응은 불가피하다.

둘째, 저개발국가에 대한 지원사업(ODA, 공적 개발원조)이다.

UN을 비롯한 국제NGO들은 지원 대상을 보다 폭넓은 관점에서 선정하며, 해당 국가의 특성을 고려한 발전방식에 관심을 갖는다. 그리고 하드웨어보다는 교육과 역량개발(empowerment) 등의 소프트웨어 개발과 지원에 비중을 둔다. 이런 특성을 고려할 때, 몽골의 사막화 방지를 위한 우리나라의 지원에 있어 정부와 민간차원을 아우르는 보다 효율적인 방식을 모색할 필요가 있다.

셋째, 지속가능한 발전(sustainable development)을 위한 사업이다.

지속가능한 발전은 일반적으로 경제발전과 환경보전 그리고 사회통합의 유기적 결합을 통해 이루어진다. 즉 사막화 방지사업을 환경보전의 측면에 국한하여 접근하거나 대안으로서 조림사업만을 상정할 경우 사업의 지속성을 확보하기 어렵다. 또한 사막화 방지사업은 조림을 통해 이산화탄소를 흡수한다는 측면에서 기후변화에 대응하는 사업이다. 동시에 이와 연관하여 지구의 공공자원을 확대재생산 한다는 측면에서는 지구공공재(global common goods)의 증대에 기여하는 사업이다.

넷째, 민간차원의 외교활동이다.

사막화 방지사업을 추진하는 과정에서 해당 기관은 상대국 정부와 지자체, 언론과 전문가, NGO, 지역주민들과 다양한 측면에서 다차원적 관계를 형성한다. 그리고 상대국의 환경보전이나 지역개발을 지원하는 사업의 특성상 일반적으로 우호 관계를 형성한다. 또한 조림과정에 우리나라에서 많은 시민, 직장인, 학생들이 참가하여 함께 나무를 심기 때문에 양국간 민간교류가 자연스럽게 이루어진다. 그리고 교류의 내용 또한 나무심기를 넘어, 문화, 교육, 물품 지원 등 다양한 차원에서 진행된다. 그리고 교류의 방향이 지원국(한국)에서 저개발국(몽골)으로 일방적으로 흐르지 않는다. 교류의 과정에서 참가자들이 국제환경문제의 실상을 이해하고, 상대국 문화와 사람에 대한 이해를 높여주는 기능을 담당한다. [그림 8-6]은 사막화 방지사업의 특성을 정리한 것이다.

[그림 8-6] 사막화방지사업의 특성

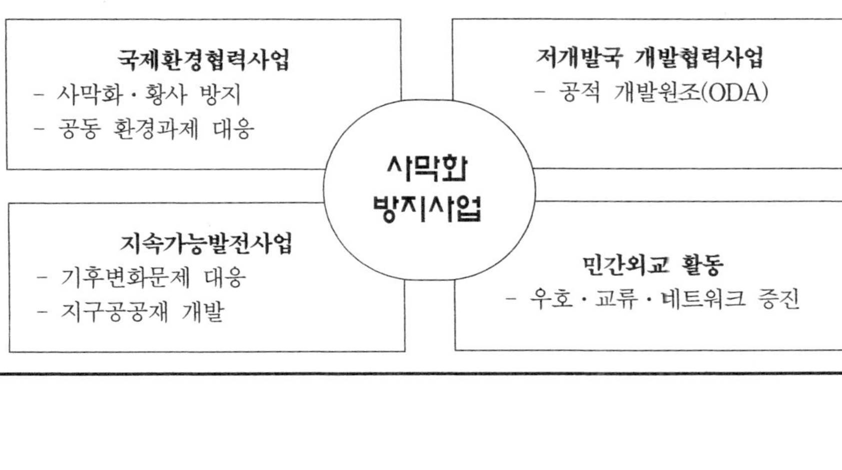

제 4 절 거버넌스 관점에서 본 사막화 방지사업

푸른아시아가 지금까지 추진한 사막화 방지사업을 거버넌스의 측면에서 정리해보겠다. 이해와 분석의 편의를 위해 국내와 몽골에서 이루어지는 국제환경거버넌스를 구분한다. 그리고 거버넌스의 대상은 섹터별로 구분하였으며, 거버넌스의 대상기관은 사업에 있어 주요하고 차별적인 역할을 담당하는 곳으로 한정하였다.

1 국내 거버넌스

1) 제1섹터(정부, 국회)

(1) 외교통상부 · KOICA

외교통상부의 경우, 저개발국지원사업의 일환으로 산하기관인 KOICA를 통해 매칭방식으로 바양노르군의 조림사업에 소요되는 일부 예산을 2년(2007~2008년)간 지원하고 있다. 그리고 현지 외교공관을 통해서도 조림사업에 대한 홍보와 행정지원, 현지네트워크 소개 등의 방식으로 지원하고 있다. 이는 최근 몽골 내에서 한국에 대한 부정적 인식이 확산되면서 몽골에 대한 우호적 지원사업인 사막화 방지사업이 성과를 거둘 경우 긍정적 이미지를 확산하는 데 기여한다는 민간외교의 역할을 고려한 것으로 보인다. 또한 NGO가 몽골 내에서 추진하는 사업과정에서 다양한 몽골네트워크를 형성하고 있어, 정부를 비롯한 한국의 지원을 알리는 데도 기여할 수 있음을 함께 고려한 것이라 판단한다.

(2) 산림청

산림청은 지난 2006년부터 몽골그린벨트조성을 지원하기 위한 사업을 진행하고 있다. 산림청이 추진하는 사업에 그동안 축적된 푸른아시아의 경험을 전달하기도 하고, 산림청으로부터 몽골정부의 산림관련 정책 방향이나 사업 추진에 필요한 정보를 제공받기도 한다.

(3) **환경부(국립환경연구원)**

환경부가 황사대책에 있어 정부의 주무부처이며, 주로 황사모니터링과 예·경보에 관한 업무를 담당하고 있다. 따라서 조림사업을 추진하기보다는 몽골사막화의 원인을 조사(07-08년)하고, 장기적인 관점에서 사막화 저감 등의 대응 방안을 연구(08-09년)하는 과제에 있어서는 상호 협력관계를 유지하고 있다.

(4) **국회 환경노동위원회**

2006년, 푸른아시아는 황사 저감을 위한 대응정책을 개발하여 국회 관련 의원들에게 제안하였다. 배일도의원을 비롯하여 환경노동위원회 의원들을 중심으로 사막화 방지를 위한 조림사업의 필요성에 대한 공감대가 형성되었다. 이후 11명의 국회의원이 몽골의 사막화 현장을 방문하고, 몽골정부와 향후 협력사업을 위한 협약을 체결하였다. 물론 조림사업에 있어서 그 성과가 구체적으로 연계되지는 않았으나 정치권에서 사막화문제에 대한 공론화가 이루어졌고, 황사대책을 위한 예산이 증액되는 성과가 있었다.

2) 제2섹터(기업)

(1) **대한항공**

2003년 대한항공의 제안으로 2004년부터 시작된 바가노르구에서의 사막화 방지 조림사업은 기존의 간헐적이거나 일부 기금의 지원으로 그쳤던 기업과의 협력관계를 넘어서는 새로운 방식이었다. 신입사원의 해외연수를 보다 의미있는 방식으로 진행하려던 기업의 고민이 사막화 방지를 위한 조림사업 참가와 연계되었다. 2004년 5월 이후 매년 5월에 진행된 조림프로그램은 푸른아시아가 기획 및 진행을 담당한다. 대기업의 입장에서 NGO가 제시한 프로그램의 취지를 최대한 수용함으로써 매우 성공적으로 진행되고 있다.

대한항공의 입장에서 보면, 항공사라는 특성과 함께 다른 기업과의 차별성을 유지할 수 있는 사회공헌활동의 아이템으로 선정한 것이라 볼 수 있다. 몽골에서 대한항공의 인지도는 매우 높다. 몽골이 1990년 자본주의로 전환한 이후 최초로 항공기를 무상 제공한 곳이자 한진그룹을 통해 진행된 몽골 학생들에 대한 장학사업과 의료지원사업 등을 통해 이미 상당한 인지도와 높은 호감도가 형성되어 있다. 대한항공과의 정기적인 프로그램 진행을 통해 몽골 내에서 사막화 방지 조림사업의 공신력이 더욱 높아졌다. '대한항공의 숲' 조성 프로그램을 추진해온 대한항공의 담당자들과 열악한 현지 사정(숙박, 음식, 황사 등)에도 불구하고 참가한 직원들의 평가 또한 긍정적이어서 NGO와 기업 간의 모범적인 협력사업의 사례로 평가받고 있다.

(2) 요코하마타이어코리아

요코하마타이어코리아는 외국계기업으로는 처음으로 사막화 방지사업에 기금 지원의 방식으로 참가했다. 기존에 다양한 사회공헌활동을 추진한 경험을 갖고 있는 상황에서 한국의 환경문제 해결에 기여할 수 있는 아이템으로 황사 저감사업을 선정하고, 직접 지원의사를 밝힌 특별한 경우이다. 2008년 5월, 아시아 평화를 위한 '요코하마타이어코리아의 숲'을 바양노르군의 조림장 내에 조성하였다. 이후 사업 지속을 위한 방안을 적극적으로 검토하고 있다.

(3) 언 론

사막화 방지라는 낯선 개념이 시민들에게 널리 알려지기 위해서는 언론의 역할이 매우 중요하다. 국내 언론 또한 초기에는 황사 저감의 측면에서만 사막화문제에 접근하였고, 그 결과 사막화관련 보도는 황사가 몰아치는 봄철에 집중되었다. 하지만 2007년 2월, 방송사와 중앙일간지에 소속된 환경담당기자 14명이 몽골의 사막화 현장을 취재하면서 사막화의 현황과 심각성에 대한 보도가 이어졌다. 이로 인해 국내에서 사막화 대응의 필요성에 대한 정부와 시민들의 인식이 상당 부분 개선되었다.

3) 제3섹터(시민사회)

(1) 인천환경원탁회의(이하 원탁회의), (사)한국희망재단

원탁회의는 인천광역시에서 환경문제를 거버넌스 방식으로 해결하기 위해 민·관·기업의 20여개 기관 및 단체로 구성된 협의기구이다. 인천광역시 내의 환경문제 해결을 위해 노력하던 중, 2007년에는 인천광역시가 황사의 피해를 가장 많이 입고 있는 지역 중 하나라는 사실에 주목하여 사막화 방지사업에 관심을 갖게 되었다. 그리고 사업추진 방식을 협의하는 과정에서 푸른아시아의 사업 경험과 현황을 접하게 되면서 민간부문에서 역할 분담이라는 방식을 적용하기로 결정했다. 즉 사막화방지를 위한 기금 마련을 원탁회의가 담당하고, 조림사업의 추진과 관리를 전문성을 갖춘 단체에 맡기는 것이다. 사실 국내 시민운동의 경험을 돌아보면, 유사한 성격과 목적의 사업을 여러 단체가 동시에 추진하면서 사업의 효율성이 떨어지거나 갈등의 요인이 되는 경우가 많았다. 이런 측면에서 원탁회의와 푸른아시아의 협력사업방식은 시민사회단체 간의 협력모델이라는 측면에서도 중요한 의미가 있다.

(사)한국희망재단은 아프리카에서 빈곤 저감사업을 추진하고 있는 단체로서 사막화 방지사업의 취지에 공감하여 기금을 지원한 경우이다. 2008년 바양노르조림장 내에 '한국희망재단의 숲'을 조성하였다.

(2) 지방의제21

지역의 지속가능한 발전을 위해 민관파트너십으로 구성된 기구인 지방

〈사진 8-9〉 충청남도와 군포시 지방의제21 관계자들의 식수 및 주민과의 교류 활동(2008.6)

의제21은 기후변화대응 사업 차원에서 사막화 방지사업에 관심을 갖고 있다. 여기에 우리나라 지방의제21의 성과를 동아시아 저개발국에 전수하고자 하는 의지가 더해지고 있다. 2008년 6-7월, 충청남도, 군포시, 화성시의 지방의제21 관계자들이 바양노르조림장을 방문하여 지역 주민들과 함께 나무를 심고, 교류프로그램을 진행하였다.

2 몽골내 거버넌스(국제적 거버넌스)

1) 제1섹터

(1) 몽골 자연환경부, 국가그린벨트사업국[9)]

사막화 방지사업의 추진에 있어 몽골 정부측 파트너는 자연환경부이다. 사업협의는 주로 자연환경부의 국제협력국과 진행하며, 사업 추진에 필요한 정보 및 행정지원을 담당한다. 바양노르군과 울란바타르 성긴지역 조림장의 경우, 토지임차협약의 파트너로서 자연환경부 차관이 서명했다. 이는 사막화방지 사업에 대해 몽골 정부가 보증한다는 사실을 공증하기 위한 것이다. 그리고 사막화방지사업에 관한 정보를 제공하면, 정부보고서 및 유엔사막화방지협약(UNCCD)에 제출하는 국가보고서에 기록한다.

국가그린벨트사업국은 그린벨트조성사업의 주무기관으로서 조림사업을 그린벨트조성지역에서 진행하기로 합의한 경우, 사업지역 및 조림사업 관련 정보를 제공하거나 지역에서의 사업 수행에 필요한 사항에 대해 지자체의 협력을 이끌어내는 역할을 담당한다. 바양노르군과의 토지임차협약에는 국가그린벨트사업국장이 정부를 대표하여 서명했다.

(2) 몽골국립대 위성탐사연구소, 몽골지리생태연구소 등

몽골의 전문가집단으로서 사막화 및 조림에 관한 정보와 자문을 제공해

---

9) 그린벨트사업은 몽골의 사막화 및 황사방지를 위해 2005-2035 기간에 고비사막(스텝)지역을 동서 3,700㎞의 산림대로 연결하는 녹지조성사업이다. 국가그린벨트사업국은 이 사업을 총괄하는 자연환경부 산하기관이다.

〈사진 8-10〉 조림협약식장에서의 훈장 수여(2008.5), 몽골과학자들과의 사막화방지 세미나(2007.11)

준다. 몽골국립대의 원격탐사연구소는 몽골의 사막화 동향을 비롯하여 자연환경의 변화 등을 위성자료를 통해 알려주었다. 몽골지리생태연구소는 정부산하연구기관으로서 몽골의 사막화 원인 분석, 수자원 동향, 건조지역 조림에 적절한 수종 등의 정보를 제공해준다. 물론 무료나 자원봉사의 형태가 아니라 일정한 비용이나 대가를 제공한다. 이외에도 몽골의 산림 및 농업 관련 교수 등의 전문가로부터 수시로 자문을 받고 있다.

(3) **지방정부(울란바타르시 바가노르구와 항얼구, 불간도 바양노르군)**

조림사업이 진행되는 지역의 지방정부는 조림을 위한 토지임차협약의 대상기관이자, 사업추진에 있어 가장 접촉이 많은 공공기관이다. 지역관련 정보 제공, 주민 대상의 사업 홍보, 현장에서의 행정지원 등을 담당한다.

울란바타르시 바가노르구는 푸른아시아가 지난 6년간 조림사업을 진행한 곳이다. 푸른아시아와 지방정부의 사업협력관계에 있어 가장 유기적 관계를 형성한 곳이기도 하다. 특징적인 것은 바가노르구와는 조림사업협약을 체결했을 뿐 토지임차협약을 맺지 않고 사업을 진행하고 있다는 점이다. 예를 들어, 조림지역을 확장할 경우 사전에 상호 협의를 통해 조림대상 부지를 결정할 정도로 신뢰가 형성되어 있다. 또한 바가노르구는 매년 1,000만원 정도의 구청 예산을 투입하여 조림장 물주기, 겨울나기용 톱밥 덮기 등을 담당하고 있어 사업상의 역할 분담도 상당 수준 이루어져 있다. 그리고 이러한 노력이 성과를 거두어 2006년에는 울란바타르시의 최우수공원으로 선정되었다. 물론 그러한 결과가 자연적으로 형성된 것은 아니다. 1차적으로는 조림 초기부터 지속적으로 조림사업을 통해 얻게 될 지역의 기대 효과를 설명하고, 지방정부의 자발적 참여가 향후 더 많은 지원을 이끌어 낼 것이라는 설득의 효과이다. 두 번째는 역할 분담이 이루어지지 않으면 조림지를 옮기겠다는 약간의 위협적(?) 발언이 효과를 본 것이다. 바가누르 구청은 보통 조림이 진행되는 5월 조림기간에 지역 내 기관들이 구덩이파기 등에 참가하도록 지시하고, 조림행사에 지역학생들이 참여할 수 있도록 조정 역할을 담당한다. 일상적인 관리는 바가노르구청이 지역 업체에 위탁하여 진행하며, 인건비는 푸른아시아가 지급한다. 그리고 바가노르구청은 조림장의 관리 현황을 매월 말 푸른아시아 지부에 보고하며, 지부는 매월 1회 현지 점검을 통해 보고 내용을 확인한다.

2) 제2섹터: 언론(신문, 방송)

2008년 7-8월, 푸른아시아는 몽골의 최대 일간지인 '우누두르'('오늘'이라는 의미)에 사막화의 현황과 대응방안이라는 제목으로 5회에 걸쳐 연재하였다. 외국의 단체가 몽골의 현안에 대해 분석하고 대안을 제시하는 일은 매우 드문 일이라고 한다. 우누두르신문사의 인터넷판에는 댓글이 많이 달렸는데, 그 중에는 "정말 이렇게 심각한 줄은 몰랐다. 알려줘서 고맙다", "먹고 살기도 힘든데 나무는 무슨 나무냐", "몽골 공무원들이 해외의 지원

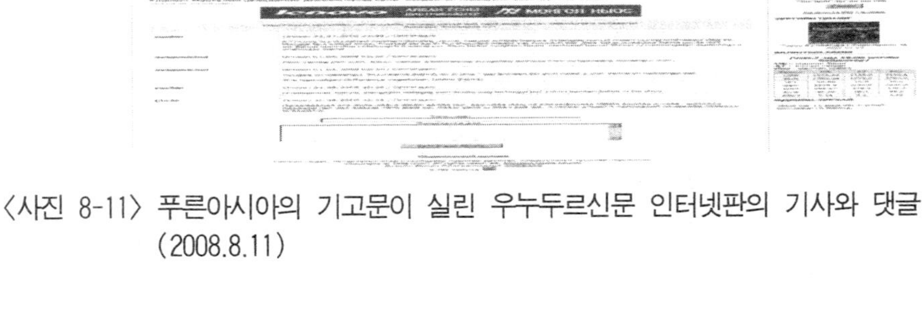

〈사진 8-11〉 푸른아시아의 기고문이 실린 우누두르신문 인터넷판의 기사와 댓글 (2008.8.11)

을 투명하게 집행하지 않은 문제가 있다" 등의 다양한 반응이 있었다. 연재에 대한 독자들의 반응이 좋았는지, 해당 신문사에서는 향후 새로운 기사 기획이나 환경포럼 등에서의 발표를 제안했다. 방송의 경우, 조림이 본격적으로 진행되는 5월에 참가자 인터뷰 등의 방식으로 행사를 소개한다.

3) 제3섹터

(1) 몽골NGO(My Club, GNC몽골)

My Club은 몽골 최초의 '대학생 환경동아리'이다. 몽골국립과학기술대의 세르다람교수가 2007년에 결성하였고, 나무심기와 환경수업, 저소득층 봉사활동 등을 진행하고 있다. 세르다람교수는 한국 유학시절, 나무심기의 중요성을 인식하였고, 푸른아시아의 활동에도 관심을 갖고 있어 단체를 방문하였다. 당시 귀국하면 꼭 환경단체를 만들어 몽골의 사막화를 막아보겠다는 의지를 실행에 옮긴 것이다. 그리고 환경활동을 할 경우 푸른아시아와의 협력을 요청했고, 푸른아시아는 정말 기쁜 마음으로 수락했다. 그 결과, 2008년 5월과 6월, 100여명의 대학생과 5명의 교수진이 2박3일의 일정으로 바가노르군 조림장에서 자원봉사를 하였다. 인상적인 것은 푸른아시아가 지원한 차량대여비를 제외하고, 필요한 경비를 자체적으로 기업 후원을 받아서 프로그램을 진행했고, 작업과 식사 등의 과정을 자율적으로 추진했다는 것이다. 그리고 2008년 7월에는 바양노르군에서 진행한 초등학생 대상의 '여름캠프'에 5명의 대학생이 자원교사로 참가하였다.

〈사진 8-12〉 몽골 대학생 환경동아리'MY CLUB'의 조림봉사활동, 바양노르군 조림장(2008.5)

GNC몽골은 일본의 NGO인 GNC(Green Network for Co-existence)의 몽골지부이다. 직장을 가진 무급 스태프 4명이 비상근으로 근무하고 있으며, 약 10여년 전부터 울란바타르시를 비롯하여 몽골의 4개 지역에서 조림과 양묘작업을 진행하고 있다. 푸른아시아와는 조림사업 관련 정보를 교류하는 파트너이다.

(2) 해외민관기관(GTZ, SDC, 요코하마시립대정책NGO, GNC)

GTZ는 독일의 저개발국 지원을 담당하는 기관이다. 8년 전부터 몽골에서 사막화방지를 위한 초지관리 및 자연자원 보호와 이용 등의 프로젝트를 진행하고 있다. 푸른아시아와는 정보를 교류하고 있으며, 향후 공동프로젝트 추진을 협의하고 있다.

SDC는 스위스의 저개발국 지원담당기관이다. 2007년부터 몽골 각지에서 조림과 초지관리 및 빈곤저감 사업을 진행하고 있으며, 푸른아시아와 정보를 교류하고 있다.

요코하마시립대정책NGO는 2000년부터 조림사업을 함께 진행한 일본의 파트너단체이다. 2007년부터는 사업방식에 차이가 있어 독자적으로 사업을 진행하고 있지만, 정보 공유를 지속하면서 향후의 협력사업 방안을 모색하고 있다.

GNC는 몽골 자연보호 및 사막화 방지를 목적으로 결성된 일본의 NGO이다. 1997년부터 몽골에 진출하여 환경보전을 위한 조림사업을 진행하고 있다. 푸른아시아와는 조림관련 정보를 교류하는 파트너이자, 선의의 경쟁(?)관계이다.

(3) 몽골한인회

NGO가 해외에 진출할 경우, 현지 정보가 부족한 초기에는 현지 한인회의 도움을 많이 받게 된다. 푸른아시아의 경우도 몽골 관련 정보나 조림사업에 있어 한인회의 도움을 받았다. 2001년에는 한인회가 소개한 교회에서 한·일·몽 문화교류프로그램을 진행하였고, 2002년과 2003년에는 한인회가 관리하고 있는 이태준박사기념공원에 나무를 함께 심었다. 이후 지속적으로 조림을 해온 푸른아시아의 사막화 방지사업에 대한 관심과 신뢰도 높아졌다. 그 결과, 일부 한인들은 자녀들이 조림장에서 자원봉사하는 방안을 묻기도 하고, 영어실력이 뛰어난 자신의 자녀를 몽골지부에서 자원봉사자

[그림 8-7] 푸른아시아 몽골 사막화 방지사업의 거버넌스 구조

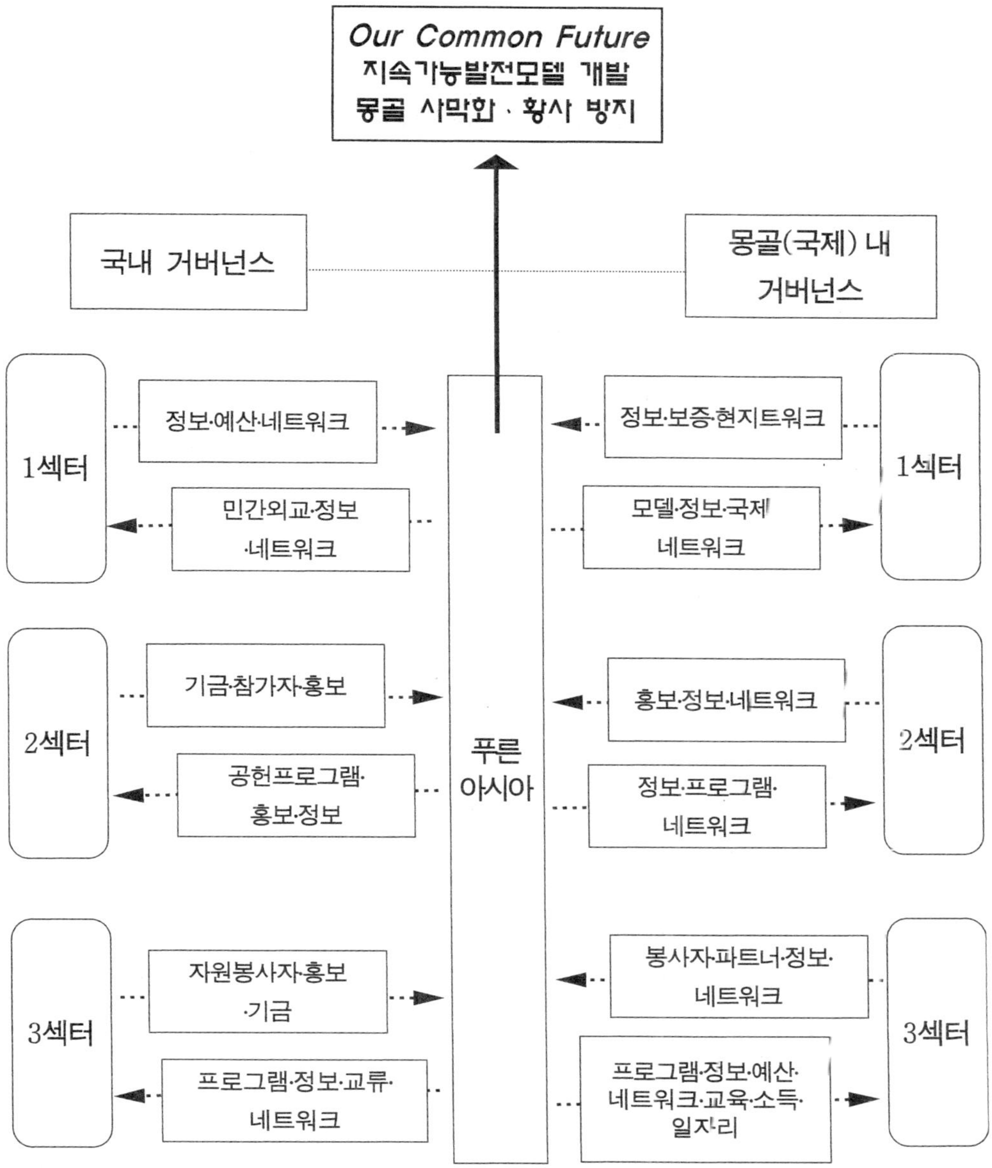

로 일하도록 하는 분들도 있다.

이상에서 정리한 푸른아시아의 사막화방지사업과 관련된 거버넌스의 관계를 개략적으로 정리하면 앞의 [그림 8-7]과 같다.

제 5 절 사막화 방지를 위한 새로운 도전, 국제환경거버넌스 제안

몽골정부는 2005년부터 3,700Km의 녹색장벽을 구축하기 위한 그린벨트 사업을 시작했다. 하지만 몽골에는 사막화라는 거대한 문제를 해결할 재원과 기술 등 주체적 역량이 절대적으로 부족하다. 따라서 이 사업의 성공 여부는 동북아지역 나아가 지구적인 협력시스템, 즉 글로벌환경거버넌스의 형성에 달려있다. 특히 동북아시아가 하나의 공동기후권(Bio-Region)이라는 인식에 기초하여 사막화 방지사업의 협력 추진을 새로운 지역협력의 비전으로 끌어들일 필요가 있다.

동북아시아 특히 일본과 한국, 중국의 급격한 공업화는 지구온난화를 가속화시키고 중국과 몽골 내에서의 이상기후를 더욱 빈발하게 만들고 있다. 이로 인해 몽골의 경우, 식생변화는 물론 때 아닌 홍수가 발생하여 초지를 침식시켜 더욱 황폐화시키고 있다. 지구온난화의 가장 큰 피해자가 저개발국이듯이 동북아시아의 경우 몽골이 가장 큰 피해를 보고 있다. 따라서 한국과 일본 그리고 대만의 사막화 방지사업에 대한 지원은 지구적 환경문제에 대한 공동대응 차원으로 패러다임을 전환해야 한다.

한편 대륙별 사막화 면적의 비율을 보면, 아시아가 가장 높다.[10] 그리고 사막화의 진행속도 또한 가장 빠르다. 이런 측면에서 아시아의 공동 환경과제인 사막화 문제해결을 위한 대안으로 범아시아 차원의 대응기제로서

10) UNEP에 따르면, 대륙별 사막화 면적은 아시아 16억 7200만ha, 아프리카 12억 8600만ha, 북미 7억 3200만ha, 호주 6억 6300만ha, 남미 5억 1600만ha, 유럽 3억ha 등의 순이다,

'테라시아프로젝트'를 모색할 필요가 있다. 테라시아프로젝트는 사막화·황사방지를 위한 범아시아네트워크를 의미한다(오기출, 2007)

테라시아프로젝트에는 해당 정부, 관련 NGO, UNDP 등 유엔의 관련기구, 지구환경기금(GEF), 아시아개발은행(ADB), 기업, 세계은행 등으로 구성할 수 있고, 기획과 계획은 참여하는 기구들의 대표들이 위임한 실행기구가 설계하고 추진할 수 있다. 테라시아프로젝트는 동북아시아의 환경문제 해결과 아시아 차원의 공동 환경문제인 사막화 문제의 해결과 연계할 때, 더욱 탄력을 받을 수 있다. 그리고 아프리카의 토양퇴화를 막기 위해 이미 구성되어 있는 테라프리카프로젝트와 연계할 경우, 지구적 차원의 환경문제 해결을 위한 대안적 기구의 기능을 수행할 수 있다. [그림 8-8](시민정보미디어센터, 2008)은 이러한 필요성에 기초하여 사막화방지를 위한 국제환경거버넌스의 모델을 푸른아시아가 설계해본 것이다.

[그림 8-8] 사막화방지 국제환경거버넌스 모델로서의 테라시아프로젝트

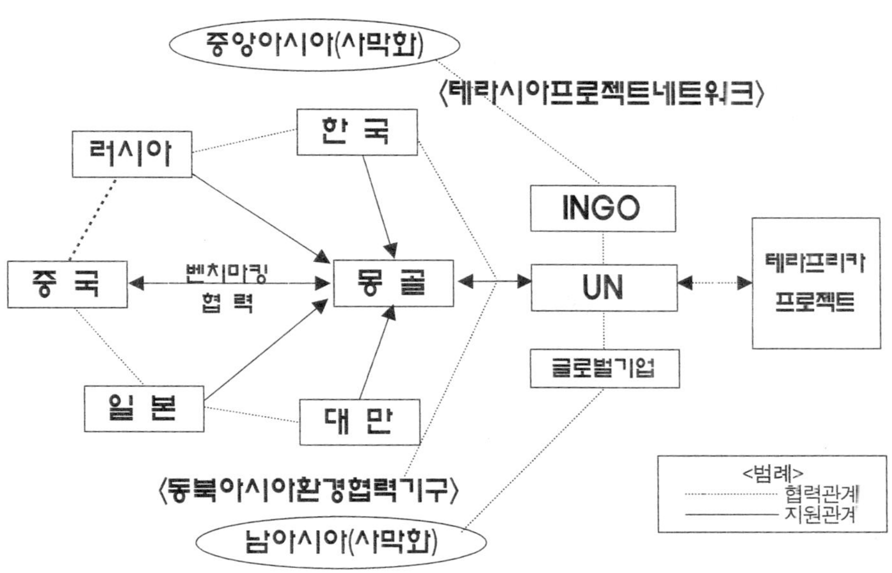

제 6 절 맺음말

일반적으로 NGO・NPO는 정부(제1섹터)와 기업(제2섹터)이 그 고유의 특성으로 인해 하지 않거나 할 수 없는 일을 수행한다. 하지만 환경문제의 경우에는 네트워크와 거버넌스는 필수요소이자 전제로 설정해야 한다. 국제환경문제의 경우는 더욱 그렇다. 앞에서 소개한 푸른아시아의 지난 10년간의 사막화・황사방지를 위한 사업 경험에 기초할 때 더더욱 그렇다.

한국의 시민사회 혹은 NGO들에게 있어 국제적 환경문제 해결을 위해 국경을 넘어 문제를 공유하고, 함께 해결방안을 모색하고, 모델을 만들고 확산하는 과정은 국내의 거버넌스 영역을 넘어서면 대부분이 전인미답의 영역이다. 따라서 사막화 방지를 위한 푸른아시아의 향후 사업은 글로벌환경거버넌스의 가능성과 한계를 시험하는 새로운 도전의 과정이 될 것이다.

푸른아시아는 앞으로 '우주선 지구호'에 타고 있는 더 많은 어리석은 이(愚公)들과 손을 잡고 보다 폭넓은 거버넌스를 형성하여 사막화의 저지에 도전할 것이다. 그리고 국제환경사업에 있어 몽골인들과 또 다른 환경문제를 안고 있는 국가의 시민들이 문제 해결의 주역으로서 활동하는 것을 제1의 목표로 설정하고, 그 목표에 이를 때까지 노력할 것이다.

참고 문헌

시민정보미디어센터.(2008). 「몽골황사발생 현황조사 및 대응사업 추진방안연구」.
오기출.(2007. 3). 동아시아 사막화・황사방지 전략과제, 시민정보미디어센터.

제 9 장 국제개발협력에서의 협력적 거버넌스: 지구촌나눔운동 몽골사업

한재광

제 1 절 국제사회에서의 국제개발협력의 변화

국제사회에서는 1960년대 OECD/DAC의 설립 이후 개발원조를 통한 전 지구적 빈곤문제해결을 주요 과제로 다루어왔다. 70년대와 80~90년대 국제사회에서의 빈곤문제해결을 위한 많은 노력들이 실행된 이후, 2000년 제56차 UN총회에서 새천년개발목표 MDG(Millenium Development Goals)가 발표되어, 전 지구적 빈곤문제해결을 위한 8개의 구체적 목표가 설정되었다. 2002년 요하네스버그에서 개최되었던 사회개발정상회담(WSSD)에서는 지속가능발전이 가장 중요한 목표로서 제시되었으며, 이를 위한 ODA 증액과 시민사회참여가 강조되었다. 2002년 멕시코 몬테레이에서는 국제개발재원회의가, 2005년에는 원조 효과성을 높이기 위한 파리선언이 있었고, 2005년 9월에는 UN정상회담이 개최되어 2000년 MDG 선언 이후의 5년간의 진행사항을 중간점검하고, 이후의 과제에 대해 구체적인 논의를 하는 등 UN을 중심으로 한 국제기구와 각국 정부의 노력이 진행되어 왔다. 최근 2008년 9월에는 가나의 아크라에서 원조효과성을 논의하는 회의가 진행되었다. 이와 같은 국제기구 중심의 활동 외에 OECD/DAC의 회원국인 선

〈표 9-1〉 OECD/DAC 회원국의 2006년과 2010년의 GNI/ODA 증액안[1)]

	2004		Assumptions	2006				2010			
	Net ODA (2004 US$ m)	ODA/GNI		Net ODA (2004 US$ m)	ODA/GNI	Real change in ODA compared with 2004		Net ODA (2004 US$ m)	ODA/GNI	Real change in ODA compared with 2004	
						(2004 US$ m)	Per cent			(2004 US$ m)	Per cent
Austria	678	0.23%	0.33% in 2006 and 0.51% in 2010	1 090	0.33%	322	48%	1 673	0.51%	995	147%
Belgium[1]	1 463	0.41%	0.7% in 2010	1 815	0.49%	351	24%	2 807	0.70%	1 344	92%
Denmark	2 037	0.85%	Minimum 0.8%	2 037	0.81%	0	0%	2 185	0.80%	148	7%
Finland[1, 2]	655	0.35%	0.44% in 2007 and 0.7% in 2010	797	0.41%	141	22%	1 475	0.70%	820	125%
France[1]	8 473	0.41%	0.5% in 2007 and 0.7% in 2012	9 983	0.47%	1 510	18%	14 110	0.61%	5 638	67%
Germany	7 534	0.28%	0.33% in 2006 and 0.51% in 2010	9 271	0.33%	1 737	23%	15 509	0.51%	7 975	106%
Greece	465	0.23%	0.33% in 2006 and 0.51% in 2010	715	0.33%	251	54%	1 196	0.51%	732	158%
Ireland[1]	607	0.39%	0.5% in 2007 and 0.7% in 2012	765	0.44%	158	26%	1 121	0.60%	514	85%
Italy	2 462	0.15%	0.33% in 2006 and 0.51% in 2010	5 537	0.33%	3 075	125%	9 262	0.51%	6 801	276%
Luxembourg[1]	236	0.83%	1% in 2009	272	0.90%	36	15%	328	1.00%	93	39%
Netherlands	4 204	0.73%	Minimum 0.8%[8]	4 801	0.82%	598	14%	5 070	0.80%	867	21%
Portugal[6]	1 031	0.63%	0.33% in 2006 and 0.51% in 2010	558	0.33%	-474	-46%	933	0.51%	-98	-10%
Spain[1, 2]	2 437	0.24%	0.5% in 2008 and 0.7% in 2012	3 569	0.33%	1 132	46%	6 925	0.59%	4 488	184%
Sweden	2 722	0.78%	1% in 2006	3 719	1.00%	997	37%	4 025	1.00%	1 303	48%
United Kingdom[1, 2]	7 883	0.36%	0.47% in 2007-08 and 0.7% in 2013	9 602	0.42%	1 719	22%	14 600	0.59%	6 717	85%
EU members, total	42 886	0.35%		54 440	0.43%	11 554	27%	81 221	0.59%	38 335	89%
Australia	1 460	0.25%	0.36% in 2010	1 768	0.28%	308	21%	2 460	0.36%	1 000	68%
Canada[4]	2 599	0.27%	See footnote 4	2 897	0.28%	297	11%	3 648	0.33%	1 049	40%
Japan[5]	8 906	0.19%	See footnote 5	9 906	0.20%	1 000	11%	11 906	0.22%	3 000	34%
New Zealand	212	0.23%	0.27% in 2005-06 and 0.28% in 2007-08	258	0.27%	46	22%	289	0.28%	77	36%
Norway	2 199	0.87%	1% over 2006-09	2 657	1.00%	458	21%	2 876	1.00%	677	31%
Switzerland[6]	1 545	0.41%	See footnote 6	1 596	0.41%	51	3%	1 728	0.41%	182	12%
United States[7]	19 705	0.17%	See footnote 7	24 000	0.19%	4 295	22%	24 000	0.18%	4 295	22%
DAC members, total	79 612	0.26%		97 520	0.30%	18 008	23%	128 128	0.36%	48 616	61%

출처: OECD/DAC(2005), Development Co-operation Report.

진원조 공여국들은 개별 국가별로 개발원조에서 가장 중요하게 평가되는 GNI 대비 ODA 집행에 대한 목표를 설정하고 이를 위한 구체적 계획들을 발표하였다.

국제사회에서는 ODA/GNI 이외에도 타이드/언타이드 문제, 위험국가에서의 개발, 다양한 개발재원의 동원, 원조효과성 제고를 위한 남북반구 시민사회의 협력, PPP, 미디어의 참여 등의 전통적인 문제와 신규문제들을 가지고 지속적인 논의를 하고 있는 상황이다.

제 2 절 한국사회에서의 국제개발협력의 변화

한국은 국제사회로부터 개발원조의 가장 성공적인 사례로 평가된다. 한국은 한국전쟁 이후 국제사회로부터 203억불의 개발원조를 제공받았고, 이

1) <표 9-1>은 OECD/DAC 사무국이 회원국들이 공식적으로 발표한 ODA증액에 대한 내용을 가지고 만든 시나리오 안이다.

후 지속적인 경제성장과 민주화를 성취하여 1996년 OECD 가입을 이루어내고 경제규모 10위권에 이르게 되었다. 이처럼 과거 개발원조의 수혜국이었던 한국은 1987년 대외경제협력기금(EDCF)조성, 1991년 한국국제협력단 (KOICA)설립 이후 공여국으로 개발원조를 실시하여 2007년 공적 개발원조(ODA)의 규모가 6.99억불로서 GNI 대비 ODA 0.07%에 이르게 되었다. 그러나 이는 OECD/DAC 회원국의 평균인 0.28%의 1/4에 못미치는 규모이다. 이와 같이 한국의 공적 개발원조는 양적 규모로 볼 때에 국제적인 기준에 못미치는 상태로 있다. 또한 언타이드 문제, 법적, 제도적 정비의 필요성, 전문인력의 부족 등 해결해 나가야 할 과제가 산적해 있다. 최근 2008년 8월 14일 한국 국제개발협력정책의 최고의사 결정기구인 '국제개발협력정책위원회'에서는 ODA를 2012년까지 0.15%, 2015년까지 0.25%까지 확대하고 2010년 OECD/DAC 가입을 결정하였다. 또한 18대 국회에서도 국제개발협력법 제정 관련하여 4개의 법안이 제출되었으며, 한국국제협력단은 '아프리카 이니셔티브'정책의 집행, 항공권연대기금을 도입하기로 하는 등 ODA정책에 관한 한국정부의 정책추진이 급격하게 진행되고 있는 상황이다.

이에 맞추어 민간에서도 국제개발협력학회 발족, 국제개발협력대학원 신설, 민관협력체계인 PPP(Public Private Partnership)에 대한 관심집중 및 지속적인 개발NGO의 성장 등이 이어지고 있다. 현재 한국사회에서 이른바 국제개발협력에 대한 관심이 집중되고 있는 상황이다.

제 3 절 지구촌나눔운동

지구촌나눔운동은 세계 빈곤문제 해결과 시민사회 발전을 위해 설립된 개발NGO단체이다. 베트남, 몽골 등 아시아 10여개 국에서 지역개발, 교육, 보건의료사업을 추진해 왔으며, 지구촌대학생캠프와 포럼, 지구촌시민학교, 해외봉사단 파견 등 교육 프로그램을 운영하고 있다.

1 개발협력사업

1) 베트남

(1) 한베협력센터

지구촌나눔운동은 베트남 북부 하떠이성에서 한베협력센터를 운영한다. 한베협력센터에서는 하떠이성의 가난한 농촌주민 및 청년층을 대상으로 한 지역개발사업을 통해 주민들의 경제·사회개발을 돕고 있다.

- 소득증대사업－신용소액대부사업인 암소은행 운영, 봉제기술 훈련
- 주민교육사업－주민문화센터 및 도서관 운영, 컴퓨터교육 실시, 독후감 대회 개최
- 환경개선사업－책걸상지원, 도로포장, 저수지 개축, 보건소 지원, 부엌개량, 마을문고 건립
- 민간교류사업－대학생봉사단 및 일반시민방문단 파견

(2) 한베장애인재활센터

베트남 북부 하떠이성에서 한베장애인재활센터를 운영한다. 한베장애인재활센터에서는 베트남 장애인들에게 재활프로그램을 제공함으로써 삶의 질 개선을 돕고 전쟁 피해의 고통을 공유한 한국과 베트남 양국의 우호증진에 기여한다.

- 교육재활사업－특수교육 및 일상생활훈련, 부모상담 및 교육 실시
- 사회심리재활사업－사회적응훈련 실시
- 직업재활사업－직업적응훈련, 컴퓨터교육, 제과제빵, 비즈공예 등 직업교육 실시
- 의료재활사업－물리/작업치료 진행, 보건소 운영, 단기치료프로그램 실시
- 지역사회중심재활(CBR)사업－장애인욕구조사, 졸업장애인 재활지원
- 민간교류사업－일반시민 및 전문가봉사단 파견

2) 몽골

몽골사업은 1999년과 2000년 몽골에 연이어 닥친 자연재해로 피해를 입은 유목민들을 돕기 위해 시작되었으며, 울란바타르시 자르갈란트 지역에 '살기 좋고 소득높은 축산시범마을' 모델을 개발하여 보급함으로써 몽골유목민들이 빈곤에서 탈피하여 자립할 수 있도록 지원하고 있다.

- 소득증대사업－소액신용대부사업(Micro-Credit)인 가축은행 및 사료은행/신용협동조합 운영, '소득높고 살기좋은 축산시범농장' 운영
- 주민교육사업－주민문화센터 및 도서관 운영, 농축산기술 및 생활개선세미나, 주민 워크숍 및 주민학교 프로그램 진행
- 환경개선사업－우물개발, 교육환경개선, 보건의료 지원
- 민간교류사업－청소년 및 대학생 봉사단, 일반시민 방문단 파견

3) 동티모르

동티모르의 로스팔로스 지역 내 소모초 마을과 인근 지역을 중심으로 열악한 환경개선 및 기초교육시설 제공, 주민교육사업 및 지역개발사업을 진행한다.

- 소득증대사업－가축은행, 농업기술지도, 농업교육 진행
- 주민교육사업－소모초주민센터, 문해(文解)교육 및 이동도서관 운영
- 환경개선사업－학교시설개선, 부엌개선, 식수개발, 공동교통수단 지원

4) 스리랑카 지역개발사업

스리랑카의 쓰나미 피해지역의 어민들을 대상으로 어선을 지원하여 소득증대의 발판을 마련할 수 있도록 지원한다.

2 개발교육사업

지구촌나눔운동에서는 직접적인 개발협력사업 뿐만 아니라 일반인들과 학생들이 빈곤문제에 대한 관심을 높이고 적극적으로 참여할 수 있도록 나

눔운동과 홍보활동을 함께 전개하고 있다.

1) 지구촌시민학교

지구촌 빈곤문제에 대한 시민들의 관심 제고와 “지구촌 공동체 의식” 조성을 위해 학부모들을 국제이해교육 명예교사로 양성하고, 일선 초등학교에 파견하여 자원활동을 실시할 수 있도록 지원하고 있다.

2) 대학생 캠프 및 대학생 포럼

차세대를 이끌어 갈 대학생들에게 글로벌 이슈에 대한 인식을 높여주고 관심과 참여를 확대시키며 세상을 바라보는 넓은 시각을 키우기 위하여 매년 여름과 겨울 2박 3일간의 지구촌 대학생 캠프 및 포럼을 개최하고 있다.

3) 대학생 탐방단 및 대학생 봉사단 파견

국내 프로그램을 통해 글로벌 이슈에 대해 안목을 넓힌 대학생들을 대상으로 지구촌 대학봉사단을 파견하여 지구촌의 다양한 지역에 대한 사회, 역사, 문화에 대한 조사를 직접 실시해 보고, 노력봉사와 의료봉사활동 등을 실시하여 지구촌을 직접 체험할 수 있는 기회를 가지도록 한다.

3 정책제언사업

지구촌나눔운동은 정부기관과 일반기업, 그리고 한국 사회의 다양한 지도자층과 일반 시민이 빈곤의 현실을 올바르게 이해하도록 다각적인 정책제언활동을 펼치고 있다. 외국의 ODA및 원조정책/전략에 대한 연구조사 실시, 국내외 세미나 및 회의 참여, 국내외 원조사업 사례연구, 빈곤문제해결 캠페인 진행 및 참여 등을 통하여 가장 효과적이고 효율적인 원조사업에 대한 정책을 제언하고 다양한 시민사회 주체와의 연대활동을 진행한다.

제 4 절 몽골사업

1 사업개요

본 사업의 정식 명칭은 몽골 축산시범마을 개발사업(Establishing a Livestock Farming Model Village)이다. 본 사업은 몽골의 수도인 울란바타르(Ulaanbaatar)시 손깅하이르항(Songinhairhang)구 21동 자르갈란트(Jargalant)마을에서 진행되고 있다. 이 지역은 울란바타르 중심에서 50Km 북쪽에 위치하고 있으며 시에서 울란바타르시의 배후 목초지역이다.

[그림 9-1] 몽골 축산시범마을 개발사업 지역

19개 아이막, 3개시(울란바타르, 다르항, 에르데넷)

2 사업목적

몽골 축산시범마을 개발사업은 4가지 목적을 가지고 추진되고 있다. 첫째, 지역주민 대상으로 소득증대와 역량강화를 위한 다양하고 실질적인 교육 프로그램을 실시(농·축산업 전문기술, 개인능력 및 협동정신, 자조능력, 기본소양하며, 둘째, 자르갈란트 마을 전체 1,020가구 중 절대빈곤층 실질적인 소득증대 지원 및 지역 주민들의 소득증대 다양화 활성화를 위한 모델을 제시하는 것이다. 셋째는 다양한 생활환경개선 사업을 통해 삶의 질을 개선하며 마지막으로는 한-몽 민간교류를 통한 한국의 긍정적 이미지를 제고하는 것이다.

[그림 9-2] 몽골 축산시범마을 개발사업

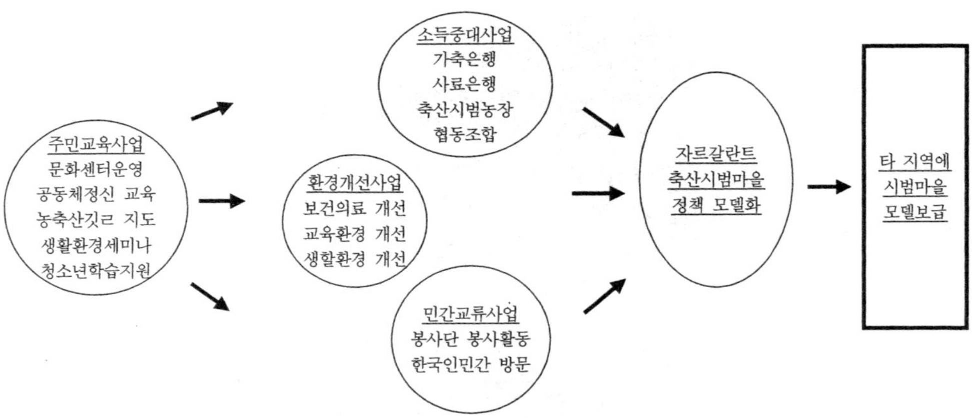

3 기대효과

몽골 축산시범마을 개발사업을 통해서 첫째, 몽골에 "소득 높고 살기 좋은 축산마을"사업을 통해 빈곤에서 벗어나 자립할 수 있는 지역개발사업 모델 만들어 확산함으로써 몽골의 사회, 경제발전에 기여할 수 있으며, 둘째, 몽골 주민들의 삶의 질을 개선함으로써 MDG 달성에 기여하고 셋째, 한국에 대한 이미지를 제고하고 한-몽골우호협력관계 형성에 기여할 것을 기대할 수 있다.

4 사업추진 방향

본 사업은 세 가지 사업추진 방향을 가지고 있다. 첫째, 지역주민 중심의 개발(People-Centered Development)이다. 이는 주민역량을 강화와 지역자원의 적극적인 활용을 통해 지역주민 스스로가 지역사회 발전의 주체가 되게 한다. 둘째로는 지속가능한 개발(Sustainable Development)이다. 지역주민들이 자체적으로 지속가능하고 환경을 보호하는 "지속가능한 개발"방식을 추구한다. 세 번째로는 파급효과(Impact)이다. 본 사업을 통해 현지에 적합한 보급형 모델을 개발하여 파급효과를 극대화한다.

5 사업추진 경위

1) 몽골을 강타한 자연재난에 대해 조사단 파견

1999/2000년 겨울, 몽골유목민들의 20%가 극심한 혹한과 폭설로 인해 가축 250만두를 잃은 자연재난에 대해 지구촌나눔운동이 2000년 4월에 1차 조사단을 파견하여 재해실태를 파악하고 지원방법을 모색한 결과, 대다수의 가축을 잃은 유목민들에게 가축을 임대하여 주는 가축은행의 설립을 제안하였다.

2) 〈몽골유목민돕기캠페인〉본부 결성을 제안

2000년 7월, 지구촌나눔운동은 그동안 몽골과 교류협력관계를 가져온 남양주시 몽골장학회, 한-몽교류협회 등 국내 NGO들과 국내 몽골근로자들을 위해 활동하는 몽골근로자를 사랑하는 사람들 등의 민간단체들에게 몽골의 재난피해를 돕기 위한 <몽골유목민돕기캠페인>을 시작할 것을 제안하였다.

3) 몽골정부에서 축산농장의 건립을 제안

2000년 8월, 2차 조사단 파견시 몽골총리실에서 <집약적인 경영능력을 갖춘 축산농장 설립>을 제안해 옴에 따라 전문가들의 자문을 받아 몽골 농축산업의 실상 및 축산농장 설립 타당성에 대한 조사를 실시한 결과, 사료재배를 병행하는 친환경적 축산농장의 모델을 만들어 몽골전역에 확산하는 것을 목표로 사업을 추진하기로 결정하였다.

4) 몽골정부에서 적극적인 지원의사 표명

2001년 2월 14일 내한한 몽골의 나차긴 바가반디 대통령을 예방한 캠페인 대표단은 몽골을 돕기 위해 결성된 본 캠페인본부에 사의를 표하고, 울란바타르에 축산농장의 설립에 필요한 토지를 제공하고 필요한 행정적 지원을 아끼지 않겠다는 적극적인 지지의사를 표명하였다.

5) 농축산 시범정착마을 지원사업을 추진

2001년 7월, 캠페인대표단의 몽골 방문 중 몽골 식량농업부, 울란바타르 시청, 몽골적십자를 비롯한 몽골NGO, 농축산 전문기관들과 협의한 결과 울란바타르 근교 자르갈란트 지역에 시범정착마을을 지원하는 지역개발사업을 추진하고 농축산업 발전을 지원하기로 의견을 모았다.

6) 사업책임자 파견 및 사업 진행

2001년 12월 몽골사업책임자로 결정된 조현주 소장(수의사, 방글라데시 현지에서 개발사업 6년 진행)이 자르갈란트 지역으로 조사차 파견되어 현지 상황을 조사하고 2002년 2월 21일 공식적으로 파견되어 현재 자르갈란트 지역에서 지역개발사업을 수행하고 있다.

7) 사업지역 행정기관과 양해각서 체결

2002년 7월 16일 캠페인본부 대표단이 사업지인 자르갈란트 지역을 방문하여 손깅하이르항구 및 자르갈란트 마을 대표와 사업 양해각서(MOU)를 맺고 본격적인 사업추진을 시작하였다.

8) 축산시범농장 기공식 실시

2004년 8월말 몽골 당국으로부터 축산시범농장 부지 5ha를 임대하여 9월 7일 현지에서 축산시범농장 기공식을 실시함으로써 시범마을 모델 개발에 필요한 기본적인 여건을 마련하였다.

9) 축산시범농장 개원식 실시

2006년 9월 20일 한국인 및 몽골인들 참석한 가운데 축산시범농장 개관식을 개최하고 본격적인 관련사업을 시작하였다.

6 사업추진 배경

1) 소득 높고 살기 좋은 정착촌 건설의 필요성

1999년 여름과 겨울 하르조드(검은 재앙), 차강조드(백색 재앙)라고 불리는 극심한 가뭄과 폭설로 인한 먹이부족으로 몽골 주민의 주요 소득원인 250만두 이상의 가축이 죽었으며, 이듬해에도 300만두에 달하는 가축이 희생되는 등 2002년까지 전체 가축의 30%가 줄어들어 몽골 전체 경제는 물론 가정경제에 큰 악영향을 미쳤다([그림 9-3] 참조).

자연재난으로 생계 기반을 상실한 유목민들은 몽골 서비스산업의 발전([그림 9-4] 참조)을 좇아 수도 울란바타르를 비롯한 주요 도시로 대거 유입되어 2004년 1월 현재 몽골 전체 인구 247만명 중 87만명 이상이 수도권에 살고 있는 것으로 나타났다. 서비스산업의 상대적인 발전으로 자연재난에도 불구하고 몽골의 전체 빈곤상황이 크게 악화되지 않은 점은 사실이

[그림 9-3] 1993-2002 몽골 가축 분포 현황

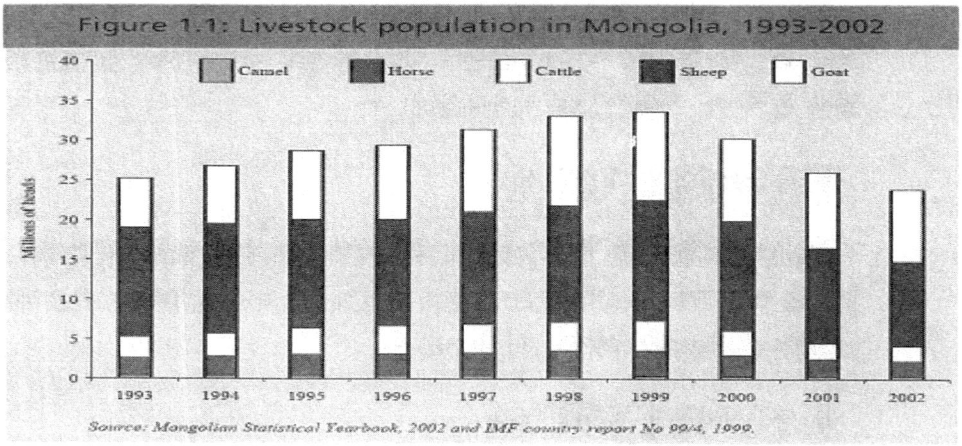

*Mongolian Statistical Yearbook, 2002 and IMF country report No. 99/4, 1999.

[그림 9-4] 1998-2002 산업영역에 따른 GDP 구분

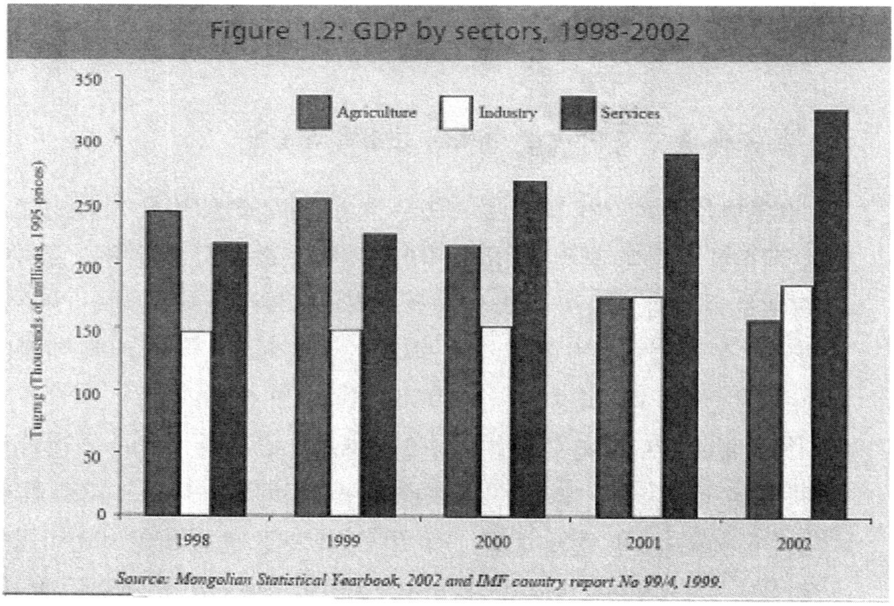

*Mongolian Statistical Yearbook, 2002 and IMF country report No. 99/4, 1999.

[그림 9-5] 지역, 연령별 미취업률

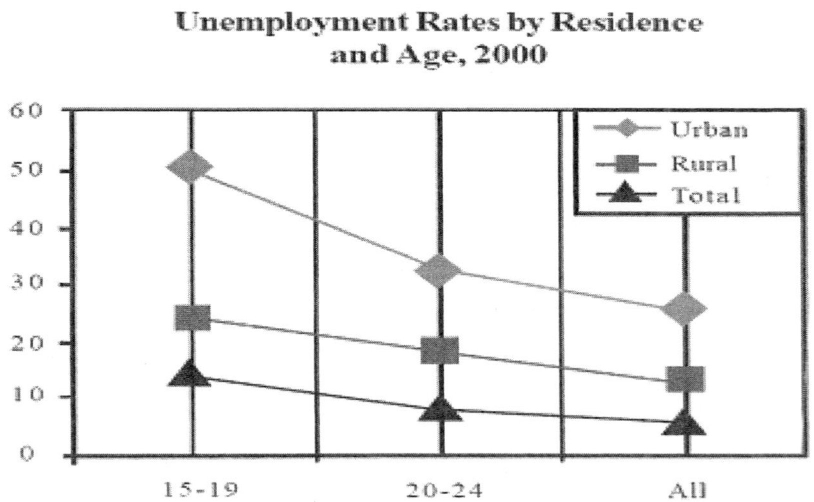

*2002 몽골 인구통계조사.

나 많은 도시 유입 유목민들의 경우, 일자리를 구하지 못 한 채([그림 9-5] 참조) 도시빈민층으로 전락하여 의료 및 교육 등 기본적인 사회서비스 혜택에서 소외된 삶을 사는 등 많은 사회문제를 낳고 있다.

위와 같은 문제가 결국 자연환경 변화에 취약한 유목민들의 생활방식에서 기인하고 있기 때문에 몽골정부는 재난관리 체계를 마련하는 한편 유목민들의 정착목축을 권장하고 있으나, 아직까지 농축산에 종사하는 인구(전체 대비 42%)의 대부분이 생산성이 낮은 재래식 영농방식을 고수하고 있어 소득 높고 살기 좋은 정착마을 모델을 제시하고 이를 보급하여 성공적인 유목민 대책을 마련하는 일이 시급하다 할 수 있다.

2) 몽골 빈곤문제 해결을 위한 지원 필요

탈냉전 이후 민주주의와 시장경제로 전환한 몽골은 10년이 지난 오늘날까지도 빈곤을 극복하지 못하고 아시아 빈곤국가 중 하나로 남아있다(2003년 1인당 GDP $477).

80년대 말까지 몽골 전체 경제의 30% 이상을 차지하던 구소련의 지원이 구소련 붕괴 이후 1990년과 1991년 사이 갑자기 중단되고 더불어 몽골의 정치적 혼란과 자연재난 등이 겹치면서 몽골경제는 2002년까지 장기침체를 겪었으며 그 결과 아직까지 국제사회의 도움을 필요로 하는 빈곤국가에 머물고 있다. 물론 2002년 이후 2, 3차 산업의 발전으로 경제상황이 다소 호전되긴 했지만 아직까지 전체 인구의 약 36%가 빈곤선 이하에서 생활하고 있으며, 특히 도시 외곽 및 농촌에 거주하는 인구의 빈곤 정도가 더 심각하기 때문에(<표 9-2> 참조) 몽골 전체의 사회 경제적 안정을 위해 이들에 대한 지원방안이 마련돼야 한다.

이와 같은 몽골의 경제적 현실은 몽골 내부의 정치적 안정은 물론 동북아 정세 안정에도 결코 긍정적인 요인이라 할 수 없다. 때문에 동북아의 중심 국가로 거듭나고자 하는 한국으로서는 몽골 빈곤문제 해결에 기여할 책임이 있다. 더군다나 한국 내에 거주하는 몽골인 근로자가 약 15,000명에 이르고 한국이 몽골 총수입의 6.7%를 차지하는 4위의 수입 대상국이라는 점과 몽골이 세계 10대 자원부국 중 하나이며 장기적으로 경의선 복원 이후 양국 간 경제적 교류가 더욱 활발히 진행될 것을 감안한다면 몽골에 대한 지원이 결국 양국 상호발전에 기여하는 방안이 될 것이다.

〈표 9-2〉 2002년 빈곤상황(추정)

Table 1.1: National and urban/rural poverty estimates, 2002

	Headcount	Poverty Gap	Severity
National	36.1 (1.4)	11.0 (0.6)	4.7 (0.3)
Urban	30.3 (1.7)	9.2 (0.7)	4.0 (0.4)
Rural	43.4 (2.4)	13.2 (1.0)	5.6 (0.5)

출처: 2002/3 HIES/LSMS.

3) 민간차원의 한국-몽골 협력관계 구축의 필요

몽골은 한국과 역사적·민족적으로 많은 유사성을 가지고 있는 나라로 현재 한류를 타고 몽골 내에서 한국어를 비롯한 한국문화에 대한 관심이 고조되고 있는 상황이다. 이러한 상황을 더욱 발전시켜 양국 국민들이 서로를 보다 깊이 이해할 수 있는 민간교류 프로그램을 활성화할 필요가 있으며 나아가 자발적으로 민주주의와 경제발전을 이룩해낸 한국의 시민사회 일원으로서 몽골 주민들 스스로 당면한 사회·경제문제를 해결할 수 있는 기반을 마련하는 데 기여할 필요가 있다.

7 사업내용

1) 소득증대사업

(1) 가축은행사업

2002년부터 빈곤가정에 가축 구입비를 지원하고 축종 개량을 지원한다. 이는 빈곤축산농가의 소득을 증대시키는 효과를 가져왔으며 지속적이고 자립적인 가계생활을 가능케 한다.

(2) 사료은행

2004년부터 진행하는 사업으로써 겨울철 원활한 사료공급을 위한 저렴한 사료구입 지원 및 주민자치 운영을 지원하고 있다.

(3) 사료재배

2004년부터 주민들의 소득증대 다양화를 위해 사료작물(오트, 감자, 옥수수)을 2ha 부지에 시범재배하고 이를 주민들에 보급하고 있다.

(4) 채소재배

2003년부터 주민들의 소득원 다양화 및 식생활 개선을 위해 1ha 부지에 비닐하우스 설치 및 채소 시범재배 및 보급하고 있다.

(5) **다목적 비닐하우스**

2004년부터 농장 내에 축사와 채소재배를 할 수 있는 다목적 시범 비닐하우스를 건축하여 운영하고 있다.

(6) **축산시범농장 운영**

2006년 친환경적 중소규모 농장 및 유목민 교육센터를 완공하여 운영하고 있으며(초지조성, 사료재배, 선진사양방식을 도입하여 축산 생산성증대, 훈련센터를 통한 농업축산기술교육, 환경, 정신교육) 생태순환형 축산방식을 몽골 전역에 확대 보급할 계획을 가지고 있다.

(7) **신용협동조합**

2003년부터 자르갈란트 마을 주민들을 대상으로 외부지원금 유치 및 대출지원 사업 상담/투명한 운영을 위한 관리/회원증대 캠페인 실시하고 있어 지역사회의 경제발전에 크게 기여하고 있다.

2) 주민교육사업

(1) **주민학교**

2002년부터 주민역량강화를 목적으로 주민/학생 대상 한국어/컴퓨터/영어, 영양교육을 실시하고 있다.

(2) **워크숍**

2002년부터 워크숍과 세미나, 비디오강좌 등을 통해서 현지 주민들의 협동 근면정신을 고취하고 있다.

(3) **생활환경세미나**

2002년부터 보건, 영양, 성교육 등 생환환경개선 세미나를 진행하여 지역사회의 발전에 기여하고 있다.

(4) **농축산기술지도**

2002년부터 농축산 관련 심화기술 습득 세미나를 진행하여 지역사회의 주산업인 축산업의 발전에 기여하고 있다.

(5) 청소년학습지원

2005년부터 청소년들에게 학습도구를 지원하고 있다.

(6) 문화센터운영

2005년부터 문화센터 내 프로그램을 운영하며 이에 필요한 기자재를 지원하고 있다.

3) 환경개선사업

(1) 보건의료개선

2002년 이후 의료서비스 확보가 어려운 마을을 중심으로 한국의료봉사단 활동 및 약품 지원을 유치하고 있다.

(2) 생활환경개선

2004년 이후 식수 부족 지역에 우물 3곳을 개발하고 이를 통해 위생환경개선을 지원하고 있다.

4) 민간교류사업

(1) 봉사단 파견

2002년 이후 지속적으로 대학생 및 일반인 봉사단의 노력봉사, 빈곤문제 해결을 위한 현지 관계기관의 활동조사 및 현지인과의 문화교류를 하고 있다.

5) 정책모델보급사업

(1) 정책모델자료집

6년간의 사업경험을 정책자료집 화 하여 발간 및 배포하여 정책적 영향을 도모하고 있다.

(2) 정책포럼

2008년 한국, 몽골, 국제기구의 개발전문가를 초빙하여 사업모델의 보급을 위한 포럼을 개최하였다.

8 사업추진환경

1) 사업대상지역 현황

(1) 인구현황

사업대상지역의 인구는 5,320명(1,530 가정)으로 파악되고 있다. [그림 9-6]은 자르갈라트마을 연령별 인구구성을 나타낸 것이다.

[그림 9-6] 자르갈란트마을 연령별 인구구성

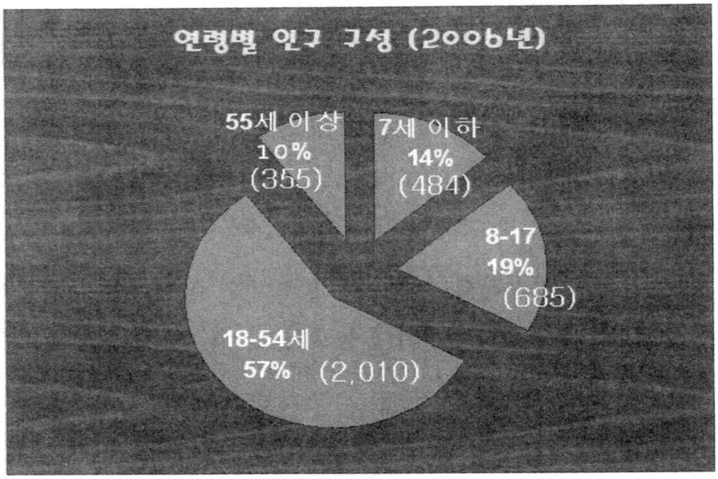

*GCS-자르갈란트센터 조사보고.

(2) 산업경제환경

- 1인당 평균소득: 연 $450 (연 소득 $356 미만 빈곤계층: 약 20%)
- 정부의 적극적인 축산 장려지역이며, 구소련의 영향하에 대규모 젖소농장을 운영하였으나 지금은 폐쇄되었으며, 대부분의 주민들이 농축산 경험을 갖고 있다.

• 축산농가에서 사육하는 젖소들은 비교적 우수한 젖소종(혼합종)으로 존재하고 있다.

[그림 9-7] 자르갈란트마을 직업별 인구구성

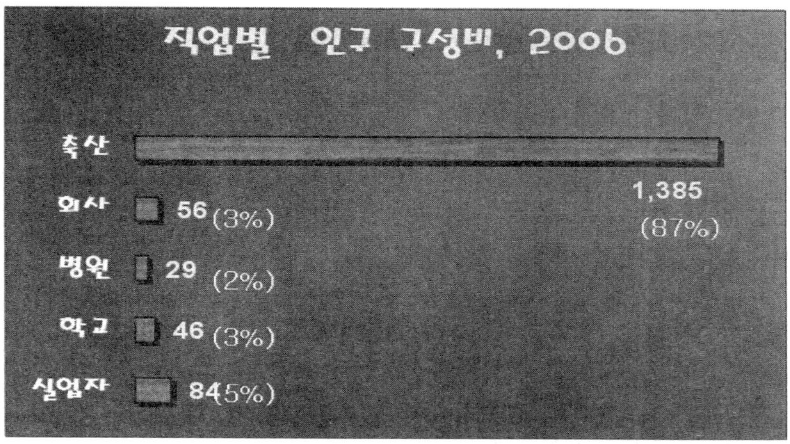

*GCS-자르갈란트센터 조사보고.

[그림 9-8] 자르갈란트마을 가축 분포

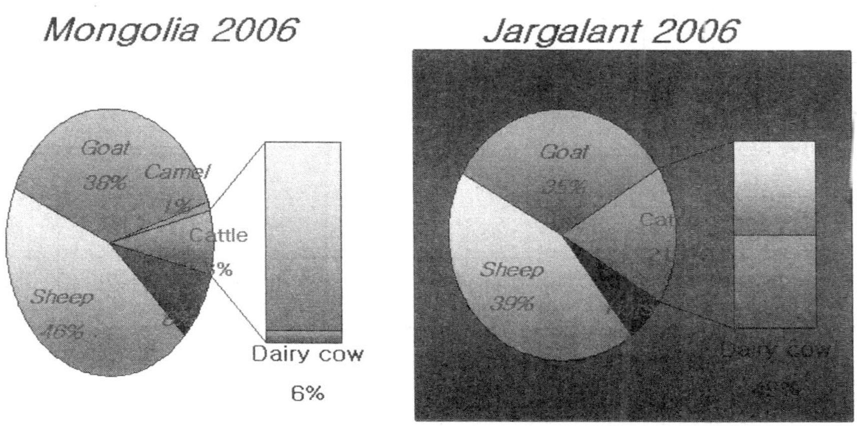

*GCS-자르갈란트 센터 조사보고.

(3) 지리적 여건

- 자르갈란트마을은 울란바타르시 중심에서 60km 떨어진 곳에 있다.
- 시내에 시장이 형성되어 있다.
- 철도로 연결되어 있고, 시에서 포장(35Km)과 비포장도로(17km)로 연결되어 있어 비교적 교통이 원활한 지역이다.
- 도시 내 가장 방대한 초지 지역을 갖고 있다.

2) 기타 사업추진환경

MDG 중 "목표1-절대빈곤과 기아의 퇴치"를 위한 몽골정부의 추진 상황을 보면, 몽골 정부는 2003년 EGSPRS(Economic Growth Support Poverty Reduction Strategy)를 통해 빈곤퇴치를 국가과제로 채택하였다. 세부목표1은 1990~2015년간 1일 소득 $1 미만 생활 인구비율을 절반으로 감소시키는 것이다. 현황을 보면, 지난 10년간 빈곤인구 감소 없이 빈곤의 정도 및 불균형이 심화되는 것으로 나타난다(<표 9-3> 참조). 그러므로 지금과 같은 추세가 지속될 경우 목표달성이 어려울 것으로 예상된다.

이에 따른 과제를 보면, 경제성장률 증가, (사회/경제적) 불균형 감소(소호창업 지원 등 친 빈곤층 성장), 도시빈곤 해소, 지역사회 및 시민사회 참여 확대(친 빈곤층 민주정부 요소 확대(시민사회로의 권한 이양 등)), 재난 및 위기관리, 사회 약자를 위한 사회 안전망 확보 등을 들 수 있다.

〈표 9-3〉 빈곤인구 비율

	1990	2000	2015
Poverty Headcount	36%[a]	35%[b]	18%[c]
Depth of Poverty(Gap×Headcount)	10.9a	11.7b	

[a] NSO. Living Standards Measurement Survey 1995.
[b] NSO. Living Standards Measurement Survey 1998.
[c] MDG Target

* Millennium Development Goals: National Report on the Status of Implementation in Mongolia, 2004.

〈표 9-4〉 저체중 어린이 분포

	1990	2000	2015
Prevalence of Underweight Children (Weight for Age Under-Fives)	12%[a] (1992)	12%[b] (1999)	6%[c]

[a] MoH/UNICEF. Child Nutrition Survey 1992.
[b] MoH/UNICEF. Second Child Nutrition Survey 1999.
[c] MDG Target

*Millennium Development Goals: National Report on the Status of Implementation in Mongolia, 2004.

세부목표2는 1990~2015년간 기아인구 비율을 절반으로 감소시키는 것이다. 현황을 보면, 5세 미만 저체중 어린이 비율이 지난 10년간 변화없이 12% 대로 유지되고 있다(<표 9-4> 참조). 몽골에 기아가 만연한 것은 아니지만 많은 가정이 식량과 영양 부족으로 어려움을 겪고 있다.

이에 따른 과제로는 계절에 따른 식량부족 문제 해소(빈곤층을 위한 식

〈표 9-5〉 몽골 MDGs 진행 상황표

Goals and targets	Will Development Goal/Target be Reached				Status of Enabling Environment			
	Probably	Potentially	Unlikely	Lack of Data	Strong	Fair	Weak but improving	Weak
1. Halve Poverty			✓					✓
2. Halve Hunger		✓					✓	
3. Provide Universal Primary Education to all girls and boys	✓				✓			
4. Eliminate Gender Disparity in Primary and Secondary Education	✓				✓			
5. Reduce by two-thirds, under-five mortality		✓				✓		
6. Reduce by three-quarters, maternal mortality		✓			✓	✓		
7. Halt the spread of HIV/AIDS and begun to reverse STIs		✓					✓	
8. Halt and reverse the spread of TB		✓					✓	
9. Reverse the loss of environmental resources		✓					✓	
10. Halve the proportion of persons without access to safe drinking water		✓					✓	
11. Improve the lives of slum dwellers			✓					

*Appendix, Millennium Development Goals: National Report on the Status of Implementation in Mongolia, 2004.

량지원), 식량 안전 개선(식량 안전 관련 법규 제정), 건전한 영양 식습관에 대한 인식 향상(정보제공, 교육, 의사소통), 지역별 영양부족 차이 해소 등을 들 수 있다.

9 사업수행 체제

1) 지구촌나눔운동 몽골사업소

(1) 주민교육사업

주민문화센터운영, 주민학교, 공동체정신교육, 생활환경세미나, 농축산기술지도

(2) 소득증대사업

가축은행, 사료은행, 사료재배 및 초지조성, 채소재배, 다목적 시범비닐하우스, 축산시범농장운영, 협동조합 지원

(3) 환경개선사업

보건의료개선, 교육환경개선, 생활환경개선

(4) 민간교류사업

봉사단 활동

(5) 정책모델보급사업

정책자료집 제작, 포럼 개최, 신규 사업지 개발

2) 몽골 현지

(1) 몽골 지방정부의 부담사항 및 참여

- 자르갈란트 문화센터 장소, 사료용 초지 및 농장부지 제공
- 사업의 홍보, 행사진행, 행정지원
- 사업에 운영주체로 참여

(2) 사업지 지역주민들
- 주민교육 세미나, 워크숍 참여
- 이동도서관 운영 및 도서기증
- 가축은행, 사료은행 운영위원으로 참여
- 신용협동조합 운영의 참여

(3) 사업지 지역사회 전문가들의 참여
- 몽골국립농대, 몽골농민대학, 여성농민연합: 농축산기술지도 지원
- 여성어린이펀드: 자문

제 5 절 정책적 평가 및 과제

1 성공적인 민간차원의 개발협력 사업으로서의 평가

1) 실질적인 경제사회발전에 기여

지구촌나눔운동의 몽골 축산시범마을 개발사업은 2002년 이후 7년간 사업지인 자르갈란트 마을의 실질적인 경제사회발전에 기여를 했다. 대표적인 소득증대 사업인 가축은행을 통해 335가정에 젖소 620마리, 말 1필, 돼지 2마리 총 약 1억 8천만원 규모의 내용을 지원하여 지속적인 소득증대의 기반을 마련하였고, 11개 지역 650가정에 약 9천 2백만원 규모의 사료와 건초를 지원했다. 또한 신용협동조합, 여성협동조합등의 설립, 주민교육을 통한 다양한 사회교육을 실시하여 지역사회의 교육개발에도 크게 기여하였다. 이 뿐 아니라 4개의 우물을 개발하여 식수환경을 개선하였고, 그 외에도 장학금지원, 휴대폰보급, 의료봉사활동을 전개하여 지역사회발전에 기여하였다. 이외에도, 연간 300여명 규모의 봉사단 파견 등으로 지역사회에 한국과 몽골의 민간교류의 역할을 전개하였다.

2) 안정적인 사업의 지속화 및 모델보급

지구촌나눔운동의 몽골 축산시범마을 개발사업은 2002년 시작되어 현재 7년간 지속되고 있는 사업으로 KOICA(한국국제협력단)와 SK텔레콤의 5년간의 지속적인 재정적 지원을 바탕으로 현재 사업 1기를 성공적으로 마친 상태로 몽골에서의 성공적인 개발NGO사업으로 평가받고 있다. 현재 1차 사업의 경험을 정책 모델링 화하여 새로이 2차 사업으로 몽골 현지에 보급하는 단계에 있다. 또한 2007년 한국사회에서 '가축은행사업 정책토론회 개최 및 매뉴얼 발간'을 하여 국내의 기관을 대상으로 사업보급에 힘쓰고 있다.

3) 국제개발협력의 협력적 거버넌스의 모델

국제개발학자인 Alan Fowler는 저서 NGO Management에서 국가, 시장, 시민사회 3체제의 협력적 기제로서 '4번째 포지션으로서의 NGDO (Non-Governmental Development Organization)'를 이야기 하고 있다. 지구촌나눔운동의 몽골 축산시범마을 개발사업은 국제개발협력을 위한 협력적 거버넌스의 좋은 사례로 국가(KOICA)와 시장(SK텔레콤) 그리고 시민사회(사회복지공동모금회 및 교회, 기관, 일반시민)가 협력체제를 이루어 개도국의 경제사회발전을 달성을 가능케 한 제4의 영역의 실제적인 사례이다. 즉 더욱 정교히 발전시켜야 할 여지가 있지만 협력적 거버넌스의 모델인 셈이다.

또한 몽골 현지에서도 식량자원부, 손깅하이르항구 등 정부의 영역과 마을 주민 및 울란바타르 농과대학, 여성농민회 등 현지 시민사회의 적극적인 협력을 바탕으로 사업이 추진되었다.

4) 전문성에 기반한 사업실행

지구촌나눔운동의 몽골 축산시범마을 개발사업의 가장 근본적인 성공요인은 현지 사업책임자의 전문성이다. 몽골 사업책임자인 조현주 소장은 개도국 개발협력 사업수행경험 6년(방글라데시)을 보유한 수의사로 전문적인

[그림 9-9] 네 번째 포지션으로서의 NGDO

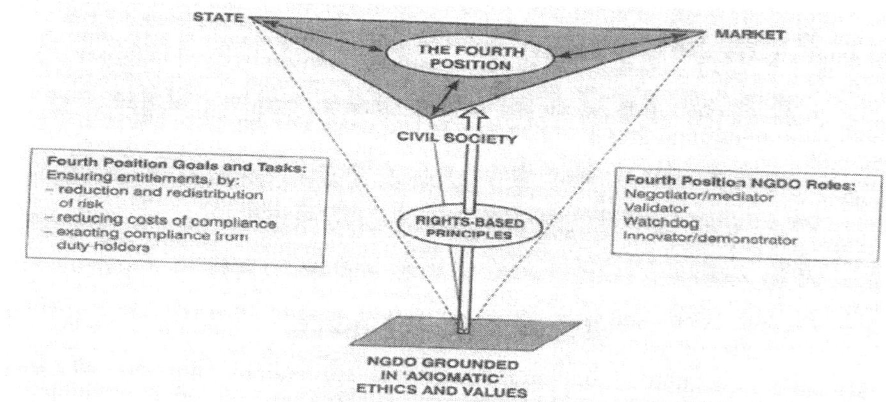

신용협동조합 사업교육을 받은 개발협력 전문가이다. 조소장의 사업 발굴, 실행, 조직 운영과 지도력, 개도국 생활경험에서 우러나오는 전문성은 사업 수행의 성공의 결정적인 요소이다.

2 향후 과제

1) Empowerment의 실현을 통한 사업 지속성 확보

지구촌나눔운동은 사업초기 사업조사 및 실행부문에 있어 시민사회조직의 도움을 받았다. 그러나 이후 사업을 실행하는 과정에서 현지의 시민사회조직을 적극적으로 참여시키는 데에는 성공적이지 못했다. 또한 수혜자로서의 주민참여는 성공적이었지만, 사업운영의 파트너로서의 현지 주민(조직)의 적극적 참여는 부족하였다. 물론 가축은행 관리위원회에 현지 주민대표를 참가시키는 등의 노력은 있었지만 더욱 조직화되고 체계적인 방식으로 주민(조직)의 적극적 참여가 있어야 한다. 이를 통해 현지 주민의 자력화(Empowerment)를 이룰 수 있도록 해야 한다. 이는 궁극적으로는 현지인들의 참여에 의한 사업운영이라는 장기적 목표를 가지고 추진해야 할 것이다. 사업초기의 기획단계에서부터 이를 염두에 두고 진행해야 할 것이다. 이것이 지구촌나눔운동의 목적인 빈곤문제해결과 시민사회발전에 기여하는 내용이다.

2) 한국과 몽골 내에서의 발전적 협력적 거버넌스 체제의 구성

현재 본 사업을 위한 한국사회내의 협력적 거버넌스는 정부(KOICA)와 기업(SK텔레콤) 및 시민사회(사회복지공동모금회, 학교, 봉사단, 일반시민, 교회, 기관)의 기능적인 지원 부문에 국한되어 있다. 즉 자금동원, 단순 인력 파견 등에 제한되고 있다. 각 주체가 협력적 거버넌스 차원에서 현재의 기능적 부문을 좀더 발전시켜 전문성 지원(농축산기술, 조사 및 평가기법 등), 정책적 지원(타 사업과의 연계, 전문 인력지원 등)부문으로 확대하는 것이 필요하다.

또한 몽골 현지 내에서도 몽골 정부와 시장, 시민사회와의 협력을 좀더 적극적으로 끌어내는 것이 필요하다. 이 부문은 사업환경이 몽골과 한국이 달라 단기간 내에는 어렵지만, 포기하지 않고 추진해야 할 부문이다.

제 6 부

네트워크 거버넌스

제 10 장 농촌형 민관협력체계 구축을 위한 실험과 방향: 전북 진안군 사례를 중심으로

구자인

제 1 절 전제 혹은 양해

본장에서는 '거버넌스' 자체에 대한 이론적 논의는 최소한으로 줄이고, 농촌사회에 적용할 때의 검토사항을 중심으로 몇 가지 문제제기를 하는 정도에 그치고자 한다. 또한 지방 계약직 공무원 신분으로서 만 2년 7개월 근무경험을 바탕으로 농촌발전을 위한 민관협력체계 구축의 사례와 당면과제에 대해 제안하고자 한다. 논리적 전개에 생략과 비약이 많고 표현이 일부 명확하지 못한 점에 대해서도 양해를 구한다.

제 2 절 거버넌스 모델과 농촌

1 거버넌스 개념의 이해

거버넌스의 개념 자체는 다양하고 계속 변화하고 있는 것으로 이해된다. 간단하게 보면 '민관협력체계' 정도로 이해할 수 있으며, 일반적으로 번역되는 '협치(協治)'의 한자 이미지를 연상할 수 있을 것이다.

〈거버넌스의 이해〉

- "공공 및 사적 개인들과 제도들이 공공 목적을 달성하기 위해 자신들의 공통적인 업무를 관리하고 자원을 통제하고 권력을 행사하는 무수한 방법의 집합이며, 갈등적인 이해나 다양한 이해관계들이 수용되면서 상호협력적인 행동이 취해질 수도 있다." (글로벌 거버넌스 위원회)
- "다양한 이해관계를 가진 당사자들이(정부, 기관, 시민 및 시민단체 등) 공공 현안에 대한 정책결정과 수행에 참여하는 과정"
- "네트워크를 형성하는 다양한 집단들에 의한 공공정책의 공동생산(co-production)과 공동집행(co-implementation)"

거버넌스 논의가 도입된 역사적 배경과 장점에 대해서는 충분히 동의할 부분이 있다. 하지만 우리 현실의 상황에 대한 논의, 특히 농촌사회의 특수성에 기초한 논의는 충분히 이루어지지 않고 있는 상황으로 받아들인다. 특히 심도있는 사례연구는 여전히 초보단계로 이해할 수 있다.

2 거버넌스 논의의 농촌 적용에 대한 문제제기

'로컬 거버넌스' 논의도 있지만 농촌 적용에 있어서 세 가지를 제기하고

자 한다.

첫째, 현재 농촌상황에 대한 정확한 이해가 있는가? 여기에는 협력이 가능한 정치적, 문화적 풍토, 행정, 주민, 단체 등의 내적 역량 성숙도, 협력체계 구축을 위한 제도적 장치 등이 포함될 수 있다.

둘째, 도시와 다른 농업, 농촌, 농민의 특수성에 대한 이해가 바탕에 있는가? 여기에는 시민혁명을 통한 '각성된 개인'층의 폭넓은 존재 유무, 도시에 없는 시간 감각과 계절 리듬의 차이, 형체만 있다 하나 마을 자치의 역사적 전통에 대한 인정 등이 포함될 수 있다.

위의 두 가지 측면을 고려하여 한국식 '농촌형 거버넌스'에 대한 검토가 필요하다 할 것이다.

제 3 절 '농촌형 거버넌스'의 형식과 구축 방향

1 농촌형 거버넌스(민관협력체계)의 형식과 과제

첫째, '책임있는 주체'의 형성이다. 행정의 내부혁신과 민간의 역량강화, 두 측면은 모두 필요하다. 정책 측면에서도 민관 양측의 정신세계 측면에서 오랜 시간이 걸릴 과제이다.

둘째, '균형있는 긴장관계' 형성이 중요하다. 이를 위해 주민의 행정 의존과 불신, 행정의 자기중심주의(독주)를 극복해야 한다. 또한 긴장관계를 유지할 수 있는 정치적・제도적・문화적 장치를 마련해야 한다.

셋째, '풀뿌리 마을자치' 기반 구축이다. 가능한 대로 소지역사회 단위에서의 민관협력 실험들이 축적되어야 할 것이고, 마을자치의 네트워크가 중층적으로 결합하는 형태를 제안할 수 있다.

2 새로운 방향 모색을 위한 논쟁점

첫째, 민관협치인가, 주민자치인가? 행정은 비교적 단일한 성격의 주체, 반면 민간은 다양하고 모래알과 같은 상황이다. 협치를 위한 주체 역량 수준, 농촌 사회의 특수성, 중기방향 측면에서 주민자치의 다양한 실험과 역량 강화와 이를 통한 주체형성이 전제되어야 한다.

둘째, 주민참가인가, 주민주도인가? 절차적·형식적 민주주의 과정에서 나타난 주민'참가'의 정당성과 제도화가 요구되고, 자치적 지역사회 만들기 관점에서의 '주민주도 상향식' 사업모델이 필요하다. 지역의 내재적 자원을 활용하여 지역이 주도하는 지역개발론인 내발적 발전론도 필요하다.

셋째, 무엇을 위한 거버넌스인가? 무엇이 '공공'이고 '공공목적'인가? 지역발전에 대한 다양한 이해가 존재하는 상황에서 차선의 합의 가능성이라 할 수 있다.

3 일본의 코몬즈 논의와 시사점

'코몬즈(commons)'란? "지역의 자연환경을 지역민들이 공동으로 이용하고 공동으로 관리하는 구조"를 말한다. 일본에서의 코몬즈 논의는 G. Hardin의 '코몬즈의 비극'에 대한 인류학적 반론으로서 결국은 '코몬즈 결여의 비극'을 말하는 것이다.

이는 시장(私) 또는 정부(公)와 다른 코몬즈(共) 영역의 존재에 대해 주목하는데, 마을 공동산, 공동어장, 공동온천 등 지역(특히 농촌)사회의 공동영역에 관심을 둔다. 또한 사회학, 경제학, 법학, 인류학 등의 분야를 중심으로 '코몬즈연구회'가 결성되어 활발하게 활동 중에 있다(http://freett.com/commons).

타베타 마사히로(多辺田政弘)의 코몬즈론을 보면, "지역주민의 「共」적

[그림 10-1] 타베타 마사히로(多辺田政弘)의 코몬즈론 설명을 위한 기본모델

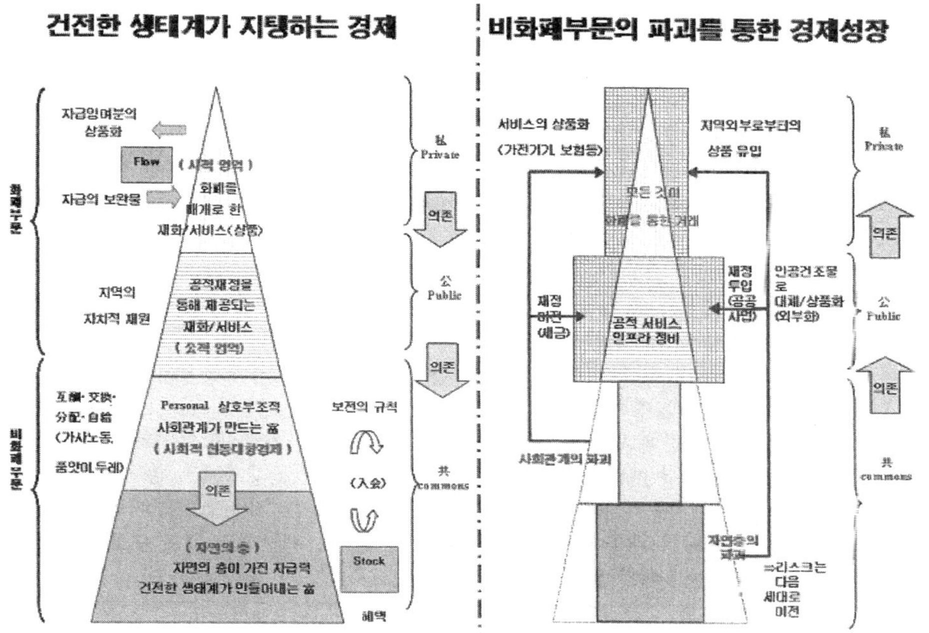

관리(자치)에 의한 지역공간과 그 이용관계(사회관계)", "지역내 토지 공간, 상호부조 시스템으로서의 노동력, 서비스, 신용 등을 포함한 지역 '공동의 힘'"을 강조하는데, 자본주의 사회에서 화폐영역으로 흡수, 해체되지 않은 비화폐 부문에 해당하는 것으로서 '건전한 에코로지 사회'와 '비화폐 부문의 파괴에 의한 경제성장 사회'를 모델로 제시한다([그림 10-1]. 이 모델은 미국 경제학자, 헤이젤 핸더슨(Hazel Henderson)의 논의를 발전시킨 모델이다.

코몬즈 논의는 다음과 같은 시사점을 제공한다. 첫째, '공공(公共)' 개념과 구분되는 '공(共)적 영역'에 대해 새롭게 주목하는 것이다. 둘째, '공(公)/관(官) 섹터'와 구분되는 '사회적 협동대항 경제' 영역을 특화하는 것이다. 셋째, 농촌사회의 특수성에 맞는 '지속가능한 농촌사회'에 대한 이상적인 모델을 제시하는 것이다.

〈타베타 마사히로의 코몬즈 모델〉

- 타베타 마사히로씨는 우선 사회환경과 자연환경을 그림과 같이 4개의 계층으로 나누어 분석하고 있다. 1층은 자연 그 자체가 만들어내는 자연의 층, 2층은 논이나 밭 등 자연과 인간이 접하는 층이다. 3층은 공(公)적 서비스나 인프라 정비의 층이다. 4층은 개인이나 기업의 상품판매 활동을 하는 층이다.
- 그림의 왼쪽이 「건전한 에코로지 사회」이고, 오른쪽이 「비화폐부문의 파괴에 의한 경제성장 사회」에 해당한다. 시간적으로는 그림 왼쪽에서 오른쪽으로 변화하는 자본주의적 경제성장 과정이다.
- 또 오늘날의 산업사회를 화폐적 생산부문과 비화폐적 생산부문으로 나누고 있으며, 후자는 그림의 맨 아래 자연의 층과 사회적 협동대항경제 층으로 구성된다. 화폐부문은 그것에 의존하면서, 즉 비화폐 부문을 토대로 성립된다. 경제성장(그림 오른쪽)이란 화폐부문의 확대처럼 생각되지만 사실은 토대인 비화폐 부문을 파괴하거나 축소시킨 결과일 뿐이다.
- 코몬즈란 비화폐 부문에 해당하는 것으로 시장이나 공(公)적 영역과는 다른 규칙이 작동하며, 그에 따름으로써 지역공동체를 유지하고 환경파괴를 피할 수 있었다. 즉 "지역의 부여된 자연환경이 허용하는 범위 안에서 그 자원에 의존하여 영속성을 가지고 생활하기 때문에 그 환경자원을 갱신적으로 이용하기 위한 보전규율(약속)이 지역별로 만들어져 있었다".

4 농촌형 거버넌스 구축의 기본전략

첫째, 내부 주체의 역량 강화이다. 이를 위해 농촌의 학습운동 전통의 구축, 토론과 합의의 문화적 풍토 조성, 거버넌스 구축을 위한 핵심 주체 그룹의 확보, 농촌형 시민사회의 검토(농촌의 봉건적, 폐쇄적 문화풍토 개선) 등이 필요하다.

둘째, 외부자원의 주체적인 활용이다(보완적인 내발적 발전론으로 [그림 10-2] 참조). 이를 위해 초기단계에서 중앙예산, 외부인재 등의 적절한 활용, 민관협력 구축을 위한 다양한 실험, 시행착오의 수정 '과정', 중장기적 관점에서 단계적인 접근(지방정치의 제약요인 극복) 등이 필요하다.

셋째, 농촌의 발전방향(공공목적)에 대한 합의형성이 필요하다. 이를 위해 합의과정 속에서 만들어지는 차선(차차선)의 비전 중시, 농업, 농촌의

[그림 10-2] 농촌형 거버넌스 구축을 통한 보완적인 내발적 발전 전략

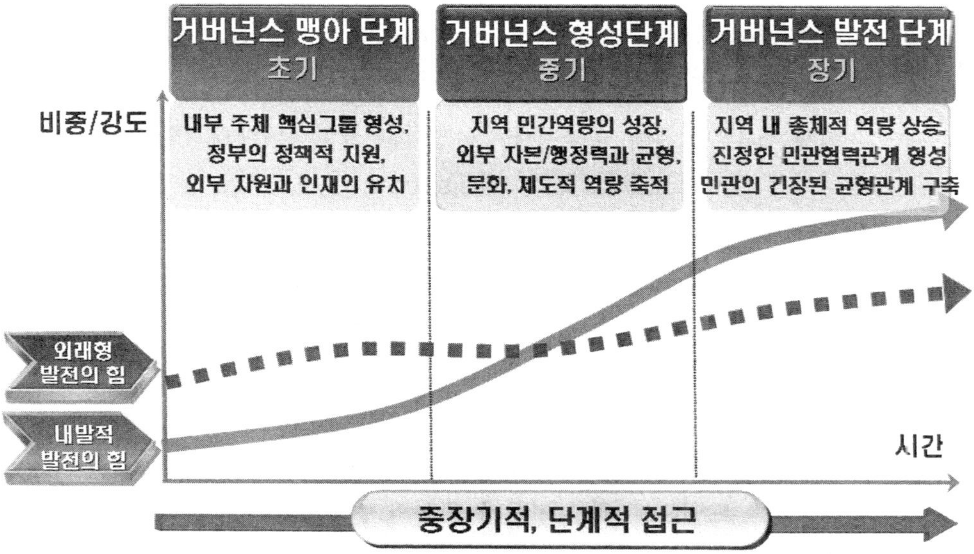

다원성 중시(장기 경쟁력 확보를 위한 기반), 시행착오에서 배우는 학습효과의 재반복으로 중장기 성장동력 확보 등이 요구된다.

제 4 절 진안군의 다양한 실험과 반성

1 신활력사업의 PAS 방식 도입

우선 농촌에서 행정사업의 성격을 이해할 필요가 있다. 새로운 변화를 위한 출발점은 행정에서 제공할 수 있다. 특히 낙후지 농촌이 그렇다. 행정사업은 지역 협력체계 구축을 위한 매개자, 촉진제 역할로 기능이 가능하다.

둘째, 신활력사업은 기존의 농촌개발 방식에 대한 전면적 반성에서 출발해서 소프트웨어/브레인웨어 중심, 중장기 성장동력 확보, 지역혁신시스템 구축 차원의 사업을 펼치며 행정과 지역사회 전반의 체질 개선을 요구한다는 의의를 갖고 있다.

셋째, SAP 모델을 응용한 PAS 방식을 도입하였다([그림 10-3] 참조). 행정에서 실시하는 모든 프로그램(Program)과 프로젝트 사업을 매개로 지역인재(Actor) 육성과 혁신시스템(System=거버넌스)을 구축하는 것으로서 민간의 책임있는 주체 형성과 역량 강화, 행정의 내부체질 개선, 관련기관/단체와의 협력시스템 구축 효과 등을 기대할 수 있다. 또한 다양한 주체가 모여서 학습하고 토론하며 합의를 통해 사업이 결정, 추진되는 체계 구축을 모색할 수 있다.

진안군 신활력사업의 성과를 보면, '주민참가형 연구용역'(학습형 컨설팅) 방식의 도입으로 외부 전문가 중심의 연구용역 방식을 개선하기 위한 모델을 개발했다는 것이다([그림 10-4] 참조). '주민참가형 연구용역' 완료

[그림 10-3] 진안군 신활력사업의 모델 : PAS 방식

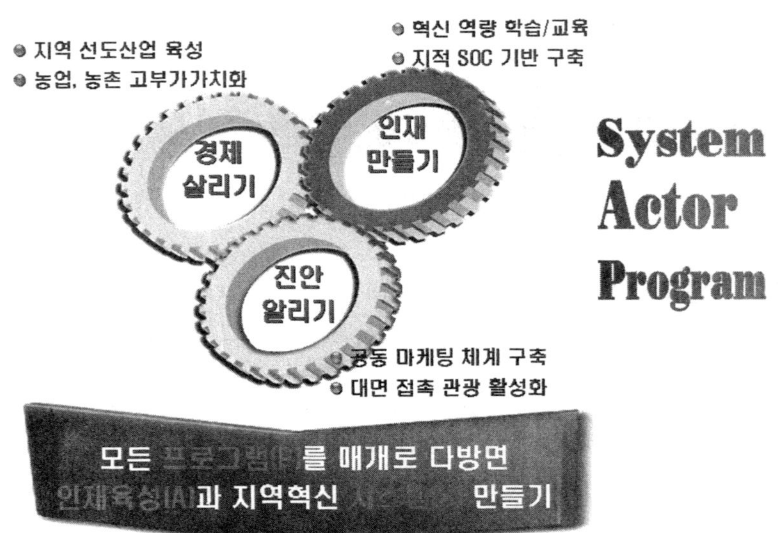

[그림 10-4] 주민참가형 연구용역 모델 : 교육분야 사례

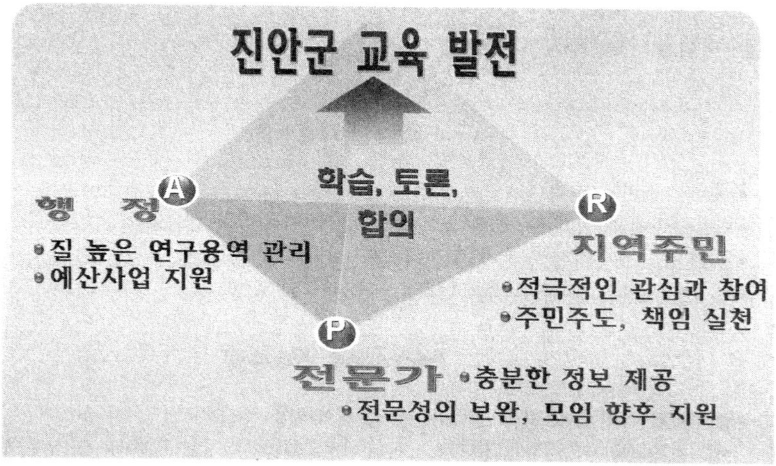

후 도농교류, 교육분야 등 다양한 민간 그룹을 형성하게 된다. 또한 귀농인 중심의 마을간사제도 도입으로 마을만들기 분야에서 보완적인 내발적 발전을 위한 기반을 구축하는 것이다.

진안군 신활력사업의 성공(거버넌스 구축)을 위한 지난한 과제로는 첫째, 단기적·가시적 성과 도출에 대한 지역사회(행정, 주민 등) 욕구에 대해 적절한 부응이 필요하다는 것, 토론과 합의 형성을 위한 중장기적인 문화적 풍토 조성 전략이 필요하다는 것, 행정내 핵심 매개자, 촉진자 그룹 형성이 필요하다는 것 등을 들 수 있다.

2 주민주도 상향식의 으뜸마을가꾸기 사업

으뜸마을가꾸기 사업의 의미는 전국 농촌 지자체 최초의 상향식 마을만들기 사업, 민관 신뢰관계 구축을 통한 주민역량 강화로 주민주도 마을만들기의 실험, 풀뿌리 주민자치 사회구축을 위한 중장기적 실험이라는 점 등을 들 수 있다.

으뜸마을가꾸기 사업은 선택과 집중 지원의 원리에 따라 11개 읍면별 발전가능성이 높은 1개 지구를 선정하여 국도비 예산의 확보를 통해 소액 예산 사업을 지원하는 것이다.

〈2006년 사업개요〉

- 예산 : 도비 5억원
- 마을주민들의 합의를 통해 읍면경유, 군에 마을단위 사업제안
- 2005.12, "으뜸마을가꾸기 추진위원회"(조례) 심의, 통과
- 지구별 예산 : 약 6천만원(자부담 1천5백만원 포함)

〈대상지구별 특화사업〉

- 총 18개 사업(2005년도 사업의 연계, 보완사업 중심)
  예) 농특산물 가공시설(2005년), 민박체험(2005년) / 간이천문대 설치(2006년)

으뜸마을가꾸기 사업의 핵심은 교육, 훈련중심으로 찾아가는 교육, 실제 사업을 통한 훈련을 중시한다는 점과 결과보다 과정을 중시함으로써 마을 발전을 위한 중장기 시스템을 구축한다는 점을 들 수 있다.

으뜸마을가꾸기 사업의 성과로는 첫째, 행정 의존에서 점차 탈피하여 마을 발전에 대한 자기 책임성이 증가했다는 것이다(<사진 10-1>, <사진 10-2> 참조). 둘째, 적절한 자극과 지속 지원으로 경쟁의식을 강화함으로써 지역사회 내 새로운 바람을 일으켰다는 것이다. 셋째, 민관의 신뢰관계를 형성함으로써 긴장된 균형관계를 구축했다는 것이다.

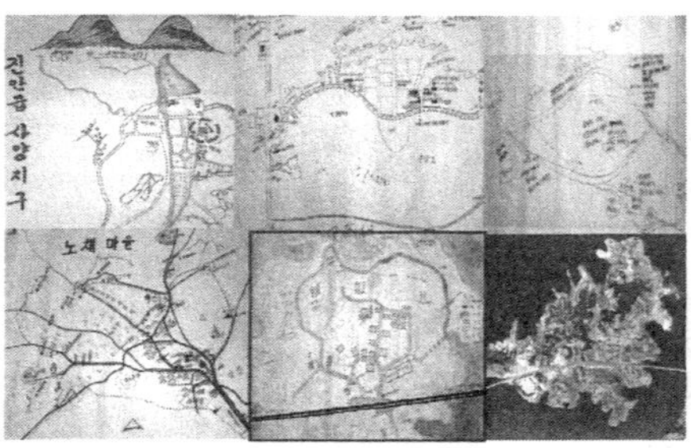

〈사진 10-1〉 주민이 그린 마을발전계획도

〈사진 10-2〉 우리 마을 발전계획 주민발표회

으뜸마을가꾸기 사업의 중장기 과제로는 다음과 같은 것들을 들 수 있다.

첫째, 농촌형 마을만들기의 기술적 방법론을 개발해야 한다는 것이다. 다양한 실험과 시행착오 수정과정이 필요할 것이다.

둘째, 주민의 단기적·가시적 기대에 부응하며 중장기 목표를 달성하기 위한 제도적 장치가 마련되어야 한다는 것이다. 마을만들기 조례로의 확대 개편, 민간 전담기구 설립, 독자 군비예산 확보 등이 요구된다.

셋째, 마을 내 인적 역량의 보강이 필요하다. 현재는 마을간사 제도의 도입으로 '일시' 처방에 나섰다.

3 마을간사제도

이 제도의 도입배경은 마을만들기 활동 지구에 대한 외부 인적 수혈, 귀농자의 시행착오 수정, 연착륙 지원으로 지역 인재화 등이라 할 수 있다.

〈마을간사제도 2007년 개요〉

- 12개 마을대상, 신활력사업의 '인재만들기' 일환으로 도입
- 총 사업비 140,400천원(전액 신활력사업 국비, 활동비 포함)
- 1인당 활동비 월 100만원, 4대보험 제공
- 주간정기회의 개최로 마을적응과정 지도, 애로사항 청취 및 조정
- 마을간사협의회 자율 구성 및 자체 카페 운영

〈마을간사의 역할〉

- 지구별 마을만들기와 관련된 기존 사업의 체계화 및 활성화
- 마을 단위 체험 프로그램의 개발 및 운영
- 마을 사무 및 회계관리, 마을신문 발행
- 농산물 유통망 확충 및 마을홍보 등

만 1년의 준비기간을 거쳐 2006년 3월부터 시행하고 있는 이 제도는 마을 공동활동에 대한 체계적 지원을 그 역할로 삼고 있다([그림 10-5] 참조). 총 12명을 채용하였고(마을사무장 3인 별도), 마을에 거주하며 일정 기

[그림 10-5] 마을간사의 역할과 사업 체계도

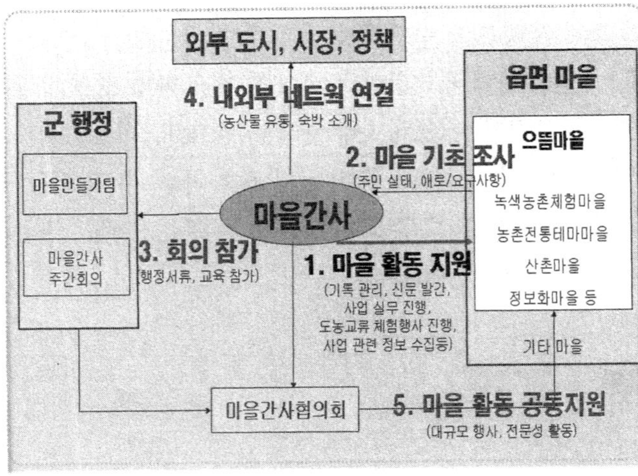

[그림 10-6] 마을간사를 매개로 한 네트워킹

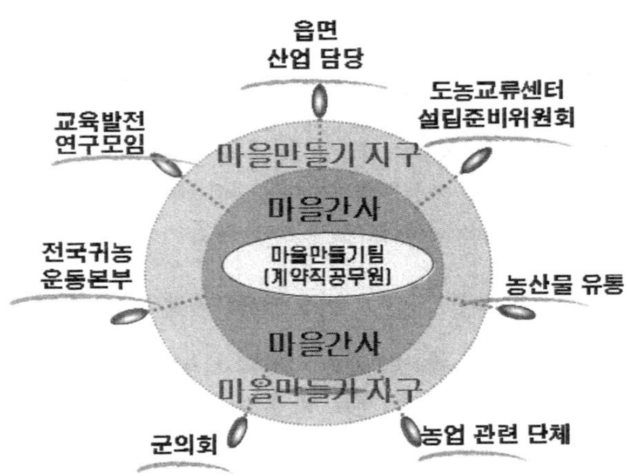

간(약 2년) 활동 후 지역에 정착하는 과정으로 설계되었다.

제도의 성과를 보면 다음과 같다.

첫째, 마을 내 공동활동의 체계화가 진행되었다는 것이다. 즉 정확한 정보의 유통, 토론과 합의, 절차를 중시하는 풍토 형성에 기여했다.

둘째, 지역사회 내 새롭고 다양한 활동(도농교류, 대안교육, 숲해설 등)의 매개자 역할을 수행했다.

셋째, 마을간사를 매개로 지역사회 내 다양한 네트워킹의 형성에 기여했다([그림 10-6] 참조).

향후 과제로 생각해 볼 수 있는 것은 외부 귀농자에 대한 지역사회 내 뿌리 깊은 불신구조의 해소, 마을만들기 지원 민간기구로의 재편(사회적 기업 논의와의 접목), 농촌사회 내 다양한 NGO 활동가로 전환 기대(민관의 연결고리 역할) 등이다.

4 행정 내 전담팀 구축

농촌 지자체의 성과모델 도출전략으로는 다음과 같은 것들을 제안해 볼 수 있다.

첫째, 민관의 신뢰관계 구축, 민간의 전문기구 설립, 이를 위한 목적의식적 행정활동이다.

둘째, 전략사업, 핵심 프로젝트 중심으로 행정 내 전담팀 구축이다.

셋째, 성장동력 확보로 단기간(3~5년) 성과모델 도출, 사업의 민간 이전, 타 분야 확산이다.

진안군의 마을만들기팀은 2007년 2월 조직 개편을 통해 신설되었고, 다음과 같은 역할을 수행해왔다.

첫째, 유사 업무의 통합이다. 녹색농촌마을, 마을사무장, 도농교류(이상 농림부), 살기좋은 지역만들기, 참살기좋은 마을가꾸기, 혁신브랜드(이상 행자부) 등 유사업무를 통합했다.

둘째, 으뜸마을가꾸기에서 마을만들기 전반으로의 확대이다. 정부부처 마을만들기 관련 업무의 조정과 공동학습을 위한 행정TF팀이 구성되어 사무국 역할을 수행했다.

셋째, 마을간사 제도에서 귀농지원 일반 업무로의 이행이다. 농림부 '도시민 유치 프로그램 지원' 공모사업(3년간 10억)에 선정되어 '귀농귀촌활성화센터(가칭)'의 설립을 통한 사업이전을 구상 중이다.

넷째, 으뜸마을가꾸기 및 마을간사제도의 성과에 기초하여 제1회 마을만들기 전국대회를 성공적으로 개최하였다. 외부 시민단체의 도움을 통한 민관협력(거버넌스) 성공사례로 평가되고 있다.

진안군 마을만들기팀의 향후 조직적 구상을 피력해보면 다음과 같다.

첫째, 행정 내 기반조성담당(건설교통과), 생활환경담당(농업기술센터), 평생학습담당(행정지원과) 등과의 업무적·조직적 결합 검토가 필요하다.

둘째, 민간 역량의 육성과 책임있는 전담기구 설립과 관련 사업의 이전이 필요하다. 특히 귀농지원, 도농교류 등 소프트웨어 사업이 그렇다.

〈표 10-1〉 진안군 마을만들기 지구 현황(07년 7월 현재/전체 총 20개 지구)

사업명	개소	대상마을(지정연도)	중앙부처	진안군 관련 실과소
으뜸마을 가 꾸 기	11	진안 사양, 안천 노채, 동향 능금·학선, 백운 동창, 성수 중길, 부귀 황금, 주천 무릉(이상 '01), 용담 와룡, 상전 용평, 마령 신동, 정천 봉학(이상 '03)	없음 (진안군 독자사업)	정책기획단 마을만들기팀
녹색농촌 체험마을	5	동향 능길('02), 주천 무릉('04), 백운 동신('05), 진안 가막('06), 성수 오암('07)	농림부	정책기획단 마을만들기팀
농촌전통 테마마을	4	안천 상리('04), 용담 감동('05), 부귀 신덕('07), 상전 금지('07)	농촌 진흥청	농업기술센터 생활환경담당
산촌종합 개발사업	5	백운 신암('03), 정천 봉학('05), 주천 중리('06), 용담 송풍('07), 안천 지사('07)	산림청	산림자원과 임간소득담당
정보화 마을	2	마령 덕천('04), 동향 능금('05)	행정 자치부	행정지원과 전산담당
마을종합 개발사업	1	동향 능금·학선('06)	농림부 (농촌공사)	건설교통과 기반조성담당
청정테마 파크사업	1	안천 노채('04)	전라북도	농업경제과 친환경농업담당

셋째, 마을만들기 디자인센터를 설립할 필요가 있다. 전문성에 기초한 민관협력기구로서의 역할이 요구된다.

제 5 절 농촌형 거버넌스(민관협력체계) 구축을 위한 당면 과제

1 지역단위 거버넌스(Local Goverance) 구축

지역 중심으로 정부 정책 추진체계의 재편하기 위한 6대 과제를 들 수 있다.

첫째, 중앙정부 정책 및 사업내용의 조정과 유연화

둘째, 중앙정부 권한의 대폭적인 지방 이양

셋째, 지자체 단위에서 업무의 통합적 추진

넷째, 지자체 정책 및 단위사업의 계획적·종합적 추진

[그림 10-7] 정책 추진체계의 지역 단위 재편과제와 관계

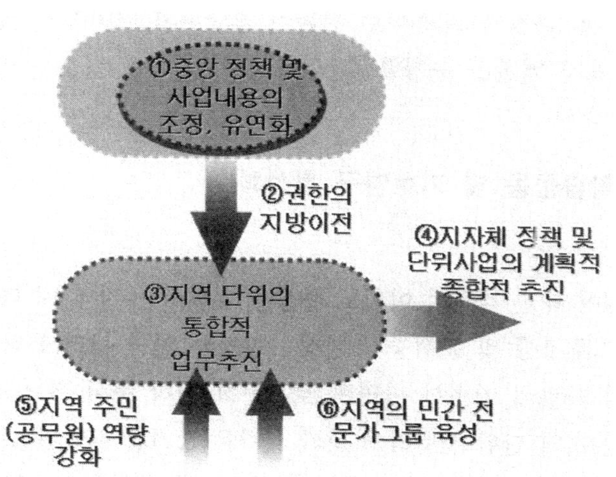

다섯째, 지역주민 및 공무원의 역량 강화

여섯째, 지역의 민간전문가 그룹 육성

지자체 행정의 혁신과 공무원 역량 강화를 위해서는 계약직, 개방형 공무원제도 도입의 분위기 조성과 확대, 명확한 목적의식에 기초한 공무원 재교육 시스템 도입, 성과 중심 전담팀 구성의 장려(공모사업을 매개로 가능) 등이 필요하다.

한편 지역(최소한 광역) 단위 민간 컨설팅 그룹을 육성할 필요가 있다. 현장밀착형 컨설팅 집단을 제도적으로 장려하고, 전문성에 기초하여 행정과 민간 사이의 가교역할을 수행하도록 하는 것이다.

2 주민참가형 연구용역 방식으로의 과감한 전환 장려

주민참가형 연구용역 모델의 확산을 위해 모든 연구용역, 설계용역 과정에 공무원과 주민참여 의무화, 전문가의 도움을 통해 지역 내 학습강화와 협력체계 구축 등이 필요하다. 단, 행정의 과업지시서 작성능력 향상이 전제된다.

전문가 역할에 대한 재정립도 필요하다. 즉 아이디어 제안자, 보고서 작성자에서 '과정의 설계자'로 전환이 요구되고, 거버넌스 구축을 위한 촉진자, 매개자 역할을 수행할 수 있을 것이다.

3 지역단위 학습운동 및 기초연구 활성화

지역에 대한 객관적 이해도 향상을 위해서는 지역 내 다양한 학습운동의 전개(기초조사 및 분석능력 향상), 향토사 연구 장려(특히 근현대사 부분), 객관적 자료에 기초한 합리적 토론문화 정착 등이 필요하다.

또한 지역 단위 풀뿌리 학회의 설립을 장려할 필요가 있다. 이는 지역 연구자 그룹, 공무원, 지역단체 등이 공동 참여하는 토론의 장을 확보할 수 있는 것으로서 '진안학회'와 같은 것이 예가 될 수 있다.

그리고 중앙정부 시행 공모사업에 대한 정확한 모니터링 체계 구축이 필요하다. 이를 위해 시범사업과 모니터링 실시 후에 전국 대상 공모사업 도입, 지역사례 연구의 장려와 학회 등을 통한 검증작업 추진, 단기간이라도 국책사업 중심으로 전문학회 장려(예로, 신활력학회, 마을만들기학회 등) 등이 검토되어야 한다.

제 6 절 결론에 대신하여

지역단위 민관협력체계(거버넌스) 구축은 중장기적 과제로 결코 단기간에 가능한 것이 아님을 분명히 인정해야 할 것이다. 특히 농촌사회에서의 주체별 내부 역량은 극히 미약하고, 토론과 합의의 문화적 풍토는 전혀 성숙되지 못함. 이를 강화하는 것이 협력을 논하기 이전의 당면과제에 해당한다.

지역에 뿌리내리려는 개인과 그룹의 각성에 기초하여 합의 가능한 목표 설정을 향해 상호작용하는 과정 속에서 토론과 합의를 중시하고 신뢰관계를 조금씩 쌓아가야 할 것이다. 결국 민관협력체계(거버넌스)를 구축하기 위해서는 풀뿌리 현장에 주목하고 중장기 전략을 가지고 '더디지만 제대로 가는 길'을 선택해야 할 것이다.

제 11 장 자원봉사 네트워크의 현황과 과제: 볼런티어21 사례를 중심으로

우영화

제 1 절 들어가며

자원봉사는 도움을 필요로 하는 사람과 도움을 줄 수 있는 사람과의 네트워크를 통해 사회자본을 만들어가는 무에서 유를 만드는 활동이다. 지역사회에서 사람과 사람, 조직과 조직과의 거미줄 같은 자원봉사 네트워크는 우리 사회 중요한 사회안전망으로서 큰 기능을 한다.

우리나라 자원봉사는 90년대 중반 이후 현재까지 248개 전국 시군구단위로 자원봉사센터가 설립·운영되어 자원봉사활성화를 위한 전국적인 인프라가 만들어졌다. 자원봉사센터의 확대는 자원봉사활성화의 큰 이유이기도 하면서 관주도의 자원봉사양태가 나타날 수밖에 없는 조건이 되었다.

한편 확대된 시민사회 속에서 자원봉사는 단순히 '어려운 사람을 돕는 좋은 일'에서 우리 사회문제를 예방, 해결하는 강력한 힘으로 자리매김되고 있으며, 시민참여의 주요 목표와 방법으로서 자리잡아가고 있다. 그래서 전통적인 사회복지영역 외에도 시민사회, 문화, 스포츠, 정치, 행정, 종교 등 다양한 영역에서 자원봉사활동이 진행되고 있다.

이렇게 관주도의 자원봉사와 시민사회로 확대된 자원봉사가 전개되는 가운데 자원봉사 전문시민단체로서 볼런티어21은 다양한 자원봉사의 스펙트럼 속에서 협력과 균형을 위한 역할을 하기 위해 노력하고 있다.

볼런티어21은 1996년에 창립하여 우리나라 자원봉사 인프라 확대, 자원봉사 정책연구 및 교육, 컨설팅을 진행해 오면서 우리나라 자원봉사운동을 주도적으로 이끌어왔다. 본 장에서는 볼런티어21의 네트워크 사례를 통해 자원봉사 네트워크의 현황, 성과, 향후 과제를 모색해보고자 한다.

볼런티어21의 설립목적은 우리나라에서 자원봉사활동을 하는 자원봉사센터, 단체, 기업, 정부 등이 보다 효과적으로 자원봉사를 하기 위해서 필요한 제반의 서비스(교육, 컨설팅, 프로그램개발 및 보급, 국내외 네트워킹 등)를 제공하여 지역사회의 변화를 가져올 수 있도록 하는 것이다. 그렇기 때문에 볼런티어21의 네트워크 사례에서 민관협력 또는 협력적 거버넌스가 어떻게 실현되는지를 살펴봄으로써 일반 자원봉사네트워크의 성과와 과제 등을 살펴볼 수 있다고 생각된다.

제 2 절 우리나라 자원봉사정책 현황

자원봉사 네트워크를 살펴보기 위해서는 현재 우리나라 자원봉사정책의 흐름을 먼저 검토하지 않을 수 없다.

전국의 248개 자원봉사센터의 운영형태를 보면 지자체 직영형태가 43.7%, 혼합운영형태가 13%, 위탁운영형태가 40.9%, 독립법인형태가 2.4%이다. 지자체 직영의 경우 실무자는 전원 공무원이며, 혼합형의 경우 민간전문가를 고용하여 운영하는 형태이다. 현재 자원봉사센터는 운영형태에서 알 수 있듯이 민간의 자발적 의지가 가장 중요한 자원봉사가 지방자치단체의 과도한 개입과 단체장의 의지에 따라 영향을 많이 받을 수밖에 없는 현실이다.

자원봉사활동기본법에 따르면 정부는 관계 중앙행정기관의 장과 협의하에 매 5년마다 자원봉사활동 진흥을 위한 국가기본계획을 수립하도록 되어 있다. 이에 따라 2007년에 제1차 국가 기본계획이 수립되었고, 2008년 1차년도 사업이 실행되고 있다. 국가기본계획은 자원봉사활동 가치증진과 참여촉진, 자원봉사활동지원 인프라의 효율화 증진, 자원봉사활동관리 및 핵심인력 양성, 자원봉사활동 연구기반 조성, 자원봉사활동 국제교류 활성화라는 5대 정책영역, 13개 정책과제, 35개 세부과제로 이루어졌다([그림 11-1] 참조).

[그림 11-1] 자원봉사활동 진흥 기본(시행)계획의 개요

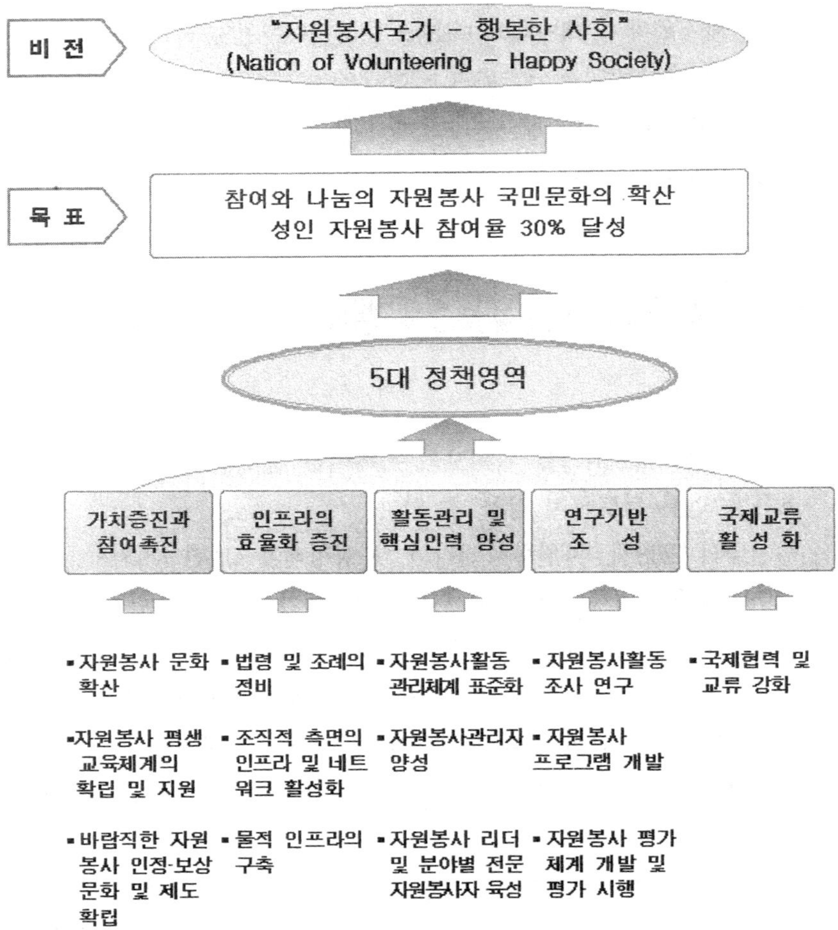

자원봉사 진흥을 위한 국가기본계획은 5년간 자원봉사계의 각종 현안의 모든 방향과 내용을 집대성했다는 것만으로도 큰 의미를 지니며 주목해야 할 정책이다. 그러나 1차년도 사업이 시행되고 있는 현재 실행과정에서 충분한 자원봉사현장의 의견수렴없이 급하게 진행되고 있다는 문제제기가 있는 것도 사실이다.

국가기본계획 수립 및 실행은 자원봉사전문가, 학계전문가들이 참여하여 수립되었고 법정기구인 한국자원봉사협의회의 조정과 조율과정이 있었다. 그렇지만 실행과정 속에서 자원봉사현장 전체의 의견수렴과 조율이 충분하지 않은 채 진행되어 개별단체들과 행정안전부의 계약으로 사업이 진행되면서 체계적으로 자원봉사활성화 측면보다는 정부용역사업화 하는 경향이 있는 것도 현실이다.

제 3 절 볼런티어21 자원봉사 네트워크의 현황

볼런티어21의 자원봉사 네트워크는 크게 자원봉사계, 시민사회계, 국제 네트워크를 살펴볼 수 있다. 자원봉사는 우리 사회에서 워낙 폭넓게 진행되고 있기 때문에 볼런티어21의 네트워크 또한 광범위하다. 네트워크의 수위는 정책결정참여부터 행사참여, 일상적인 자문, 정보제공까지 다양하다.

1 볼런티어21 네트워크의 방향

지역사회에서 네트워크를 형성해야 하는 이유는 여러 가지가 있다. 우선 다원화된 현대사회의 서비스이용자의 욕구증가로 다양한 자원과 시각을 공유하여, 서비스의 불필요한 중복을 피할 수 있어 효과성을 높일 수 있다. 또한 지역사회에 대한 책임과 기여에 있어 폭넓은 공감대를 형성하여 독자적으로는 어렵던 일이 같이 하면 가능하게 되고 건강하고 더불어 사는 사회건설에 보다 효과적으로 기여하기 때문이다.

볼런티어21은 보다 많은 시민들이 효과적으로 자원봉사에 참여하도록 함으로써 서로 돌보고 신뢰하는 성숙한 사회를 만들기 위해 창립되었으며, 지난 12년간 자원봉사확산을 위한 인프라 구축 및 정책연구, 자원봉사지도자 및 관리자의 역량강화를 위한 교육훈련, 지역사회 문제해결과 공동체성 강화를 위한 프로그램 개발 및 보급, 컨설팅에 노력을 기울여 왔다. 2006년 창립 10주년을 맞이하여 볼런티어21은 향후 10년의 비전으로 지역사회 현장의 변화를 만들도록 지원하는 '자원봉사로 움직이는 지역사회변화발전소'를 설정하였다.

볼런티어21의 사업은 자원봉사로 지역사회 변화를 만들기 위한 각종 지원노력이 중심이므로, 자원봉사자, 자원봉사기관, 시민단체, 풀뿌리조직 등이 자원봉사활동을 하기 위해 필요한 각종 국내외 정보와 교육, 프로그램 모델을 생산, 제공해 왔다. 또한 이를 현장에 효과적으로 적용하여 변화를 만들어가도록 지원을 해왔으며 이것은 볼런티어21 네트워크의 중요한 지향점이다.

2 네트워크 현황

(1) 자원봉사 네트워크

볼런티어21은 한국자원봉사협의회, 한국자원봉사센터협회, 한국자원봉사관리협회, 한국자원봉사포럼 등 중앙자원봉사단체와 핵심적인 연대사업을 하고 있으며 주요임원으로 참여하고 있다.

특히 볼런티어21은 자원봉사의 가치와 정신을 지키고 이를 현장에서 제대로 구현해 낼 수 있도록 리더십을 갖춘 자원봉사관리자들의 네트워크인 한국자원봉사관리협회 창립을 주도하였고, 지속적인 관리자포럼을 지원하여 관리자들의 전문성향상을 위한 노력을 기울이고 있다.

중앙단위 자원봉사네트워크는 주로 자원봉사계의 정책형성, 이슈발굴, 연구개발, 교육 등 자원봉사의 현안을 중심으로 네트워크가 진행되고 있다.

현재는 자원봉사 네트워크는 자원봉사기본법 제정(2005년), 자원봉사 국가기본계획수립(2007년) 등과 맞물려 긴밀하고도 긴장감 있게 움직이고 있다. 중앙단위 민간네트워크의 중심은 한국자원봉사협의회(법정기구)가 하고 있으며 아직 미흡하지만 국가기본계획 수립과 실행에 있어서의 자원봉사계 의견수렴의 중심역할을 하고 있다. 볼런티어21은 2008년도 국가기본계획의 실행에서 자원봉사단체교육과 조사연구를 주도적으로 진행하고 있다.

또한 전국 시군구단위의 자원봉사센터들의 각종 자문, 운영매뉴얼 제공, 정보제공, 교육진행, 프로그램보급, 회의참석 등의 네트워크를 진행하고 있다.

〈볼런테인먼트 실천네트워크〉

볼런테인먼트는 Volunteer와 Entertainment가 합쳐져 만들어진 새로운 말로써 기존의 자원봉사활동에서 즐거움, 재미, 활력, 기쁨의 요소를 한층 강화하여 보다 즐겁고 신나게 자원봉사활동을 하자는 의미이다. 볼런테인먼트는 2004년 볼런티어21이 새롭게 만든 용어로써 헌신과 희생이 강조되는 기존의 자원봉사에서 즐거움, 재미, 행복, 기쁨의 요소를 더하여 즐겁고 신나는 자원봉사를 하자는 캠페인이다.

볼런테인먼트 실천 네트워크는 그동안 공모사업을 통해 좋은 모델을 개발, 보급하였고, 현장의 자원봉사센터 및 관련단체의 관리자들과 자원봉사사례연구, 스터디, 토론을 하였으며 그 사례들을 모아 볼런테인먼트 실천 매뉴얼을 집필하였다. 이제는 많은 기업, 학교, 자원봉사 관련단체들이 이 개념을 적극 활용하고 있을 정도로 확산이 되고 있다.

〈사진 11-1〉 볼런테인먼트 자원봉사 프로그램

〈Hands On 네트워크〉

Hands On 자원봉사는 바쁜 현대인이 누구나 쉽게 자원봉사에 참여할 수 있도록 하는 운동으로서 국제적 네트워크가 있을 정도로 세계적인 자원봉사 흐름을 만들고 있다. 볼런티어21은 한국네트워크로 바쁜 현대인이 참여할 수 있는 일시적 자원봉사 프로그램개발 및 보급, 매뉴얼제작, 활동프로젝트 리더 교육 등을 진행하고 있다. Hands On 네트워크에는 여러 자원봉사센터들이 참여하여 일시적이고 단기적인 자원봉사 프로그램에 대한 논의와 실행이 진행되고 있다.

볼런티어21은 본부로서 교육기획, 프로그램개발, 매뉴얼 제작 등을 하고 있고 자원봉사센터는 기획된 프로그램을 실행, 운영하고 피드백 하는 역할을 담당하고 있다.

〈사진 11-2〉 Hands On 자원봉사 프로젝트

볼런티어21이 주도적으로 진행한 네트워크사례로는 볼런테인먼트와 핸즈온네트워크사업이 있다.

(2) 시민사회네트워크

볼런티어21은 우리나라 민주화흐름이 급속도로 진행된 사회흐름에 적극적으로 동참하였다. 1997년 시민단체협의회 때부터 운영위원으로서 중요역할을 하였으며, 시민사회단체연대회의가 출발한 이후 2004년부터 2006년까지 시민사회단체연대회의 공동대표로 선출되어 활발하게 활동하였다.

그 당시만 해도 자원봉사가 확장된 시민사회 공간에서 시민들의 자발적인 활동에 근간이 되는 핵심요소이지만 정치적으로 활용되는 안타까운 상황이었다. 때문에 시민사회영역에서는 자원봉사의 역할에 대한 중요성이 인식되지 못하고 체계적인 자원봉사 교육 및 관리가 부족한 실정이었다.

시민단체들은 시민운동으로서 자원봉사활동을 표방하고 있는 볼런티어21의 전문성—자원봉사교육, 관리체계구축 등—에 많은 관심을 기울이고 도움을 요청하였으며 이로 인해 네트워킹이 이루어지게 되었다.

시민사회단체연대회의 외에도 열린사회시민연합, KYC, 환경운동연합, 녹색연합, 한살림, YMCA, YWCA, 각 풀뿌리 단체들과의 활발한 네트워크활동을 하였다. 주요한 네트워크 활동은 각종 위원회 위원참여, 자원봉사교육, 컨설팅 등이었다. 이러한 내용을 모아 풀뿌리조직자원봉사 운영매뉴얼인 『풀뿌리조직 자원봉사 시작과 성공』을, 서울지역공부방연합회와 네트워킹하여 『공부방 자원봉사매뉴얼』 등을 만들어 보급하기도 하였다. 또한 실업극복국민운동, 여성부 등의 후원으로 자원봉사관리자를 양성하여 여러 시민단체에 자원봉사전담관리자로 배치하여 자원봉사관리체계가 자리잡히도록 도왔다.

(3) 정부 및 기업

볼런티어21은 정부 및 기업과도 활발한 네트워킹을 하였다. 정부의 정책결정 또는 집행시 자원봉사관련 자문과 정보제공을 활발히 하였으며, 공무원교육, 컨설팅 등을 진행하였다. 행정안전부와는 자원봉사센터 운영매뉴얼, 자원봉사관리자자격과정 연구 등의 사업을 진행한 바 있고, 문화관광부, 여성부의 자원봉사 자문 및 컨설팅을 하였다.

기업의 사회적 책임이 강조되면서 기업 임직원들의 자원봉사활동이 활발해졌다. 볼런티어21은 국내 주요기업들과 파트너십을 형성하여 자원봉사컨설팅, 교육, 프로그램 개발 및 실행 등의 활동을 진행하고 있다.

(4) 국제네트워크

지난 12년간 볼런티어21은 국내 뿐 아니라 국제적인 자원봉사단체 간 교류를 도모하고 한국의 자원봉사활동현황을 세계에 알리고 또한 해외자원봉사의 새로운 정보와 흐름을 한국에 소개하는 데 중추적인 역할을 해왔다.

우선 볼런티어21은 해외와 국내를 이어주는 교두보역할을 하였다. 세계

자원봉사협회(IAVE, International Association for Volunteer Effort)에서 주최하는 IAVE세계대회와 아태대회에 1997년부터 2008년까지 12년째 한국참가단을 모집, 인솔하였으며 대회에서는 주제발표, 워크숍 진행 등 활발한 활동을 하였다. 또한 2001년에는 IAVE 아태지역 사무국의 역할을 하였고 2002년 IAVE 세계대회를 한국에 유치하여 전 세계 83개국, 자원봉사자, 전문가 1,200여명이 참여하는 국제교류의 장을 마련하기도 했다. 이러한 노력과 성과를 바탕으로 볼런티어21 창립자이자 현재 공동대표인 이강현대표는 2008년 4월 세계자원봉사협회 회장으로 선출되어 국제적으로 리더십을 인정받게 되었다. 또한 볼런티어21은 2001 세계자원봉사자의 해(2001 International Year of Volunteers)를 맞아 2001 세계자원봉사자의 해 한국위원회 사무국의 역할을 하여 국제적인 위상을 높였다. 2005년부터는 국제사회에 자원봉사를 통한 변화를 이뤄내고자 미얀마 고아원 원조, 도서 및 컴퓨터 교실 운영 등의 활동을 하고 있다.

[그림 11-2] 볼론티어 21 네트워크 현황

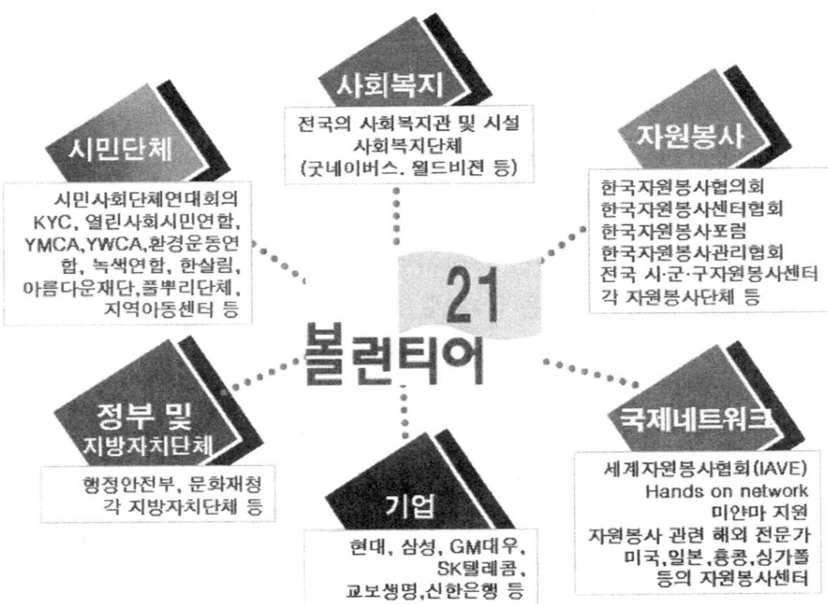

볼런티어21의 국내・외 자원봉사 내용을 주요한 특징을 정리해보면 다음과 같다.

첫 번째로 볼런티어21은 창립부터 자원봉사를 시민사회라는 큰 틀 안에서 바라보고 시민들의 자원봉사활동이 단순한 개인적 선행차원에만 머무는 것을 넘어서 제도적 개선을 위한 노력도 되어야 한다는 것과 활동영역에 있어서도 사회복지 뿐 아니라 다양한 시민참여 영역을 제시하려고 노력해 왔다.

둘째, 볼런티어21은 자원봉사계 안에서 자원봉사활동이 가지는 본려적 의미를 수호하겠다는 분명한 원칙을 가지고 비자발적으르 행해지고 있는 학생자원봉사의 문제점, 자원봉사자들에 대한 과도한 물질적 보상의 문제점, 자원봉사센터의 '관변화' 문제 등에 대한 대안을 제시하고자 노력하면서 원칙을 지키려는 과정에서 다소 지나치게 원칙주의적이라는 오해를 받기도 하였다. 그러나 이해관계에 얽매이지 않고 자원봉사정신의 핵심을 일관되게 확인하고 알리려는 노력이 지금은 오히려 현장에서 적극적 지지와 동의를 받고 있다.

제 4 절 볼런티어21 자원봉사 네트워크의 성과와 과제

1 성 과

(1) 자원봉사운동성 강화

볼런티어21은 창립초기부터 시민사회에서의 적극적인 역할과 책임을 자임하였다. 자원봉사계에서는 유일하게 시민사회와의 가교역할을 수행하면서 시민사회에는 자원봉사관리에 대한 체계적이고 전문적인 접근으로 시민단체의 효과적 운영을 도왔으며, 자원봉사계에는 시민운동으로서의 자원봉사운동에 대한 중요성과 접근을 강조하였다. 2008년 한봉협이 주최한 전국

자원봉사컨퍼런스는 '시민사회와 자원봉사운동'이라는 주제로 진행되었으며 볼런티어21은 그 중 한 세션을 주관, 운영하고, 시민사회단체와 함께 기획과 토론자로 참여하는 등 컨퍼런스에서 시민사회와 자원봉사의 상호이해 및 효과적인 협력방안 도출을 위한 가교역할을 하고자 노력하고 있다. 또한 열린사회시민연합이 주최하고 있는 주민자치박람회에 심사위원, 자문위원 등으로 참여하여 주민자치와 자원봉사의 연결고리 역할을 하고 있다.

(2) 새로운 자원봉사문화 형성

볼런티어21이 진행하고 있는 볼런테인먼트와 핸즈온네트워크는 우리 사회의 새로운 자원봉사문화를 만들고 있다. 변화하는 사회 속에서 자원봉사 조직과 실무자가 집중해야 할 방향과 내용을 제시하였다. 그 결과 볼런테인먼트는 언론, 기업, 학교 등에서 매우 폭넓게 효과적인 자원봉사 전략으로써 일반화되고 있다.

(3) 국제사회의 중요지도력으로 위상강화

볼런티어21 해외자원봉사교류사업은 우리나라 자원봉사활동이 우리나라에 머무는 작은 활동이 아니라 전 세계적으로 의미있고 성과가 있음을 보여주고 있다고 할 수 있다. 볼런티어21은 자원봉사세계대회에서 볼런테인먼트, 태안자원봉사활동, 청소년자원봉사활동, 기업자원봉사활동 등을 효과적으로 발표, 어필할 수 있도록 끊임없는 노력을 하였으며 그 결과 세계자원봉사협회장이 한국인이 선출되기에 이르렀다. 뿐만 아니라 세계 자원봉사의 중요한 흐름과 내용을 우리나라에 적극적으로 소개, 적용하였으며 이는 우리나라 자원봉사의 새로운 흐름을 형성하는 중요한 계기가 되기도 하였다. 또한 해외전문가 초청 또는 국가별 자원봉사 교류사업에도 적극적으로 참여하여 해외전문가 및 국가 간 자원봉사 교류를 효과적으로 진행하는 민간사절단의 역할을 수행하면서 한국의 자원봉사를 국제적으로 중요하게 인식시키는 역할을 하였다.

2 과 제

볼런티어21은 12년간 전문적인 교육 및 연구, 캠페인, 컨설팅을 통해 우리나라 각 부문의 자원봉사 전문화 및 체계화, 운동성 강화를 위해 활발한 네트워킹을 하였으며 상당부분 대안적인 흐름을 형성하는 데 기여하였다.

그러나 자원봉사 가치를 수호하고, 현재 나타나고 있는 관변화의 경향을 탈피하기 위한 자원봉사계의 자기반성과 대안창출을 위한 자원봉사계의 연대를 이끌어 내는 데에는 부족하였다.

국가기본계획 수립 후 자원봉사계는 힘을 모아 민간차원의 대안적인 방향을 제시해 나가야 하는 과제가 있다. 또한 우리나라 자원봉사의 가치수호와 방향을 모색하기 위한 근본적 자기반성과 바람직한 담론형성, 대안창출에 대한 범 자원봉사 연대강화를 위해 노력할 필요가 있다. 그런 큰 틀에서 정부, 자원봉사센터, 자원봉사단체들이 협력적 네트워크 형성을 위한 보다 강력한 리더십을 발휘할 필요가 있다.

둘째, 자원봉사현장에서는 원칙없는 인정보상체계, 자원봉사센터 평가체계의 부적절함, 자원봉사 관리체계(전산시스템) 혼돈 등의 여러 문제 속에서 장기적인 발전전망을 찾지 못하고 있는 상황이다. 이에 볼런티어21이 보다 적극적으로 현장의 문제를 사회이슈화하고 적극적인 대안마련을 위한 노력을 할 필요가 있다.

셋째, 효과적인 네트워크 체계 구축을 위한 노력을 해야 한다. 재난재해, 교육, 연구 등 여러 분야에서 각 단체들의 전문성을 살려 대안을 마련할 수 있는 네트워크 체계를 구축할 필요가 있다.

제 5 절 나오며

볼런티어21은 자원봉사로 우리 사회의 사회문제를 예방, 해결할 수 있다는 신념을 가지고 12년 긴 여러 활동들을 해왔다. 그 활동의 중심에는 우리나라의 자원봉사활성화와 지역사회 역량강화가 있다. 그 파트너로서 자원봉사센터, 시민단체, 정부, 기업, 학교, 종교계 등과 광범위하게 네트워킹을 해왔다. 그 결과 지역사회변화에 중추적 역할을 하는 자원봉사 리더양성, 그로 인한 지역사회의 긍정적인 변화, 자원봉사 문화형성, 자원봉사관리의 전문화라는 많은 성과도 있었다. 볼런티어21이 12년 동안 주력한 것은 우리사회에 자원봉사의 네트워크 거버넌스를 형성하여 지역사회의 긍정적 변화, 그로 인한 살기좋은 공동체 건설이었다.

우리나라 자원봉사는 전국적으로 자원봉사센터가 설치, 운영되면서 자원봉사 참여확대, 활성화를 가져왔으나 아쉽게도 행정기관과 운영주체의 역할혼선, 신뢰미비로 인한 문제들을 어떻게 극복할 것인가는 우리나라 자원봉사발전에 매우 중요한 부분이다. 자원봉사는 민과 관, 그리고 기업과 학계 등 우리 사회의 모든 주체들이 대의를 향해 효과적으로 협력할 때 시너지 효과를 발휘하여 시민들의 자발성을 더욱 꽃피울 수 있다.

지금 시점에서 더욱 필요한 것은 사회 전체를 아우르고 대의를 실현하기 위해 힘을 모으는 네트워크 거버넌스라고 필자는 생각한다. 이를 위해 볼런티어21은 위의 과제들을 좀더 큰 틀에서 접근하여 해결하려는 노력을 할 것이다.

참고 문헌

박윤애.(2008). 자원봉사 국가기본계획 시행 1차년도 현황과 과제. 제5회 전국자원봉사센터대회 발표논문, 한국자원봉사협의회.

볼런티어21.(2006). 「볼런티어21 10년사」.

우정자.(2007). 자원봉사네트워크 구축의 어려움과 과제. 제1회전국자원봉사컨퍼런스, 한국자원봉사협의회.

이성록.(2006). 바람직한 자원봉사센터의 운영모형. 서울시 자원봉사센터 창립 기념 세미나 발표논문.

주성수.(2007). 「바람직한 민관파트너십 구축의 탐색적 실행모형개발」. 서울시자원봉사센터.

홍현미라.(2004). 자원동원과 네트워킹. 볼런티어21, 자원봉사관리자아카데미.

행정자치부.(2007). 「자원봉사진흥을 위한 국가기본계획 수립연구」.

제 7 부
결 론

제 12 장 협력적 거버넌스 구축의 의의와 과제

오수길

제 1 절 머리말

거버넌스는 진공상태에서 주어지는 것이 아니다. '경쟁적', '혁신적', '좋은', '참여적', '협력적', '민주적' 등 거버넌스의 내용을 수식하는 수식어구를 붙이는 것이 '다양하고 복잡하고 역동적인' 정치과정일 것이기 대문이다. 그러므로 거버넌스의 이론과 실제에 규범적으로 접근하여 단지 '협력해야 한다'고 강조할 뿐이거나 '경험적으로 분석해 볼 때 협력적 거버넌스는 수사학일 뿐'이라고 주장하는 것 모두 하나의 편향이라 할 수 있다(오수길, 2007).

가령 최근의 지배적인 거버넌스 담론처럼 오용되기도 했던 '좋은 거버넌스'(good governance) 개념을 보자. 세계은행 등 국제개발기구들이 개발도상국에 자금을 지원하면서 해당 국가의 법과 제도를 정비하도록 요구하며 마련한 것이 좋은 거버넌스 개념이다. 즉 해당 개발도상국이 자금을 받으려면 이 개발기구들이 '좋다'라고 규정하는 방식으로 자국의 법과 제도를 바꾸라는 의미이다. 이 개발기구들이 '규범적'으로 설정하고 있는 거버넌스의 상이 바로 좋은 거버넌스의 기준이다. 반면에 이 규범적인 기준에 맞춰

법과 제도를 정비하고자 했던 개발도상국들의 실제 변화상은 무엇인지를 밝히고자 하는 접근은 '경험적'인 연구가 된다.

그러므로 거버넌스 접근은 규범적인 방식과 경험적인 방식을 오갈 것인데, 현 상태의 거버넌스를 수식하는 수식어구를 어떤 것으로 붙일 수 있을까 하는 것은 현실 속의 치열한 담론 경쟁이 될 수밖에 없다. 거버넌스(governance)를 정부(government)와 동일시 해오다가 최근의 거버넌스에 대해 '공치'(共治, 公治) 혹은 '협치'(協治)로 일컬으며 논의가 진행되어왔던 것을 같은 맥락에서 이해할 수 있다. 개념 자체로는 중립적인 단어인 거버넌스에 대해 반드시 수식어구를 붙이지 않고도 협력적 거버넌스와 동일시했던 것도, '거버넌스 해서 도대체 성과가 뭐냐'라며 이전에 축적된 경험을 소중히 여기지 않으려는 시도도 마찬가지이다.

이 책에 실린 글들은 2008년 대영문화사에서 출간된 「뉴거버넌스: 미래국가로 가는 길」에 이어 두 번째로 엮인 협력적 거버넌스의 사례들이다. 생생한 현실 사례가 논문 형식을 통해서는 생동감을 유지하기란 상당히 어려운 일일 것이다. 그럼에도 이러한 사례들을 체계적으로 소개하고 축적하는 작업이 더욱 필요하다. 자주 인용되는 외국 사례들보다 훨씬 더 진지하고, 맥락을 더 잘 이해할 수 있는 사례들도 많이 존재한다. 2000년대 들어 '협력적' 거버넌스 담론을 유지하기 위한 중앙, 지방차원의 다양한 노력들이 더욱 풍부하게 전개되어 왔던 것에서 현실의 거버넌스를 이해할 수 있을 것으로 기대한다.

이 책에서 소개된 사례들을 협력적 거버넌스의 대표적인 혹은 전형적인 사례로 보는 데에는 더 많은 사례의 축적과 논의가 필요하겠지만, 모범적인 협력적 거버넌스 구축 노력으로 자주 거론되었던 사례임에는 분명하다. 또한 협력의 블랙박스 속을 완전히 해부할 수 있는 것은 아니었겠지만, 블랙박스 속의 다양한 경험을 들여다봄으로써 협력적 거버넌스의 사례를 풍부하게 축적하면서 협력적 거버넌스의 새로운 규범을 정립하는 데 크게 기여할 수 있을 것으로 본다.

제 2 절 대안적인 공공서비스 생산과 제공

협력적 거버넌스의 가장 큰 의의는 협력이 아니었으면 생산하거나 제공하지 못했을 공공서비스를 생산하거나 제공할 수 있다는 것이다. 협력이 없었으면 최소한 그 공공서비스의 성격이나 형태가 다른 모습이 되었을 것이다. '민-학-관 협력을 통한 도시대학과 도시설계'는 지난 1990년대 중반 이후 전국적으로 추진되어왔던 '지방의제21'(local agenda 21) 가운데 대표적인 사례 중의 하나이다. 또한 '1문화재 1지킴이 운동'이나 '우리궁궐길라잡이'의 경우 전형적인 협력사례라 할 수 있다. 그리고 '사회적 기업의 지역발전 설계와 적용' 사례는 최근 들어 크게 확산되고 있는 '사회적 기업' 논의와 실제에 큰 함의를 던져줄 수 있는 사례가 될 것이다.

지자체의 역량이나 시민사회의 역량이 축적, 발전되고 있는 가운데 도시계획이나 도시문제의 직접적인 해결에 기여하고 가시적인 성과를 낼 수 있는 사례들을 적극적으로 창출하자는 것이 최근 지방의제21 등 협력적 거버넌스 모색 노력의 추세이다. '도시대학과 도시설계' 사례는 마을 만들기 등에 실질적인 도움이 될 수 있는 교육 프로그램으로서 실습과정과 접목하자는 문제제기로부터 비롯된 것이다. 이러한 영역은 전문적인 지식이 필요한 영역으로서 협력의 현장에서 쉽게 뿌리내리기 어려운 것으로 여겨져 왔었다. 대상지 선정, 현장조사, 스튜디오 과정, 마스터플랜 등이 모두 전문지식과 기술을 필요로 하는 것일 텐데, 마을을 만들어갈 지역 구성원들이 직접 설계 기술을 습득한다면 지역과 마을 특성을 아주 잘 이해하고 있다는 특성과 결합되어 좋은 성과를 낼 수 있다는 것이다. 이 도시대학은 담당 공무원과 시민들을 파트너십 방식의 팀으로 구성하던 것이 지금은 지역 내 건축가나 예술가들까지 결합시킴으로써 더욱 풍부한 성과를 내고 있다고 한다. 특히 담당 공무원은 이러한 경험을 통해 중앙정부 사업과의 연계를 모색하기도 하고, 기초지자체에서는 설계 아이디어를 예산에 적극 반영하여 사업을 추진하기도 한다는 점에서 파급효과가 상당하다고 볼 수 있다.

가령 안성에서는 도심 속 구심에서 슬럼화 되는 60~70년대 건물 사이로 노인 등 약자를 위한 보행로 개선 구상을 행정이 새롭게 기본계획으로 입안하기도 하였고, 평택에서는 군사기지 이전 이후 경계지역에 설치될 예정이던 쌈지공원이 농촌에 안 어울린다 하여 농촌 노령인구와 어울리는 공원으로 변화시킬 계획을 주민참여형으로 발전시키기 위해 협력기금을 조성하겠다고 약속하였다. 수원에서는 '불꺼져가는 행궁, 새로운 100년을 디자인한다'는 기치의 사업을 추진하는 과정에서 화성 일대를 매입 후 발생한 상인들과의 마찰에 대해 도시대학 전문가가 제3의 대안을 제공하고, 후속 연계사업을 마련하기로 했다. 그리고 구리에서는 양어장과 낚시터가 무분별하게 난립되어 있는 것을 시정부가 주도적으로 주민설명회를 여는 등 참여형 사업을 통해 생태체험마을로 바꿔가고 있다.

서로 익숙하지 않은 '협력'은 상당 기간 동안 불편할 수밖에 없다. 이것이 '협력의 타성'(collaborative inertia)(Huxham and Vangen, 1996)이다. 그러나 기획단계에서부터 참여와 협력을 바탕으로 한다면, 이러한 불편을 단기간 내에 극복하고 서로에 대한 신뢰를 쌓아갈 기회로 만들 수 있다. 이는 그 간의 주민참여제도 분석을 통해, 제도의 의의에도 불구하고 실질적인 권한부여가 부족하여 효능감은 그다지 높지 않았지만, 자원봉사센터, 주민자치위원회, 지방의제21 등 '새로운 거버넌스형' 참여제도에 대한 경험과 실험은 주민참여제도의 발전과 새로운 거버넌스를 활성화해 나갈 토대가 될 수 있을 것으로 본 오수길(2008)의 연구에서도 확인된다. 전문적 식견과 경험을 활용하여 객관성을 확보하고, 매개조직에 대한 신뢰를 확대한 것이다. 도시대학에 참여한 전문가와 조교들의 경우 만족감이 높았다고 하는데, 지역의 역사와 문화를 그림에 넣는 생동감을 직접 체험한 것을 계기로 후속 작업에 지속적으로 자문을 하면서 작은 네트워크를 형성하게 된 것도 또 다른 수확이다.

협력에 의한 공공서비스 생산과 제공이 유일한 대안은 아니지만 여러 수단 가운데 가장 중요한 대안 중의 하나라고 할 수 있다. 특히 민간역량이 덜 성숙한 곳에서 도시 만들기의 시민참여 전략을 마련할 수 있다. 1990년대 초반 미국 플로리다 주 오렌지 카운티(Orange County)의 지역사회 기획과 개발과정에서 있었던 지역사회 워크숍에 대한 다음과 같은 묘사를 통해 이를 확인할 수 있다.

> 대부분의 중요한 워크숍들은 시민들이 기획과 목표설정 과정에 위협받는 느낌없이 참여하도록 동기부여할 가능성을 제공했다.……시민들은 TCI 개발 노력이 완성될 때를 상상하는 지역사회의 그림을 그렸다. 미래의 비전은 아마도 대부분의 기준에 의해 적당한 것으로 간주될 것이었다. 그것들은 운동장, 지역사회센터, 물건을 살 장소, 말쑥한 주택과 같은 것들을 포함한다. 비들토와 윈터가든의 주민들에게는 이런 조잡한 크레용으로 그린 그림이 자신들의 꿈을 대변하는 것이었다. 이는 그 과정에서 아주 감수성이 크고 카타르시스가 되는 지점이었다. 시민 대변인들이 이 활동의 끝에 자신들의 그림을 설명할 때 분노는 녹아 없어졌다. 비들로에서의 활동은 특히 마음에 사무친다. 그들이 자신들의 절망과 자포자기에 대한 현재의 비전과 아이들의 미래에 대한 희망과 꿈에 대한 비전을 설명할 때, 다 큰 사람들의 눈에서 눈물이 넘쳐흘렀던 것이다(King and Stivers, 2001: 230).

사회적 기업인 (주)이장이 회사 자체를 마을로 설계한 것은 또 다른 대안 사례들이 실험, 축적될 수 있는 가능성을 한껏 높이고 있다. (주)이장의 지역발전 모델 창출과 설계는 협력적 거버넌스 설계 작업의 축소판일 수도 있다. '귀농했더니 복지가 보이더라'라거나 공간은 그대로 있는데 '마을 운영'이 없어졌으니 '마을 가꾸기'가 아니라 '마을 만들기'라는 임경수 대표의 설명에서 향후 과제의 핵심을 발견할 수 있다. 예전에 마을에서 있었던 기능들이 없어지고, 일자리 등 예전에 제대로 진행되던 기능들을 체계적으로 회복하는 '다시 만들기'가 거의 불가능하게 여겨졌다는 것이다. 그리고 농촌도 확대되어 도시와 유사하게 묶였고, 농촌 자체의 내수기반이 부족할 뿐만 아니라 '세계화'식 지역개발이 이뤄지고 있는 상황에서 '만들기'의 동기가 부족하다는 것이다.

이런 상황에서 결국 공동체적인 안전망은 결정의 권한을 지역주민에게 부여해주는 것으로 확보될 수 있다는 결론이 제시되었다. 규모의 경제로만 해석하지 말고, '일종의 범위의 경제'라고 볼 수 있어야 한다는 설명이다.

중앙정부는 각 지방정부의 경쟁을 유도하고, 경쟁력을 확보한 지역에서는 이로 인해 돈을 벌게 된 사람이 지역발전이 아닌 대도시에 집을 사는 일에 투자하며, 지역의 매칭펀드는 도로 같은 데에만 집중되는 악순환을 막아야 한다는 것이다. 지역의 매칭펀드를 주로 복지비에 투자할 수 있게 하고, 반드시 돈이 아니더라도 지역 내에서의 선순환 구조가 형성되는 데 기여하며, 국가권력이 세계화의 폐해를 막아줄 수 없는 상황에서 지역을 어떻게 지킬 수 있을지를 설계해 보아야 한다는 것이다. 귀농자들의 아파트공간설계에 대해 '휘트니스센터를 어떤 식으로 만들까' 하는 방식이 아니라 '자신들의 공간을 스스로 창출하도록 공동체의식을 불러일으키는 방식'으로 접근한다는 것은 상징적이다.

"'민간이나 지방공무원에게 돈을 주면 사고가 난다'라는 생각도 버릴 필요가 있다. 지방공무원은 한 10억원쯤 날리면 뭔가를 배우게 되지만, 중앙공무원은 1,000억원을 날리고도 배우지 못한다"라고 역설한 임경수 대표의 주장은 설득력이 있다. 10년을 일한 귀농운동본부는 제쳐 두고, 다른 곳에 다른 사업으로 지원을 하는 일이 반복되다보니 중앙부처에서는 자기부처 일만 강조되고, '지원'은 부족한 채로 '사업'만 남게 되는 형국이다. 무슨 무슨 '개선자금'을 하향식으로 뿌리는 식이 아니라 지역발전의 매개자 혹은 촉진자들을 발굴하여 지원하는 방식으로 개선될 필요가 있다.

전국지속가능발전협의회 김택천 사무총장은 지속가능한 지역발전의 현장에서 대안적인 공공서비스의 생산과 제공이 피어나고 있다고 평가한다. 중앙정부의 '대책'이 지방정부로 내려가는 것보다는 지역에서의 대안적인 정책을 중앙정부에서 배워야 할 정도가 되었다는 것이다. 제주에서 정무부지사를 환경부지사로 바꾼 것은 '환경이 돈이 되고 경제가 되고 자연이 되고 관광이 된다고 스스로 느끼게 된 것'이며, 전북 진안군의 마을간사제도는 농림부가 받아서 시범지역을 운영하고자 했다는 것이다. 지역경제의 현실도 모르고 천편일률적으로 주장되는 '기업유치' 공약이 반복되면서 '대통령이나 시장, 군수가 우리를 먹여 살린다'는 식의 생각은 점차 낡은 생각이 되고 있다고도 주장한다. 시민'단체'의 활성화가 아니라 시민'사회'의 활성화 시대로 점차 바뀌고 있다는 데서 대안적인 공공서비스의 생산과 제공을 더욱 확산시키며 희망을 발견할 수 있다는 전망을 제시하였다.

일반적인 예산의 한계는 민-학-관-기업의 네트워킹으로 극복해 볼 대안도 모색해보아야 한다. 주택공사 등이 뉴타운이나 재개발 등의 기반사업으로 도시대학을 지원, 운영하게 하자는 대안, 그리고 사회적 펀드나 지역 펀드처럼 기업과 관련된 자원을 중앙정부가 체계적으로 연계시켜 주는 역할을 할 수 있다는 대안들이 제기되는 것을 보면, 더욱 풍부한 사례들이 가능할 것으로 판단된다. 체계적인 사례 관리 또한 같은 맥락에서 요구된다.

한 가지 더 거론할 수 있는 것은 대안적인 공공서비스 생산과 제공과정 자체가 대안적인 지역 리더와 새로운 리더십의 발굴과 축적과정이 되고 있다는 것이다. 지방의제21과 같은 민관협력기구에 참여해왔던 공무원이나 시민사회 활동가들은 지난 시기 소위 '밖에서의 투쟁 분위기'를 접고, 새로운 경험들을 축적해가고 있다. 협력적 거버넌스가 계층제 위주의 과거 거버넌스와는 다른 리더십을 요구하고 있기에 이들의 경험은 그 만큼 소중한 것이라 하겠다. '지역의 농산물을 쓴다. 남으면 나눠준다. 자동화하지 않는다.' 등 세 가지 원칙을 내걸고 아주 의미있는 사회적 기업이 된 부산 송정동의 '반찬가게' 사례는 새로운 지도자의 필요성을 역설하고 있다. 과거 새마을운동과 같은 경우 효율적이고 카리스마적인 지도자들을 요구했을 수 있지만,[1] 이제는 토론, 경청, 소통, 자기를 내려놓는 방법 등의 소양을 갖춘 공동체적인 지도자가 요구되는 것이다.

제 3 절 네트워크 거버넌스

행복을 나누는 도시락, 교보다솜이 간병봉사단 등의 민관협력을 중심으

1) 최근에 출간된 김영미(2009)의 연구에 따르면, 새마을운동 이전에 '새 마을'과 '새 농민'이 있었다고 한다. 즉 농민사회 내부에 이미 농촌 근대화의 동력이 오랫동안 축적되어 왔다는 것이다. 이에 따르면, 새마을운동의 경우 결국 공동체적인 지도자들을 잘 발굴하고 동원해냈다는 점에서 성공요인을 찾을 수 있을 것이다.

로 한 기업의 사회적 책임을 다룬 사례, 몽골사막화 방지사업들을 다룬 ODA 관련 사례, 농촌형 마을만들기와 자원봉사네트워크 등 주민참여 사례들은 대안적인 공공서비스 생산과 제공이 주로 네트워크 방식의 거버넌스로 이뤄지고 있음을 재확인해주는 사례라 할 수 있다. 이 사례들은 (지방)정부의 큰 관여없이도 대안적으로 공공서비스를 생산 및 제공하고 있다는 점에서 주목할 만하다. 네트워크 거버넌스에서도 정부가 조정자 혹은 허브 역할 등 중요한 역할을 할 수 있지만, 최근의 사회문제는 정부가 아닌 기업과 시민사회 등 민간에 의해 촉발되어 해결책 마련이 추진되는 사례를 점차 많이 만들어내게 될 것임을 보여주는 사례들이라 할 것이다.

앞서 살펴본 바와 같이 새로운 거버넌스는 상호의존성을 인식하고, 가장 적절한 자원을 가진 혹은 필요한 자원을 가진 구성원들과의 협력적 거버넌스를 요구하고 있다. 이러한 협력적 거버넌스를 통해 기존에 공공부문 혼자서는 달성하기 어려웠던 공공 서비스를 생산하거나 공급할 수 있었던 것이다. 이 협력적 거버넌스는 자원과 협력의 가능성을 적절히 연결시키는 의미있는 연계에 초점을 둔 네트워크 방식의 거버넌스일 가능성이 높다. 물론 협력적 거버넌스의 의의를 더욱 높이기 위해서는 네트워크의 정교한 설계와 네트워크 거버넌스에 대한 철학적 논의도 요구될 것이다.

위에서 대안적인 공공서비스 생산과 제공사례로 언급된 1문화재 1지킴이 운동은 문화재의 범주가 증가하는 가운데 관리 인력이 부족한 상황에 처해 행정수요가 급증하고 있었다는 배경을 갖고 있다. 정부 입장에서는 문화적 자긍심 고취와 계승이라는 명분을 통해 국민의 자발적인 참여와 문화창조를 이끌어낼 민관협력을 모색했던 것이다. 반면 우리궁궐길라잡이 활동 사례는 한국청년연합(KYC)이 1999년 운현궁에서 어느 퇴직공무원을 초청하여 감동적인 문화해설을 받았던 것을 계기로 지역의 역사와 문화에 대한 이해의 필요성을 느꼈고, 젊은 세대가 역사와 문화를 알고 이해할 때 나라의 미래가 있다는 사명감을 갖게 된 것을 배경으로 하고 있다.

이렇듯 네트워킹의 계기와 배경이 다르기 때문에 협력의 가능성에 대한 기대나 협력의 효과에 대한 요구도 초기에는 다를 수밖에 없다. KYC 천준호 대표의 설명에 따르면, KYC가 우리궁궐길라잡이 활동을 시작하면서 문화재청과 협력을 모색할 때는 KYC 회원들의 보람과 만족, 시민의식 성장, 다양한 의견개진과 정보획득, KYC 단체의 비전 실현을 기대했다. 반면 문화재청의 경우 최소의 비용으로 서비스를 개선하고, 문화재 보존의식을 향상시키며, 비판적 협력자를 획득하고, 나아가 문화재 보존정책에 대한 지지 및 명분획득을 기대할 수 있었다. 그리고 협력의 효과와 관련하여 KYC는 신속한 서비스 개선, 문화재보존 우선정책, 정책비판 및 견제 인정, 협력의 제도화 등을 원했고, 문화재청은 예산과 절차, 단체활동의 활용 중시, 실적과 성과, 해당 관리소의 신청 등 필요에 따른 협력 등을 강조했다.

기업이 사회적 공헌활동에 나서게 되는 배경과 필요성 역시 마찬가지로 이해할 수 있다. 사회공헌정보센터 곽대석 소장에 따르면, 기업은 기업의 역사와 연계하여 이미지를 강화하고 싶어 하기 때문에 문화 영역을 좋아할 수밖에 없는 경향이 있다. 사업과의 관련성, 지속성, 진정성, 기술 등과 결합시키면서 구체적인 증거를 보여주기에 용이하다는 것이다. 더욱이 이는 기업의 생존을 위한 서비스에서 보편적인 서비스로, 기업 구성원의 학습과 문화로 발전될 수 있는 특성을 갖고 있다. 즉 좋은 파트너로서의 문화에 적극적으로 투자할 준비도 되어 있고, 전문적 인력은 물론 자원봉사와 연결하여 가족까지도 참여할 수 있는 기회를 만들며, 가치와 보람이라는 학습의 효과, 신뢰와 소통이라는 사회적 자본, 나아가 문화산업 전망까지도 모색해볼 수 있다.

협력적 거버넌스의 설계는 이러한 특성에 대한 이해를 바탕으로 이뤄질 수 있고, 발전될 수 있다. 가령 문화를 매개로 한 기업의 사회적 공헌이 자칫 상업화될 수도 있다는 우려는 기업의 특성을 이해한 가이드라인을 미리 준비하고 설정함으로써 대응할 수 있다. 또한 협력과정에서의 학습은 당사자들 스스로 절제하고 새로운 영역을 개척해 나가는 것으로 긍정적인 작용을 할 수도 있다. 문화재청의 강임산 전문위원의 말에 따르면, 1문화재 1지킴이 운동에서 '기업을 어떻게 믿고 문화재를 맡길까' 하는 우려도 있었지만, 기업 역시 지나친 욕심은 오히려 역효과를 불러일으킬 수밖에 없다는 것을 이미 인식하고 있다. 또한 신한은행과 같은 일부 기업들은 지역의 민간단체를 발굴하고 손을 잡아 서로의 역할을 확인하고 상승효과를 내기도 했다.

그런데 협력이 제도화될 경우 또 다른 맹점이 생기기 마련이다. 예컨대 '문화해설사'가 제도화됨으로써 그 간의 자원봉사가 퇴색되기도 했다. 이는 협력이 단지 '손쉽게 도와주는' 인력이나 자원을 찾는 것이 아니라 정책형성과정에서부터 전체 과정에 대한 전망을 공유하는 것으로 발전되어야 함을 말해주는 것이다. 또한 'volunteerism'이 고립적으로 이뤄지기보다는 'advocacy'가 내용적으로 결합될 필요도 있다는 지적도 존재한다. 협력적 거버넌스에서 민간부문과 자원봉사에 대한 이해가 높은 공무원이 더욱 많아질 필요가 있고, 사회공헌 담당자 한 사람이 지역을 바꿀 수도 있다는 인식도 인정될 필요가 있다. '기업이 직접 민간단체처럼 활동하는 문제', '기업의 사회적 공헌활동이 민간의 소규모 업체들을 질식시킬 수도 있다는 문제' 등과 관련해서도 새로운 질적 도약의 계기가 될 수 있도록 미래지향적이고 장기적인 관점에서 협력이 설계되어야 할 것이다.[2]

투명사회협약실천협의회 김정수 사무처장은 더욱 정교한 설계를 요구했다. 기업의 사회적 책임만 고립적으로 강조하기보다는 '노동의 사회적 책임'까지도 고려할 수 있어야 더욱 의미있는 사회적 공헌활동이 될 수 있다는 것이다. 단지 최소한의 생계비를 지원할 수 있는 차원이 아니라 실제로 수익창출도 가능하게 해야 한다는 것이고, '선한 활동'을 넘어 사회적 책임에 관한 논의가 이뤄져야 가능할 수 있다는 것이다. 하지만 이러한 문제의식을 인정하면서도 당장에 '모른 척 하고 지나갈 수 없는' 활동들이 있다는 의견이 많았다.

간병봉사단의 경우 지역복지운동 차원으로 확산될 전망은 아직 멀지만, 희망은 주었다고 한다. 또한 기업이 어떤 파트너를 원하고, 협력의 정도는 어느 수준이어야 적절한가 하는 논의가 기업 CEO나 기업 차원에서 지속적으로 이뤄지지 못하고 있는 실정이긴 하지만, 도시락 사업과 간병봉사단 사업에서 점차 자립률을 높이기 위한 중요한 의사결정은 '함께 해보자'라는

---

2) 교보다솜이 간병봉사단의 경우 파트너들이 달라지면서 사업목표가 변화되었고, 공동사무국의 독립적인 의사결정도 가능해졌다고 보고되었다. 이에 따라 일자리 창출과 무료간병단 운영이 목표로 설정되면서 간병서비스의 질적 개선도 모색되었다고 한다.

인식이 확산되고 있다는 것이다. 참여 당사자들의 역할이 가장 긍정적일 수 있고 성과가 향상될 수 있는 작업을 찾아내는 것이 장기적인 성공의 핵심이 될 것이다.

결국 협력적 거버넌스의 역량 강화는 당사자들의 역량 강화를 바탕으로 해야 한다는 것이다. 농촌지역 마을만들기의 경우 진안군청 구자인 팀장은 지역내부 역량 강화를 통해 주민자치 역량을 키우지 못하고 행정에 과도하게 요구하고 있는 상황에서 모든 사업을 프로그램화하고 지역협력 시스템을 구축하며 다방면의 인재를 양성할 필요가 있음을 인식하게 되었다고 한다. 주민이든 공무원이든 언젠가는 지역을 떠날 수도 있는 상황에서 모범적인 정답이 필요한 것이 아니라 낮은 수준이라도 합의가 필요하며, 일종의 새로운 문화전략이 필요함을 느끼게 되었다는 것이다. 현실에서의 출발이 중요하고 성급한 제도화보다는 대화나 토론이 필요하다고 본 한국매니페스토실천본부 유문종 사무총장이나 큰 담론보다는 세부적인 대화나 토론이 필요하다고 말한 한국행정연구원 최진식 박사의 주장도 같은 맥락이다.

이러한 과제는 자원봉사 네트워크에서도 드러난다. 자원봉사센터는 여러 가지 제약을 받고 있고, '나는 자판기 같다'라고 느끼고 있는 자원봉사자가 많고, 사회적 평가도 아직 약한 실정에서 정부 주도로 정책이 추진되고 사업이 표준화 되는 경향은 자원봉사와 네트워크의 장점을 모두 그다지 살리지 못하는 오류를 낳을 수도 있다는 것이 볼론티어21 우영화 사무국장의 우려이다. 이런 의미에서 볼런테인먼트(의미있는 여가), 핸즈온 네트워크(짧게 짧게 지속적으로 자원봉사를 할 수 있게 함으로써 재미있고 의미있는 자원봉사활동을 관리)를 통해 리더십과 연대를 강화하고, 효과적인 네트워크를 구축하고자 하는 노력이 향후 자원봉사 네트워크의 역량을 점차 강화시켜 줄 것으로 기대하고 있다.

몽골 지역에서 사막화 방지사업에 나선 국가들 중 대단히 중요한 모범사례를 일궈낸 우리나라의 (사)푸른아시아나 지구촌나눔운동의 성공 요인도 역시 현지에서 직접 지역 역량을 축적해갈 주민들을 발굴하여 교육하고, 현지 후속 인재를 지속적으로 양성하고자 했던 데서 찾을 수 있었다. ODA가 제공자에 의해 시혜적으로 주어지는 식의 투입만 강조되어 실패해왔던 그 간의 경험과는 달리 협력적 거버넌스를 구축할 역량을 내부에서 발견하고 실천해왔다는 점에서 크게 주목할 만하다고 할 수 있다.

제 4 절 결 론

반복적인 문구가 될 수도 있겠지만, 협력적 거버넌스의 기획자나 참여자들에게 가장 중요한 것은 무엇보다도 협력적 거버넌스의 목표를 분명하게 설정해야 할 것이다. 그래야 그 목표를 달성하기 위해 협력 당사자들이 실제로 무언가를 얻을 수 있는 역할 분담을 제대로 할 수 있고, 모든 구성원들을 협력의 목표를 추구하는 데 기여할 자원으로 여길 수 있을 것이다. '누구를 어떤 자리에 앉힐 것인가' 하는 식의 모양새만 생각해서는 안 될 것이다. 기업이든 지역주민이든 각자가 가진 자원의 크기나 종류에 의해 누군가가 주눅 들지 않게 하는 것이 중요하다는 것이고, 이는 서로의 대등하고 상호의존적인 특성을 인정하는 것이다. 이를 바탕으로 할 때, 더욱 공익적인 가치를 지향해나갈 수도 있을 것이다.

Thomson and Perry(2006: 28)가 '협력 과정의 본질에 대해 철저히 고려하고 배우고 싶지 않다면 협력하지 마라'라고 지적한 바 있다. [그림 12-1]에서 볼 수 있는 것처럼, 협력 이전과 이후가 어떤 방향으로 달라질 것인가 하는 것은 협력의 과정이 결정할 것이라는 말이다. 협력의 거버넌스, 행정, 조직의 자율성, 상호작용, 신뢰와 호혜성의 규범 등이 결정적인 요소가 될 것이다.

역사적으로 우리나라는 오랜 협력의 전통을 갖고 있어 '협력의 타성'에 대해 깊이 이해할 수 있을 것 같으면서도 지난 60여년 간의 압축 성장 속에서 갑작스럽게도 '타성'을 견뎌하지 못하는 상황이 되고 만 측면이 강하다. 현대 한국행정의 60년사는 높은 성과를 거둔 것으로 평가될 수 있을지언정, 현대 사회문제의 특성과 정합적인 문제해결의 거버넌스를 효과적으로 구축해갈 역량은 아직 쌓지 못한 듯하다. 또 다른 대안이 있을 수 있다

[그림 12-1] 협력의 과정과 결과

협력 이전		과정		결과
■ 높은 수준의 상호의존성 ■ 자원과 위험의 분담 필요성 ■ 자원 부족 ■ 협력 노력의 역사 ■ 서로가 필요로 하는 자원을 각 파트너가 갖고 있는 상황 ■ 복잡한 이슈	➡	■ 거버넌스 ■ 행정 ■ 조직의 자율성 ■ 상호작용 ■ 신뢰와 호혜성의 규범	➡	■ 목표의 달성 ■ 조직 간 수단적 거래가 밀접한 사회적 관계로 전환 ■ "새로운 가치를 위한 파트너십"의 창출이 자원을 극대화 할 역량을 마련 ■ 제도적 공급, 관여, 모니터링의 문제를 해결할 자치적 집합행동

자료: Thomson and Perry(2006: 21)를 재정리(오수길, 2007: 34).

는 시도를 미약하게나마 해봤던 경험조차 소위 '잃어버린 10년' 담론 속에 묻어버린 근래의 몇 년은 또 다시 그 만큼이라도 구축해나가려면 어떤 노력이 얼마나 더 진행되어야 할까 하는 우려를 자아내고 있는 것도 사실이다.

다행스럽게도 기업부문과 시민사회에서는 중앙과 지방에서 설계하고 실천해보았던 다양한 협력적 거버넌스에 대한 학습의 기억을 갖고 있다. '광장'을 통해 다 함께 힘을 모아 사회문제를 해결해나가야 할 필요성을 제기하고, 협력적 거버넌스를 구축, 발전시킬 수 있다는 가능성을 보여주기도 한다. 오히려 정부가 단절적이라 '다중'의 언어를 이해하지 못하고 있는 실정이다.

다행스럽게도 이 책에 실린 사례들이 협력적 거버넌스와 관련된 크고 작은 경험들을 제공해주고 있다. 새로운 거버넌스를 논의하는 최근의 논의가 정부 혼자서의 거버넌스로 가능하던 시대에 비해 몇 곱절의 노력이 필요하다는 전제를 깔고 있는 데 비춰보면, 이러한 사례들이 더욱 많이 취합되어 분석, 연구될 필요가 있다. 국내차원이든 국제차원이든 '정부 없는' (글로벌) 거버넌스에서도 사회문제를 해결하기 위해서는 어떤 역량이 필요할지 쟁점과 인과지도를 다듬을 필요가 있다. 정치, 경제, 사회, 문화 등 전 영역에 걸쳐 검토되어야 할 것이고, 세계화된 지방을 의미하는 세방화(世方化)나 지방행동이 세계를 움직이는 지세화(地世化)를 넘나드는 것이어야 할 것이며, 지역주민, 기업, 정부, 세계시민 등 모두의 역량을 고려할 수 있어야 할 것이다.

참고 문헌

김영미.(2009). 「그들의 새마을운동」. 서울: 푸른역사.
오수길.(2007). 협력적 거버넌스의 이론과 실천적 과제. 「행정포커스」. 70(4): 29-35.
오수길.(2008). 주민참여제도의 활용과 효능감 분석: 시민사회단체의 경험과 인식을 중심으로. 「한국행정논집」. 20(4): 1179-1207.

Huxham, Chris and Siv Vangen.(1996). Working Together: Key Themes in the Management of Relationships between Public and Non-Profit Organizations. *International Journal of Public Sector Management*, 9(7): 5-17.
King, Cheryl Simrell and Camilla Stivers(eds.).(2001). 오수길 외 역. 「반정부 시대의 행정」. 서울: 대영문화사; *Government is Us: Public Administration in an Anti-Government Era*. Thousand Oaks: Sage Publications, 1998.
Thomson, Ann Marie and James L. Perry.(2006). Collaboration Processes: Inside the Black Box. *Public Administration Review*. December: 20-32.

* 이 글에서 인용된 사람들의 말은 모두 한국행정연구원-민관협력포럼의 '협력적 거버넌스' 발표회 때 발표 또는 토론을 통해 표명된 것임.

찾아보기

저자 약력

강임산

겨레문화답사연합 대표, (사)한국의 재발견 사무국장을 거쳐 현재 문화재청 문화재 활용국 전문위원으로 재직 중이다. 청소년문화재지킴이 관련 사업, 1문화재 1지킴이 협의체 운영, 문화재 분야 사회적 일자리 및 사회적 기업 관련 업무, 문화재 자원봉사자 관련 업무 등을 담당하고 있다. 문화재에 대한 열정으로 문화재 보존을 위해 헌신하고 있다 (royalpalace@naver.com).

구자인

서울대학교 해양학과와 환경대학원을 졸업하였고, 서울시정개발연구원과 한국도시연구소에서 도시환경정책을 연구하고 민간의 마을만들기 활동을 지원하였다. 1998년에 일본으로 유학 가서 만 6년 반 동안 일본 농촌 마을의 역사와 구조를 조사·연구하였고, 농촌 지역개발과 내발적 발전론 전공으로 농학박사 학위를 취득하였다. 2004년 12월에 귀국하여 전라북도 진안군 계약직 공무원으로 채용되어 현재 진안군청 전략산업과 마을만들기지원팀장을 맡고 있다. 생태도시와 일본 지역연구, 내발적 발전론, 자급경제 등에 관한 논문이 다수 있다 (gujain@jinan.go.kr).

신윤관

1990년대 초반부터 안산지역의 청년, 환경, 시민단체에서 활동하며 풀뿌리 지역활동가로 살아왔다. 관심분야는 사람과 자연이 행복한 지방정치, 그리고 지구적 경제, 환경위기에서 살아남기 위한 지역공동체 운동이다. 2003년부터 지속가능발전을 위한 민관협력 운동기구인 지방의제21에 몸담아 안산의제21 사무국장을 거쳐 현재는 푸른경기21실천협의회 사무처장으로 활동하고 있다 (nane89@iansan.net).

오수길

성균관대학교에서 행정학 박사학위를 취득하고, 현재 한국디지털대학교 교양과정 부교수로 재직 중이다. 주요 관심분야는 거버넌스, 지속가능발전, 행정언어 등이다. 주요 저서 및 논문으로는 『기후의 역습』(2009, 공역), 『생태 논의의 최전선』(2009, 공역), 『미래국가로 가는 길 뉴거버넌스』(2008, 편저), 『민관 협력의 거버넌스』(2006), "해석적 패러다임에 의한 행정학 연구동향"(2009, 공저), "지역개발의제 채

택의 상징정치"(2008, 공저) 등이 있다. 민관협력포럼 운영위원, 한국매니페스토실천본부 정책자문위원, 대통령자문 지속가능발전위원회에 참여했다(soogiloh@kdu.edu).

우영화

한신대학교 사회복지학 석사를 마치고, 현재 볼런티어21 사무국장으로 재직 중이다. 풀뿌리 시민운동 및 자원봉사운동을 15년 동안 해오고 있으며, 비영리조직의 지속가능한 경영에 관심이 많다. 주요 저서 및 논문으로는 『볼런테인먼트 프로그램 실천 매뉴얼』(2007), 『지역사회복지활성화를 위한 지역여성조직에 관한 연구』(2001) 등이 있다(orsaypicture@hanmail.net).

은재호

프랑스 고등사범학교(ENS-Cachan)에서 정책학 박사학위를 취득하고, 현재 한국행정연구원 연구위원으로 재직하며 협력·갈등관리연구단장의 직을 수행하고 있다. 주요 관심분야는 행정개혁, 정책변동, 협력적 거버넌스, 갈등관리 등이며, "Sida et action publique"(2009), "참여적 의사결정기법의 제약요인 연구"(2009), "정책변동의 의미론적 차원"(2007), "참여정부 정부혁신의 평가와 과제"(2006) 등의 논문과 저서가 있다. 튀니지 총리실 행정개혁 자문관, 경제활력찾기 국민제안운동 전문위원, 인도네시아 정부 역량강화사업 자문위원 등을 역임했다(eun@kipa.re.kr).

임경수

서울대학교 환경대학원에서 박사학위를 받았고, 풀무농업고등기술학교 전공부 환경농업과 교수를 역임하였으며, 현재는 사회적 기업 (주) 이장의 대표이사를 맡고 있다. 주요 관심분야는 농촌개발, 생태마을, 커뮤니티비지니스 등이다. 주요 저서로는 『퍼머컬처디자인』, 『이래서 나는 농사를 선택했다』(1998) 등이 있다. 농림수산식품부 농어업선진화위원회 전문위원, 로컬푸드 포럼 대표 등을 맡고 있다(01048446865@naver.com).

제진수

동아대학교에서 정치학과 대학원을 졸업하고, 현재 (사)푸른아시아 사무처장으로 재직 중이다. 주요 관심은 지속가능한 발전을 위한 모델 만들기, 기후변화 대응을 위한 국제 협력시스템 형성, 지구공공재 보전과 개발 등이다. 주요 저서 및 역서로는 『몽골 황사저감사업 추진을 위한 선행사례 조사 및 대안모델 연구』(2009), 『몽골 황사발생 현황조사 및 대응사업 추진방안 연구』(2008), 『순환형사회 가꾸기 추진전략연구』(2006), 『에코머니』(2006), 『에너지민주주의』(2002), 『시민경영학 NPO』(1999) 등이 있다 (jerridas@hanmail.net).

천준호

KYC(한국청년연합) 공동대표로 재직 중이며 경희대 행정대학원을 수료하였다. 2030세대의 사회경제적 성장을 위한 정책 개발, 자원봉사활동을 통한 시민의식 성장과 시민운동 활성화를 위해 활동하고 있다. 문화재청 시민정책자문위원, 통일교육협의회 이사, 시민사회단체연대회의 운영위원 등으로 활동하였다 (juno@kyc.or.kr).

한명섭

연세대학교에서 사회복지학 학사와 석사를 마치고, 서울YMCA에서 오랫동안 청소년, 사회복지, 시민운동영역의 일을 하며 시민사회의 성숙을 향한 다양한 활동에 참여했다. 사회복지공동모금회 중앙회, 행복나눔재단에서 잠깐씩 일하며 한국사회 기부문화의 발전, 기업과 정부, 시민사회의 협치를 고민하기도 했다. 볼런티어21, 관악사회복지, 한국여성재단, 한국장애인재단 등 크고 작은 비정부기구, 비영리기관에 회원 및 위원 등 자원봉사자로 참여하고 있으며, 민관협력을 위한 통로로 서울시자원봉사센터, 서울시복지재단 등에서도 이사, 위원으로 활동하고 있다 (hanpeace@hanmail.net).

한재광

국제개발NGO인 지구촌나눔운동에서 8년 간 활동을 하였다. 2007년 사업부장을 끝으로 상근활동을 접고 현재 경희대 국제대학원에서 국제개발협력 박사과정을 밟고 있다. 또한 국제개발협력정책NGO단체인 ODA Watch에서 창립멤버이자 실행위원으로 활동을 하고 있다. 주요 관심분야는 국제개발협력, 시민사회, 개발NGO, 남북NGO협력, 개발교육 등이다 (hanlight@hanmail.net).

홍상식

서울대학교에서 사회복지학을 전공하였고, 현재 교보생명보험㈜ 사회공헌팀 과장으로 재직 중이다. 교보다솜이 사회봉사단 창단 실무를 담당하였고, '교보다솜이 간병봉사단' 등 대표적인 사회공헌 프로그램을 기획 · 추진하였으며, 사회적 기업 1호인 '다솜이재단' 설립을 지원하였다. 다양한 사회공헌사업을 진행해온 경험을 바탕으로, 효율성을 추구하는 기업의 마인드와 사회적 가치를 조화시키기 위해 노력하고 있다 (sshong@kyobo.co.kr).

한국의 협력적 거버넌스

펴낸날 / 제1판 제1쇄 2009년 8월 20일
지은이 / 은재호 · 오수길 편저
펴낸이 / 임춘환
펴낸곳 / 도서출판 대영문화사
주소 / 서울 용산구 청파동 1가 178-2 ㊫ 140-869
등록 / 1975년 12월 26일 제3-16호
전화 / (02)716-3883, (02)714-3062
팩시밀리 / (02)703-3839
우체국 온라인 / 011353-02-009106

ISBN 978-89-7644-322-9

〔값 15,000원〕